U0495434

# 明月照高楼

## 当代作家对话录 ②

刘龙 赵命可 著

陕西师范大学出版总社·西安

图书代号　WX25N1131

**图书在版编目（CIP）数据**

明月照高楼：当代作家对话录. ② / 刘龙，赵命可著. -- 西安：陕西师范大学出版总社有限公司，2025.7.
ISBN 978-7-5695-5549-3

Ⅰ. K825.6

中国国家版本馆CIP数据核字第20251MQ967号

# 明月照高楼：当代作家对话录 ②

MINGYUE ZHAO GAOLOU: DANGDAI ZUOJIA DUIHUA LU ②

刘　龙　赵命可　著

| | |
|---|---|
| 出版统筹 | 刘东风 |
| 责任编辑 | 舒　敏 |
| 责任校对 | 王丽敏 |
| 封面设计 | 杨亚强 |
| 出版发行 | 陕西师范大学出版总社 |
| | （西安市长安南路199号　邮编 710062） |
| 网　　址 | http://www.snupg.com |
| 印　　刷 | 陕西龙山海天艺术印务有限公司 |
| 开　　本 | 720 mm×1020 mm　1/16 |
| 印　　张 | 19.5 |
| 字　　数 | 250千 |
| 版　　次 | 2025年7月第1版 |
| 印　　次 | 2025年7月第1次印刷 |
| 书　　号 | ISBN 978-7-5695-5549-3 |
| 定　　价 | 89.00元 |

读者购书、书店添货或发现印装质量问题，请与本公司营销部联系、调换。
电话：（029）85307864　85303629　传真：（029）85303879

# 目录
CONTENTS

**001　李佩甫**
平原是我的写作领地

**017　苏　童**
小说是灵魂的逆光

**033　乔　叶**
最慢的是活着

**049　杨志军**
作家的另一个名字，就是永远的攀登者

**067　陈　彦**
将过往生活的储存，传递给更大的世界

**083　刘醒龙**
写作，不是看你跳得多高，而是看你能走多远

**097　柳建伟**
阅读是心灵和精神的曙光

**111　何立伟**
我在大地上看到了行走的蘑菇

**125　吕　新**
让语言依据内容的形迹自然地流动

143　田　耳
　　在平淡叙述中直抵人心

159　鬼　子
　　小说的创作格局又回到了故事的轨道上

173　葛水平
　　我的文字里有农业落地的声音

187　白　描
　　根脉　非虚构写作　文学陕军新生代

203　沈　念
　　写出信任的希望与灵魂

217　海　男
　　文学界的妖娆异类

231　王十月
　　我要做打工者的灵魂摆渡人

247　马金莲
　　亲爱的人们让我内心激动

261　陈　仓
　　"浮生"，不再是短暂而虚幻的生活

277　庞余亮
　　生活奖赏的都是有心人

293　王春林
　　人生边上的批评者

李佩甫

平原是我的写作领地

种植声音，
传播文明

李佩甫
2024·初春

## 李佩甫

  1953年生，河南许昌人。中国作家协会全委会委员，河南省作家协会名誉主席。著有长篇小说《生命册》《羊的门》《城的灯》《城市白皮书》《等等灵魂》《李氏家族》《河洛图》等十二部，中篇小说集《黑蜻蜓》等七部。《生命册》获第九届茅盾文学奖。《羊的门》入选中国改革开放四十周年四十部最有影响力小说。还获庄重文文学奖、施耐庵文学奖、人民文学奖、中宣部"五个一工程"奖、飞天奖、华表奖以及中国图书出版奖等。

**文化艺术报**：您的长篇小说《羊的门》《城的灯》《生命册》"平原三部曲"以乡村叙事文本构建了一个带有您独特徽记的文学王国，这三部长篇之间，有何关联？

**李佩甫**：我说过，平原是生我养我的地方，是我的精神家园，也是我的写作领地。在一些时间里，我的写作方向一直着力于"人与土地"的对话，或者说是写"土壤与植物"的关系。我是把人当作大地上的植物来写的。在这个意义上说，《羊的门》是写"草"的，写原生态的，写在一个特定时期里，本土"植物"（人）的生长状况及高度。我要告诉人们，在这块土地上，最好的"植物"（人），可以长成什么样子，也只能长成什么样子。《城的灯》呢，就这部小说来说，它的不同，首先在于"城"的出现，"城"的诱惑。写的是"逃离"，是对"光"的追逐。第三部，《生命册》是写"树"的。写了一个人五十年的历史，写的是"树"的生长状态。它是一个人五十年的内心独白，也可以说是一个当代知识分子的心灵史。说它是"心灵史"，是从一个人的心理记忆视角出发的。这里记录的是第一视角的"我"五十年的内心生活，这五十年，社会生活有着翻天覆地的变化，每个人心中都有一面镜子，是镜子里的五十年。而"我"则是一个"背负着土地行走的人"。

如果将三部长篇相比较的话，《羊的门》写的是客观，诉说了土地的沉重，以及"植物"（人）生长的向度。《城的灯》则写的是主观，是逃离，是对"灯"的追逐与向往。而《生命册》则写的是"树"。其结构方式也是树状的，写的是一个当代知识分子的精神成长史，写特定地域"植物"与"土壤"的丰富性，同时也是五十年后对这土地的重新再认识。三部作品相比较的话，是递进关系，是一次一次的追索、发问。所以《生命册》无论从宽阔度还是复杂度来说，都是最全面、最具代表性的，是一次关于"平原说"的总结。

**文化艺术报**：《生命册》获得了第九届茅盾文学奖，回头去看，您有何感想？

**李佩甫**：获茅盾文学奖是对我笔下的土地和人们的一次肯定。我对我的家乡，对这块平原，有很深的情感在里面。写作，是映照自己，反省自己，反省这块土地，反省我的亲人们，反省他们是怎样走过来的。所以当我拿起笔，或者在电脑上打字的时候，真是一种指甲开花的感觉，很疼。写着写着，不是你在写，是生活在写你，是它引导着你走。你跟这块土地上的人同呼吸、共命运。到现在我写作已经有四十多年了。从某种意义上说，写作已经成了我的一种生活方式。不管得不得奖，我都是要写的。这是我的日子。我最开始并不是为了获奖、出名而写作的。我是真心热爱文学，是阴差阳错地走上了这条最适合我的人生道路。文学对我影响太大了。我正是在文字里找到了人生的方向和感觉。

**文化艺术报**：《河洛图》这部长篇融入了您对中原文明的理解，这部长篇写的是一个兴盛四百年的家族，一个被中原民间称为"活财神"的家族，至今仍有巨大庄园为见证的大家族。写作这部长篇，您做了哪些准备？

**李佩甫**：我每年都要下去走一走，到一些县里去，期望对中原风情、文化有更多的了解。可是，每一次写长篇都是重新开始，每一次都是苦不堪言，这都是因为"储备粮"不够。一部长篇常常会把你整个掏空，把你一生对某个方面的了解全部都砸上去，仍然是不够的。或者说写出来的不甚满意，没有拿出最好的认知，这是很苦恼的事情。比如，《河洛图》写到河南豫剧的时候，虽然我曾经在一个有名的地方剧团里采访过一个多月，童年时也经常在戏院门口傻傻地站着，这些采访加记忆全都用上了，仍然觉得不够。后来，在写作过程中，是我童年的一个邻居启发了我。我出身于工人家庭，在底层的一个大杂院里长大。院里住着五六十户人家。其中一家的男人是蹬三轮车的搬运工人，他妻子就是一个民间所说的"戏子"。这是一个看上去让人感到恐怖的女人，满脸满身都长着像鱼鳞一般的黑紫色癣疮，十分丑陋。但她一伸手就是兰花指，站相、身段极雅致。据说，她从小学戏，因为夜里要背戏词，师傅怕她记不住，就在她住的铺草下泼水，因为身下太湿，睡不着觉，就彻夜背词……为此她染上了一身无法治愈的疥疮。戏学成后，上台红了没几年，嗓子又倒了。为了生存下嫁给了蹬三轮车的搬运工人，只有这个搬运工人不嫌弃她。就是这个满身疥疮的丑女人，在困难时期收养了剧团干姐妹生下的两个孩子。这些内容，我经过改造后都用在长篇里了。

写作《河洛图》我所收集到的只是一些民间传说，没有真正的人物原型。早些年，我去康百万庄园，看到的是一个空空荡荡的、破败了的庄园（现在已经是人满为患的旅游景点了）。如果不是阴差阳错，庄园被保护下来，恐怕后来早就毁掉了。我遍地走访，拾到的只是一些似是而非的民间传闻。后来，我沿着康家发家的轨迹，去了山东的临沂和陕西、山西一些地方，拾到的也只有一些传说。一个家族的传说延续了几百年，并被称为三大"活财神"（阮子兰、沈万三、康百万）之一，那一定是有原因的。我写《河洛图》是在想象中再现的。

在中原，康百万庄园几乎可以说是神性的庄园。这里成就了一个民间口口相传的"活财神"。这里书写着兴盛近四百年、传承十多代的发家史。一个巨大的庄园，虽然空空荡荡，但它是一个活的例证。尤其在金钱至上、泥沙俱下、物欲横流的当代，它的存在是有警示意义的。

我认为，康家发达应该是有缘由、有密码的。虽说康家也算是最早使用经理人制度（那时称为"相公制"。总经理为"大相公"，一般经理人为"小相公")的一个家族,但他家最重要的秘籍其实就是两个字:留余。这个"留余"看似简单,但极为深刻。尤其是其中"留不尽之巧以还造化",可以说是具有现代意识的。

什么是造化?那是大地、白云、蓝天、绿水,是大自然赐予的一切。它是说,人啊,千万不要把你们的聪明才智用尽,不要竭泽而渔,不要破坏性地使用上苍赐予人类的一切财富之源。"巧"是可以用的,智慧是可以使人发达的,但一定要留有余地。人类要学会互相包容、共处,要学会爱惜世间万物,这才是源远流长的大智慧。

所以,我写《河洛图》有两个主题:一、解读一个特定地域的生存法则。二、写时间。就是说在大时间的概念里,任何聪明算计都是不起作用的。

**文化艺术报**:您的小说时空跨度都比较大,《羊的门》是四十年,《生命册》是五十年,您是怎么理解小说的时空的?

**李佩甫**:文学时间是一种心理时间,是感受中的时间。它以具象的社会生活为参照,又以浓缩、凝结的文字形式表达出来。它穿过时间的迷雾,把尘封在生活深处的认知表达出来,这也是一种在时间中的打捞过程,没有对这块土地的深刻理解和爱意是无法打捞的。说实话,我不是太在乎所谓的"故事性",我在乎的是表达方式和塑造人物,对社会生活和人物如何精确地表达。有时候,必须把人物推向极致才能达到所期望的效果。这样的话,就出现了所谓的故事性。故事性是随着人物命运走的。

**文化艺术报**:您的长篇小说《羊的门》当年一经出版就引起很大反响,这部令人震撼的作品,当年争议也较大,可否谈谈这部长篇?

**李佩甫**：我从小生活在一个小城市的工人家庭里，家里的所有亲戚都是农民。我童年的大多时间是在乡下的姥姥家度过的。童年里，我也曾赤着脚，光着身子和乡下孩子一起到地里割草。那时候割六斤草才可以挣一个工分。同时，我母亲又是好客的人，所以当年经常有乡下的亲戚进城来我家蹭饭吃。记得有一个冬日的夜晚，我的一个乡下亲戚来到我家，手里提着一串用毛毛草串起来的蚂蚱，说："姑，没啥拿……"我中学毕业后也下乡当了农民（知青），后来还当过生产队长之类。我虽出身于工人家庭，却跟乡人有着千丝万缕的联系。自从搞专业创作之后，我也曾下去挂职当过副县长之类。更为重要的是，当把平原当作我的创作源泉之后，我每年都要在平原的几个县里走一走，不是为了寻找素材，而是为了熟悉这里的变化……所以，我对乡村、对平原、对很多村庄的村支书之类的干部非常了解。《羊的门》中的村支书是我从平原了解到的上百个村支书中浓缩出来的。他是平原上所有村干部的集中体现。因为是塑造、浓缩出来的人物，所以他不是一个人，他是一个代表。现在乡村中仍然有很多这样的人物。

《羊的门》的写作有两个难点。最初我写得很顺，可以说是一气呵成。第一个难点是起名字，等到小说写成的时候，名字还没有想好。可以说是为起名字愁肠百结。后来的一天夜里，半夜睡不着，起来翻书，刚好我枕头旁放了一本别人送的《圣经》，随手翻看。于是看到了这么几个字：我就是门，我就是羊的门，凡从我进来的……于是终于有了书名。第二个难点是结尾。小说写到结尾时，却怎么也结不住了。俗话说：编筐编篓，重在收口。可我收不住"口"了。我曾经先后写了八个结尾，都不满意。就为这个结尾，我拖了一个多月。可以说是苦不堪言。到了最后，终于想到了现在的这个结尾。虽短了一点儿，但"狗"叫的时候，"尾巴"总算是甩起来了。

在《羊的门》之前我写过一些作品，也获过奖，但总觉得没有把自己最好的东西拿出来。虽然在二十世纪八九十年代之后，我已经建立了一些文学自信，也慢慢找到了写作的方向，但还是羞于说自己是个作家。《羊的门》实际上是我写得最顺利的一部长篇，一年半完成。前面一气呵成，结尾修改八次，我完全尽力了，我奉献了一块领地。

**文化艺术报**：写完《羊的门》，您被贴上了批判现实主义作家的标签，您认可这种说法吗？

**李佩甫**：我不是太在乎"主义"。无论是"现实主义"，还是所谓的"批判现实主义"或者其他的什么，我都不在乎。早在20世纪80年代，我们已读遍了世界各国流行的各种文学主张所产生的文学作品。我早已走过这个阶段了。我认为，每个作家都有自己的写作领地，我的领地就是"平原"，这里所说的平原，已不是具象的某个地方，而是我心中的"平原"。当然，这平原是有参照系的。我认为这是一种种植，我种植的是一种"声音"，来自平原的声音。也可以说是一个特定地域的声音。不管这声音被称为什么，不管声音大小，我只要求它是独一无二的。

**文化艺术报**：很多当代中国作家的文字有明显的翻译文学的痕迹，您的作品鲜有这种痕迹，能谈谈您的阅读和对文学语言的要求吗？

**李佩甫**：青少年时期，我在家乡这个小城市读自己能找到的一切书。我父辈以上都不识字的，从小家里能看到的有文字的东西，就是半本皇历。但我就是喜欢看书，从童年到少年，我都是乱看书，什么书都看。只要是能找到的、能看得下去的书，我都看。看了不少书，但也是不求甚解。最早有好多字，我都认不得，所以很多年后，我明白那些字的意思，还是会把音读错。但早年读的那些书，对我有无声无息或者说潜移默化的影响。

文学语言就是作家思维的体现。文字不只是文字本身，文字作为人类精神的物质外壳，是人类智慧的结晶。它是先导，是标尺，是人类透视力和想象力的极限。从我自己来说，我每次为了找到准确的表达方式，尤其是为了写好开头，会费很多心思。为啥呢？因为开头第一句，会决定整部作品的情绪走向。所以说，写好开头，对我来说是最困难的。为写好第一句，有时需要等一个月，有时需要等上一年半载。比如写《生命册》，我一开始写了七八个开头，最长的写到八万字，都废掉了，就因为没有找到第一句话。那段时间，实在写不下去了，我就跑到乡下去住了几个月，吃了几箱子方便面。我是去找感觉的，我要把我所理解的声、光、色、味找回来。从乡下回来后，我还从书房里搬出来，换了个房间再坐下来，于是有了那句"我是一粒种子"，这样才算找到了准确的语言情绪，才终于写了下去。

**文化艺术报**：从《李氏家族》开始，您的写作重心都在农村，为何会把写作重心放在农村？

**李佩甫**：我在城市生活时间最长，在郑州都生活四十年了。对于乡村也就童年、青年时期的一点记忆，但我确实写乡村更有感觉。这是"根"的问题，童年伴随人一生啊。我生在工人家庭，算是城里孩子，但少年时期有很多时间是在乡下姥姥家度过的。在那时，我就认识了平原上各式各样的草，这种草的形状和气味一直伴随我，浸润在我的血液里。我在很长时间里，在人生行走的旅途中，都觉得自己是平原上的一株草。再后来，我又在1971年下乡当了知青，成了一个地地道道的农民。农忙的时候，我干各种各样的农活，农闲的时候，我作为生产队长，还常常与那些支书、队长到公社开会。所以，我觉得平原实际上就是我的家乡，也是我的写作领地。

**文化艺术报**：您的文学梦是从什么时候开始的？

**李佩甫**：我从小没有很大的志向，也没什么文学梦。我曾下过乡，种过地，后来考上技校，又进工厂当工人，开过各种各样的车床。本以为自己会成为一名技术工人，在这过程中由阅读开始转向尝试写作，不断投稿改稿。1978年，我在省级刊物上接连发表了三个短篇小说，正因为这三个短篇小说，我被调入文化局成了专业创作人员。我能够从工人大杂院里走出来，成为一名靠"笔杆"吃饭的人，要感谢阅读。我觉得自己很幸运，歪打正着、阴差阳错地找到了自己喜欢而且能够做的事情。找到了这支"笔"，我就得好好握住它。我曾经给人说过，对我来说，除了这支笔不能丢掉，其他的一切都可以丢掉。

**文化艺术报**：您出生在城市，小时候都看些什么书？

**李佩甫**：我出生于一个普通工人家庭，家里往上数三代都不识字。小时候，家里唯一有字的东西就是半本皇历，连真正意义上的书都没有。但我从小就爱读书，字都没认全的时候，就到处找书看。我上小学三年级的时候，已经是我们家识字最多的人了。当时，我有个同学，他父亲是清华毕业的，家里藏了好多书。我就经常拿块糖或者橡皮，跟这个同学换书看。到了青少年时期，我同时办了县图书馆、市图书馆、工人文化宫图书馆和地区图书馆的四个借书证，到处借书看，凡是能找到的书都看。

**文化艺术报**：可否谈谈您的成长轨迹？

**李佩甫**：我虽然出生在工人家庭，但少年时期，很多时间都是在姥姥家度过的，我就是一个"小脏孩"，一手挎着草筐，一手拿着铲子，在乡野里跑来跑去，成为一个"编外"的割草孩子。也就是从那时起，我认识了平原上各种各样的草。到了中学时代，我下乡当知青，成了一个地地道道的农民，干着各种各样的农活，依旧是与草木为伍。那个时候，我知道"瓦块云，晒死人"，知道"麦忙不算忙，要忙还是桑叶黄"。作为知青生产队长，我经常跟一群支书、队长去公社开会，我很自豪走在他们中间。在很长一段时间里，我打量着一个个太阳高悬的日子和无边的田野，品味着光脚蹚在热土里的感觉，我觉得我跟土地的颜色一样，这些生活记忆已经浸润到我的血液中了。

**文化艺术报**：您最初的写作是从何时开始的，还能记得您的处女作吗？

**李佩甫**：技校毕业后被分配到机床厂当技术工人，夜班空闲时候就读读书，写写文章。我的处女作名叫《青年建设者》，发表在《河南文艺》1978年第1期上。当时我还在工厂里。1977年初春时节，我接到了《河南文艺》要我去省城改稿的通知，当时非常高兴，心想既然通知我进省城改稿，那肯定是要用了，当天坐火车就去了。可到郑州听了编辑的修改意见之后，我一下子傻眼了。他说的根本不是这回事，那好像就等于重写。于是我昼夜不息，八天改了八遍，越改越失望，最后编辑告诉我说，据他多年的经验，编辑怎么说，你就怎么改。稿子改不好，于是我狼狈逃窜，随身携带的东西全忘在招待所了。坐上火车，我还恨恨地看了郑州一眼！回去后，我又重新写了一篇，就是这个后来发表的《青年建设者》。

**文化艺术报**：您出生在城市，父母是做什么的，他们对您的创作有何影响？

**李佩甫**：我出身于工人家庭，父亲是国营工厂的工人，也可以说是个鞋匠。他十二岁进城当学徒，做了四十八年的鞋，六十岁退休，后来病故了。父亲是个好鞋匠。父亲病故前，曾经给我做过一双棉皮鞋，二十多年了，至今还在我的鞋柜里放着，每年都会拿出来穿几天。我也写了有四十多年了，跟父亲还有距离。我的母亲也曾是国营鞋厂的工人，三年困难时期时下放了，成了一个家庭妇女。我家五口人，母亲是对我们家庭贡献最大、吃苦最多，也是对我影响最大的一个人。她什么都会做……可母亲后来也去世了。

**文化艺术报**：中篇小说《红蚂蚱 绿蚂蚱》，是您的成名作吧？

**李佩甫**：20世纪80年代初，我已发表了一些作品，可仍然处于写作的盲目阶段，没有找到写作的方向，到处找素材，写得很苦。到了1985年，我突然发现，我最熟悉的还是我的家乡，于是就有了《红蚂蚱 绿蚂蚱》。这篇作品后来被《小说月报》《小说选刊》《新华文摘》先后转载，成了我的成名作。由此，我才算找到了我的写作方向。但这只是个开始，后来我延续这个方向又接连写了《黑蜻蜓》《无边无际的早晨》《村魂》等几个中篇，进一步坚定了"写自己最熟悉的生活，从我最熟悉的地域出发"的信心。在这个过程中，我的写作领地先是由家乡的那一块地方开始，而后慢慢铺开到整个平原。这个平原既是一块真实的地域——豫中平原，也就八九个县份的大小；同时，这个平原又不是具象的，它变成了我心中的"平原"，是重新再造后的一块土地，是我对中原文化一次次认识再认识后形成的。在文学创作上，找到了属于自己的"平原"，就有了一种"家"的感觉，我作品中的每一个人物，都是我的亲人，在写他们的时候，我是有痛感的。

**文化艺术报**：您的文学之路是靠什么滋养的？

**李佩甫**：我的人生得益于阅读，是阅读拯救了我，它让我在很小的时候就吃到了"面包"，文字里的面包。我是工人家庭出身，父亲是一名鞋厂工人，三代赤贫。我很小的时候就读了大量的书，从小学三年级开始，我就是家里最有文化的人了，写信填表都是我。因为父母都不识字，所以我是野读、乱看，凡是有文字的东西都找来。我同学的父亲清华毕业，家里有很多藏书，但由于时代问题，他家的书都锁在柜子里。想看而不得，是非常痛苦的，那时我就经常拿家里的东西去找同学换书看。我读的第一部外国文学作品《古丽雅的道路》，就是从那位同学家里借来的，正是这本书改变了我的人生走向，也由此改变了我的生活轨迹。这是一本有气味的书：面包的味道、果酱的味道，还有沙发、桌布和羊毛地毯的味道。虽然我从来没有见过面包，但在中国最饥饿的年代，我却吃到了最鲜美的"面包"。到青年时期，回城上了技校，我一下子办了四个图书馆的借书证。是阅读让我认识到世界很大，让我知道什么是苦难深重，什么是高贵，什么是优雅。在书本里，我见到了巴黎圣母院、卢浮宫等等，读到了各种各样的生命状态，我知道了什么是"好"，"好"的标尺在哪里。

**文化艺术报**：外国文学对您有哪些影响？

**李佩甫**：20世纪80年代是中国文学与世界文学接轨的一个时期，适逢改革开放，各种文学流派、文学思潮进入中国，对我来说是一个大开眼界、大量"吃进"的时代，也是我几十年以来阅读量最大、最密集的一个时期。初读马尔克斯的《百年孤独》，相当震惊，开篇第一句至今难忘："多年以后，面对行刑队，奥雷里亚诺·布恩迪亚上校将会回想起父亲带他去见识冰块的那个遥远的下午。"这种叙事、思维方式，带来的是对历史的穿越、对生命的整体观照。我们几乎都受到了马尔克斯的影响，很多作家在一段时间内，都会忍不住地用"多年以后"这种表述方式。

这个充电期一直延续到20世纪90年代中叶，我见识了好的文字是什么感觉，那个阶段也出现了很多模仿性作品，但我这个人模仿力不行，我又逐渐回到了自己熟悉的"平原"，也慢慢找到了自己的写作方向，提高了写作能力，建立了自己的文学自信。先是学习，然后是"走出"，只有走出才能创造出本民族自己的文本。

**文化艺术报**：20世纪80年代，很多中国作家都在模仿和学习西方作家的写作方法，您有没有过这种尝试？

**李佩甫**：我也曾经学着写过意识流作品，但怎么写都觉得不成功，也没好意思发出去。这跟我当时还没找到认知的方向有很大关系。我觉得，认知或者说创造性地透视一个特定的地域是需要时间的，不光需要时间，还需要认识。我说过一句话，认识是光。认识大于生活，认识照亮生活。也是有了认识之后，我才找到写作方向，也才有了《红蚂蚱绿蚂蚱》。实际上，一些现代派作品，像普鲁斯特、乔伊斯，还有克洛德·西蒙等作家的写作，我还是接受的，也是对我写作有影响的。他们小说语言里那种声光色味、描写细节的准确程度等等，对我有影响。当然我写出来的味道，还是平原的味道。我觉得我们不能跟着西方亦步亦趋，也没这个必要。我们得写自己的生活，得把根扎在自己的土壤上。你在自己的土壤上，对这个地方熟悉，你就可以感觉到它的味道，你就能看到别人看不到的东西，感知到别人感觉不到的东西。也只有这些东西是真正属于你的。

**文化艺术报**：到目前为止，您最满意的是哪部作品？

**李佩甫**：说不上哪一部是最满意的。

说老实话，我写作花费时间长、工夫大的作品，是"平原三部曲"。其中，《生命册》是我写得最努力的一部书，历经五年，将五十多年的生活经验和三十多年的写作经验重新盘点。主人公吴志鹏是一个"背着土地行走"的人，他是中国社会巨大变化中的一个当代知识分子形象。他身处时代旋涡时的清醒和抽离，对故乡的愧疚、牵涉和羁绊，更像是我的一部"自省书"。

**文化艺术报**：对我们报纸说句话吧。

**李佩甫**：种植声音，传播文明。

苏童

小说是灵魂的逆光

## 苏 童

  北京师范大学教授,江苏省作家协会专业作家,中国作家协会全委会委员。著有《苏童文集》(八卷)、《苏童作品系列》(十四卷),长篇小说《米》《我的帝王生涯》《河岸》《黄雀记》,处女作《第八个是铜像》,中短篇小说集《1934年的逃亡》《伤心的舞蹈》《妻妾成群》等多部。长篇小说《黄雀记》获第九届茅盾文学奖,短篇小说《茨菰》获第五届鲁迅文学奖,长篇小说《河岸》获第三届曼布克亚洲文学奖。

**文化艺术报**：人们谈起苏童，首先想到的您的作品是《妻妾成群》《米》《离婚指南》等这些改编成影视作品的小说，这些小说改编成电影《大红灯笼高高挂》《大鸿米店》《离婚指南》后产生了很大的影响，相比之下，您很多更好的作品，反而比较"沉默"？

**苏　童**：通常人们说到苏童就是写《妻妾成群》《红粉》，还有的读者稍微了解得广义一点是写《米》、写《我的帝王生涯》的苏童。作品被改编为影视作品，对我来说是很高兴的事。但写小说与写剧本是两种创作，除了小说文本本身的逻辑，我从未考虑过影视改编的可行性，因为我觉得不可考虑，也不必考虑。一个作家的小说靠什么打动导演或者制片人？我猜其中一个原因是，小说相对于剧本，更多描述的是"被隐藏"的生活与人心，不是被默认的，正是某些被隐藏的阴影亮了，点着了对方的激情，才有了那些合作。最理想的小说与影视的结合，通常是意外，而不是必然。我有几百万字的作品，我相信是电影把我带到沟里去了，也把很多读者带到沟里去了。我的《妻妾成群》被翻译成了很多种文字，那是因为它很幸运，张艺谋的那部电影给它带来了更广泛的传播。但不代表那是我最好的作品，我有很好的作品，但很"沉默"，并没有引起别人的注意，我也没有理由去推销它。

**文化艺术报**：有批评家提出您擅长刻画女性人物，还给您贴上了"最擅写女性的男作家"标签，您认可这种说法吗？

**苏　童**：其实我写得特别少，我也不知道为什么大家会有这样的印象，我写的男性其实也挺好的。我只有四个中篇小说是认真写女性的，其中有三部被拍成了电影。我从没刻意写过有魅力的女人，写的都是一身毛病的女人。比方说，写《妻妾成群》那一年，我只是开始想讲故事了，就写下了这个作品。其实当时并没有意识到这是一部写女性的作品，没有想着刻画女性，只认为是一个一夫多妻的故事。因为这些作品，"擅写女性"好像就成为我写作的某一种符号，这让我感觉又幸运又有点迷惘。我从来不觉得我在这件事情上值得被大家这么关注，因为就是写了四个中篇小说而已。另一方面，老是女性女性，可惜没人说——那么多中长篇作品只有四部中篇是专门写女性的。

**文化艺术报**：您创作了九部长篇小说和大量中短篇小说，您多次表达过对短篇小说的挚爱，您是如何看待这两种文体的？

**苏　童**：如果说长篇小说是用文字建一座宫殿的话，那么，短篇小说就是盖一座房子或者凉亭，它们的工程量不一样，但是所用材料基本上是一样的，不外乎砖、水泥、木料、石头等等。造一栋房子的工程量可以预期，比如，我写一部短篇小说，原本计划五天写完，再怎么不顺利，最多用三十天一定能写完，很少发生意外。但是，长篇小说则很难说，因为它需要计划的东西太多了，一根柱子或横梁出现问题，整个宫殿就可能没法建成。所以，我们经常可以听到这样的例子：一个人写长篇一开始写得志得意满，但后来没法完工，不知道是哪个环节出了问题。写短篇小说可以考虑得很周全，作者考虑的范围甚至多于小说所需要的，但没有一个作家有能力把长篇小说的每句话、每个细节都事先安排好。别说是那种上百万字的鸿篇巨制，就是十五六万字的小说，可能刚写到一半，开头人物的名字就不记得了，得去翻，看到底是叫"建国"还是"治国"，好多作家可能都有过这种体会。

**文化艺术报**：现在对一个作家的评判，都更看重长篇小说，普遍轻视短篇小说的价值和意义，似乎长篇小说才能代表一个作家的最高水准？

苏　童：这确实是一种通常的观点，甚至连作家自己都这么认为，比如爱丽丝·门罗，我印象中她是唯一以短篇小说获得诺奖的作家。别人问她为什么不写长篇，是不喜欢，还是鄙视，她说得非常老实，说她一生都在想写长篇小说，但就是写不了，或者说不能写得令自己满意。由此可见，写长篇小说是绝大多数作家心目中的梦想。我们不能回头去问契诃夫、博尔赫斯这类短篇小说家是怎么想的，因为他们去世多年，没谈过这个问题。但是，我私下推测，恐怕作家们都不能免俗，还是会觉得长篇小说更有力量，它是一个作家最能实现野心的舞台。我并不是以此来否定短篇小说的价值，即便我对短篇小说如此热爱，但我还是希望写出了不起的长篇。对短篇小说的轻视是各种因素综合造成的，包括市场和批评界的因素，这种现象在全世界已经存在了几百年，大家如此统一地厚此薄彼，或许也有它的合理性。尽管，没有一个人敢说托尔斯泰一定比契诃夫伟大多少倍，但是要说起来，总是会把托尔斯泰排在前面，这是一个微妙的差别。现在哪怕是写得很好的青年作家，要出一个短篇小说集是难于上青天，出版社会默认是赔钱的。短篇小说如今在市场上的号召力、影响力基本上非常非常边缘，非常弱小。

**文化艺术报**：王安忆说虚构不虚构是衡量一个作家好和不好的区别，一个好作家，一定是有虚构欲望的，因为这是一种能力，或者说天分，或者是理想。她特别指出您是为数不多的几个能在现实之上构建一个您自己的心灵世界的作家，您笔下的"香椿树街"与"枫杨树乡"，可否理解为您在现实世界之上构建的您自己的小说世界？

苏　童：对于现实的态度，作家不应陷入现实的泥潭不能自拔，必须学会进退有余，离地三公尺飞行。香椿树街和枫杨树乡是我作品中的两个地理标签，一个以我青少年时期成长的苏州街道为蓝本，一次次重返香椿树街，是为了回头看自己的影子，向自己索取故事，另一个则是我虚拟的父母的故乡。寻访这个不熟悉的故乡，大致是为了仰望，为了前瞻，是向别人索取，向虚构和想象索取，其中流露出我对于创作空间的贪婪。一个作家如果有一张好"邮票"，此生足矣，但是因为怀疑这邮票不够好，于是一张不够，要第二张、第三张。但是我觉得花这么长时间去画一张邮票，不仅需要自己的耐心、信心，也要拖累别人、考验别人，等于你是在不停地告诉别人：等等，等等，我的邮票没画好呢。别人等不等是个问题，别人收藏不收藏你的邮票又是个问题，所以依我看，画邮票的写作生涯，其实是危险的，不能因为福克纳先生画成功了，所有画邮票的就必然修得正果。一般来说，我不太愿意承认自己在画两张邮票，情愿承认自己脚踏两条船，这是一种占有欲、扩张欲。我的短篇小说，从20世纪80年代写到现在，已经面目全非，但是我有意识地保留了香椿树街和枫杨树乡这两个"地名"，是有点机械的、本能的，似乎是一次次地自我灌溉，拾掇自己的园子，写一篇好的，可以忘了一篇不满意的，就像种一棵新的树去遮盖另一棵丑陋的枯树，我想让自己的园子有生机，还要好看，没有别的途径，唯有不停地劳作。

**文化艺术报**：您曾经是先锋作家的主将，后来，先锋作家都不约而同地回归传统，转向现实主义写作，这种集体转身的原因是什么？

**苏　童**：我的写作变化太大了。直到今天，我仍然对先锋的文学创作者和艺术家保持着天然的喜欢，会高看一眼，但我觉得自己的路还很长，恐怕先锋已经不再是我要的那顶皇冠，我考虑更多的是我还能写出什么样的好作品。我对先锋的态度是暧昧的，一方面我赞赏所有独特的反世俗的写作姿态，另一方面又觉得写作姿态不是那么重要，唯一重要的是写作深度和质地。我会去想，传统的写作手法我都还没尝试过，就想尝试一下，比如《妻妾成群》就是在这样的想法下实现的。这种姿态的转变，是因为发现往前走的路其实并不长，往后退一步反而四面都是路。"退一步海阔天空"，这句话特别有道理。退一步，倒不是说我一下子变老了，没有斗志了，而是环顾个人的创作空间，发现退一步的天地很大，发现自己还有写故事和人物的能力。

**文化艺术报**：《河岸》《黄雀记》这两部长篇是您比较喜欢、满意的小说，可否谈谈这两部长篇？

**苏　童**：《黄雀记》这个小说来源于真实生活，20世纪80年代，我认识一个街坊里的男孩子，看上去老实巴交，但他后来莫名其妙变成了强奸犯，卷入了一起青少年轮奸案，据说还是主犯。尽管他一直喊自己无辜，想让当事的女孩更改口供，但没有成功，最后坐了很多年的牢。这个事情在我内心存放多年，最后变成了《黄雀记》小说的起点，成了主人公保润的原型。小说的故事，也围绕那起强奸案展开，回到香椿树街，讲述的是在三个少年的成长、友情、爱情和背叛、复仇。这个小说在《收获》发表后，删了五万字，后来在作家出版社出版，恢复了全本。后来，导演高群书很喜欢这个小说，买了电影的改编权。从《河岸》到《黄雀记》，我写的其实都是时代背景下个人的心灵史。就我个人而言，《河岸》《黄雀记》是我比较喜欢、满意的小说。《黄雀记》回到香椿树街，回到了《城北地带》的故事。如果说，以前的中短篇小说，我建构起香椿树街这个文学地理，写了一些街道，甚至是门店里发生的故事，《黄雀记》通过二三十年的长度，则建构起香椿树街的标志物，就好像有了中心广场，有了建筑标志物，这个地方有了代表性的重要标签。我的所有创作计划都是比较感性的，不是那么理性、纲领性的规划,我从来都没有这个东西。河流这个词,在我对于世界的感受当中,是一个特别的词,我觉得它不光是诗意,它与我的生命确实有相关的地方。在很早以前,我就想过要写一部关于河流的小说,但什么时候写,写一个什么样的故事,我没想过。我曾经想过这样的形式,像高尔基的一个小说,写他家乡的河,我也是沿着河流走,写人间万象。什么时候确定要写这个小说,是因为我女儿,她在回加拿大之前,我说我带你去看看运河吧,我们正看的时候,突然来了一个船队,船上有十来个船夫,我当时就想可以写一条船的故事。这个时候开始有了动机,开始有了小说的这个形式,小说里要有人、河流和船。之后的小说,就是这个起点的一系列发展。我现在手里写的这个长篇小说,也是有关香椿树街的故事。我想给香椿树街的故事继续添砖加瓦,用文字构建一个更大一些的轮廓。但手里的这部小说,还在反复打磨,写了改、改了写,我现在还不太确定这部作品未来会以什么形式出现,目前还在持续的思考过程中。

**文化艺术报**:您在第四届韩中日东亚文学论坛上的发言中说:"我想无论你持有什么样的写作立场,无论你是传统的致敬者还是叛逆者,终其一生,不过是围绕着传统这幢巨大的建筑忙碌,修修补补,敲敲打打,其实都是传统的泥瓦匠。"您是如何看待传统的?

**苏　童**:传统给人滋养,其滋养的方式与途径千变万化。当人们在感恩我们民族的文学传统的时候,潜台词往往是感恩李白、杜甫,感恩苏东坡与李清照,感恩《红楼梦》与《金瓶梅》,这其实都是感恩正典,也就是传统这幢建筑雕龙画凤的华彩部分。我们很少去探寻这幢建筑的地基,地基怎么样了?地基当然是被建筑覆盖了,它一直都在,只是不被注意。地基里有什么材料?当然多得不胜枚举。我想,应该有通常被列为另类的神话传说、民间故事，甚至未被文字记录的某些儿歌、山歌、民谣。那里有人类对世界最原始的文学想象力，来自民间，它究竟是如何滋养我们的？我们其实快忘了。换句话说，当一个作者对世界的想象以最杰出的训练有素的文字呈现，并且结出正果的时候，当人们高喊一部杰作诞生了的时候，可能也正是一支山歌失传的时候，在伟大作家越来越多的时代，很多来自民间的想象之花正在山野间默默地枯萎。我想在大多数情况下，民间想象力有实用主义的目的，它的最大特点是背对现实，来解决现实中的问题。强烈的情感色彩是这种想象力的靠山，首先它是以一种情感安慰另一种情感，目的在于排遣现实生活中的诸多不适感，所谓的民间生活不推崇思考，却极其需要发泄。类似怨恨、愤怒、惶恐、迷惘这样的情绪累积在一起，使得生活沉重，生活本身不提供彻底排遣的出口，只有寄托在想象上，只有想象，可以否定一个无望的现实，然后制造一个有希望的现实。我的印象，在对待民间的立场上，多少年来一直存在着一个矛盾。民间被作为一个关注对象，成为文学的描述方向，是以人群出现的，作家们暗示自己站在这个人群里，描述这个人群的生活，是多少年来创作的主流。另一方面，作品里这个人群在场，生活在场，情感也在场，他们的思维和想象力不一定在场，在许多指向民间生活的文学作品中，民间的思维方式也许是缺席的，这不是一个需要解决的创作问题，但是一个值得探讨的问题。

**文化艺术报**：您的多部作品都被改编成影视，影视对文学作品有巨大的放大效应，您是如何看待文学作品影视化的，这会不会对您的创作带来影响？

**苏　童**：对小说的影视改编我一直是积极的，我最初的写作愿望，其实只是可以顺顺当当地发表，可以让几个朋友看到，没想到后来会有那么多读者。而这些读者中，有的真的不是我自己拉来的，而是影视作品吸引过来的，他们因为看了电影，觉得有意思，然后找原著来看，最终成为我的忠实读者。其实，一部小说从写作到出版，再到书店售卖，平台是非常小的，而影视创作是一个大舞台，是一条大道。我特别庆幸《妻妾成群》《红粉》等作品被拍成了电影，它们给我带来了很多意想不到的利益。我不能拿了利益之后，又故作清高地说"我要特立独行"，那是不对的。也有人担心，既然影视改编能为作家带来这么大的好处，那它会不会影响作家的写作？对于一个不写作的人来说，很自然地会这么想，但事实上是不可以的。当作家在写作状态中，只有被故事人物拉着走，被故事煎熬，不可能去想未来是谁来拍我的小说。反过来说，导演或影视机构要拿小说做影视，而不是拿一个剧本来做，其实本来就是仰仗小说当中多于剧本的那些模糊的、有弹性的东西，这些东西里头有营养，或者说有他所需要的脂肪，而不是一片片切好的肉，排成某个形状，恰好是那些不确定的内容，是小说胜于剧本的优势。我比较幸运，几乎没有碰到过不着调的导演，张艺谋、李少红、黄健中和几个青年导演，都很厉害。有的作家和导演的合作很不愉快，怨声载道，有各种矛盾纠纷，我都没有碰到过。我也不提要求，因为我想得很明白，电影弄好了我沾光，弄砸了跟我没关系，真的是这样想的。

**文化艺术报**：您是怎么走上文学之路的？

**苏　童**：我上高中时开始尝试写作，1983年上大学后开始发表小说和诗歌，但是我一直认为到了1984年，当写了短篇《桑园留念》以后，我才真正找到了属于自己的路，写作才真正开始了。我年轻时读了不少欧美文学大师的作品，但除了极少数作品有师承和致敬之意，我并不知道受谁影响最深，对我来说，阅读过后，最重要的事情是摆脱影响（其实也是摆脱焦虑），只接受来自文字的启示。而对于生活，任何一段生活都要努力记住，每个作家的文学青春期都是相仿的，都要从大师们的阴影里逃出来，青春期过后就要自立门户，不能"傍大款"了。影响我的除了生活的启示，还有我自己，我自己的思想和感情。当初我写作其实目的是茫然的。只是喜欢写作这种方式，还有就是想把所写的变成铅字发表在刊物上让大家看到。目的非常单纯。写着写着随着变化，你要寻求你自己想要表达的东西或者是你关注的文学主题。后来写作的时间长了，对自我的要求渐渐变成一种爬坡的要求。相对于向上的愿望，下落或者滑坡，才是一个作家的惯性。惯性是危险的，因此你要与自我搏斗。这就是为什么许多作家感慨越写越难、坡越来越高，你甚至不一定能有充分的体力来达到你对自己设置的要求和目标。所以写作越来越难也是作家充其一生当中的写作现象。对于我来说也是一样的。譬如我在20世纪80年代后期90年代初期那一个阶段有大量的作品。我大部分的作品都是在那个时期写的。我关注的所有命题都可以用一句话来解释——人的命运和人的问题。当然这说法很含糊、很抽象，这却是我在每一篇小说中设置的远大目标。当然每个作品的风格都不一样。那只是某个具体小说里的故事，由它表现出一种不同的意义来。但它的终极目标，作为一个作家，我所关注的东西其实是一个字——"人"。而20世纪80年代初，我必须通过作品来找到一种解释的角度。那个时期我的小说大多数的时间指向都是过去，因而也造成一种印象：苏童是特别愿意表现旧时代的，甚至是愿意表达历史的。别人有这样的感觉，在我来说，我对历史的理解就是塞万提斯说过的："历史是一个圣物，所以它是真理。"他这样的看法令人印象深刻，但是我并不觉得我有能力在作品当中表达真理。我所有作品当中对历史的关注似乎只是为我的小说服务。我并不觉得我有能力去从历史中接近真理。我不知道真理在什么地方。

所有的历史因素在我那个时期的小说中都是一个符号而已。我真正有能力关注的，还是人的问题。这是我能够胜任的。

**文化艺术报**：很多作家在自述中多次提到童年的记忆是他们写作灵感的源泉。您的童年是怎么样的？

**苏　童**：我的童年有点孤独，有点心事重重。我父母除拥有四个孩子之外基本上一无所有。父亲在市里的一个机关上班，每天骑着一辆破旧的自行车来去匆匆；母亲在附近的水泥厂当工人，她年轻时曾经美丽的脸到了中年以后经常是浮肿着的，因为疲累过度，也因为身患多种疾病。多少年来，父母亲靠八十多元收入支撑一个六口之家，可以想象那样的生活多么艰辛。我母亲现在已长眠于九泉之下。现在想起来，她拎着一只篮子去工厂上班的情景仍然历历在目：篮子里有饭盒和布鞋底，饭盒里有时装着家里吃剩的饭和蔬菜。而那些鞋底是预备给我们兄弟姐妹做棉鞋的，她心灵手巧却没有时间，必须利用工余休息时纳好所有的鞋底。在漫长的童年时光里，我不记得童话、糖果、游戏和来自大人的溺爱，我记得的是清苦：记得一盏十五瓦的灯泡暗淡地照耀着我们的家，潮湿的未铺水泥的砖地，简陋的散发着霉味的家具；记得四个孩子围坐在方桌前吃一锅白菜肉丝汤，两个姐姐把肉丝让给两个弟弟吃，但因为肉丝本来就很少，挑几筷子就没有了。母亲有一次去买盐时掉了五元钱，整整一天她都在寻找那五元钱的下落。当她彻底绝望时我听见了她伤心的哭声。我对母亲说："别哭了，等我长大了挣一百块钱给你。"说这话的时候我只有七八岁，显得早熟而机敏。那时候，我最喜欢的事情是过年，过年可以放鞭炮、拿压岁钱、穿新衣服，可以吃花生、核桃、鱼、肉、鸡和许多平日吃不到的食物。我的父母和街上所有的居民一样，喜欢在春节前后让他们的孩子幸福和快乐几天。1989年国庆节前夕，我母亲被检查出患了癌症。母亲辛劳了一辈子，拖着病体又带了四个孙子、孙女、外孙女，她一辈子的生活目标就是为儿女排忧解难。当知道母亲患了癌症的结果时，我们一家人都陷入了绝望的境地。我自欺欺人地期望于现代医疗技术，但心里已经有一块可怕的阴影挥之不去。母亲动手术后的某天，我在去医院的路上顺便拐进邮局，买了一本刚出版的《收获》杂志，上面登载了后来给我带来好运的《妻妾成群》。现在，我常常想起这里面的因果关系，想想就不敢再想了，因为我害怕我的好运最终给母亲带来了厄运，当我在我的文学路上"飞黄腾达"的时候，我母亲的生命却一天天黯淡下去——我无法确定这种因果关系，我害怕这种因果关系。我记得，母亲从手术室出来之前，医生已经宣布母亲的病不可治愈了。我记得我当时想掐住医生的喉咙，不让他说出那句话，但最终我什么也没做，什么也做不了。1990年，炎夏之际，我抱着牙牙学语的女儿站在母亲的病榻前，女儿已经会叫奶奶，母亲回报以宁静而幸福的微笑。我心如刀绞，深感轮回世界的变幻无常，我有了可爱的女儿，慈爱的母亲却在弥留之际。7月母亲去世，她才五十六岁。

**文化艺术报**：您很看重小说的形式感，形式感对一个小说家意味着什么？

**苏　童**：形式感的苍白曾经使中国文学呈现出呆傻僵硬的面目，这几乎是一种无知的悲剧，实际上一名好作家一部好作品的诞生在很大程度上有赖于形式感的成立。现在形式感已经在一代作家头脑中觉醒，马原和莫言是两个比较突出的例证。一个好作家对于小说处理应有强烈的自主意识，他希望在小说的每一处打上他的某种特殊的烙印，用自己摸索的方法和方式组织每一个细节每一句对话，然后他按照自己的审美态度把小说这座房子构建起来。这一切需要孤独者的勇气和智慧。作家孤独而自傲地坐在他盖的房子里，而读者怀着好奇心在房子外面围观，我想这就是一种艺术效果，它通过间离达到了进入（吸引）的目的。形式感是具有生命活力的，就像一种植物，有着枯盛衰荣的生存意义。形式感一旦被作家创建起来也就成了矛盾体，它作为个体既具有别人无法替代的优势又有一种潜在的危机。这种危机来源于读者的逆反心理和喜新厌旧的本能，一名作家要保存永久的魅力似乎很难。是不是存在着一种对自身的不断超越和升华，是不是需要你提供某个具有说服力的精神实体，然后你才成为形式感的化身？这在世界范围内有不少例子。有位评论家说，一个好作家的功绩在于他给文学贡献了某种语言。换句话说一个好作家的功绩也在于提供永恒意义的形式感。重要的是你要把你自己和形式感合二为一，就像两个氢原子一个氧原子合二为一，成为水一样，这是艰难的，这是艺术的神圣目的。

**文化艺术报：在您看来，好小说的标准是什么？**

**苏　童：**小说应该具备某种境界，或者是朴素空灵，或者是诡谲深奥，或者是人性意义上的，或者是哲学意义上的，它们无所谓高低，它们都支撑小说的灵魂。实际上我们读到的好多小说没有境界，或者说只有一个虚假的实用性外壳，这是因为作者的灵魂不参与创作过程，他的作品跟他的心灵毫无关系，这又是创作的一个悲剧。特殊的人生经历和丰富敏锐的人的天资往往能造就一名好作家，造就他精妙充实的境界。我读史铁生的作品总是感受到他的灵魂之光。也许这是他皈依命运和宗教的造化，其作品宁静淡泊，非常节制松弛，在漫不经心的叙述中积聚艺术力量，我想他是朴素的。我读余华的小说亦能感觉到他的敏感和他的耽于幻想，他借凶残补偿了温柔，借非理性补偿了理性，做得很巧妙很机警，我认为他有一种诡谲的境界。小说是灵魂的逆光，你把灵魂的一部分注入作品，从而使它有了你的血肉，也就有了艺术的高度。这牵扯到两个问题。其一，作家需要审视自己真实的灵魂状态，要首先塑造自己。其二，真诚的力量无比巨大，真诚的意义在这里不仅是矫枉过正，还在于摒弃矫揉造作、摇尾乞怜、哗众取宠、见风使舵的创作风气。不要隔靴搔痒，不要脱了裤子放屁，也不要把真诚当狗皮膏药卖，我想真诚应该是一种生存的态度，尤其对于作家来说。

**文化艺术报**：作为一个著作等身的大家，您对年轻作家有什么话要说吗？

**苏　童**：一个写作者更重要的一面，是要珍惜自己写作中的世俗心态，世俗性的一面其实最靠近神性。当一个作家把自己的精神角色定位于世俗的一面，他的道路是宽广的。这是一条捷径。一个人所有的写作资源其实都是个人记忆。有时我会对人说，那个时代那么清晰，不就是一篇小说吗？写作就是如何利用记忆力的问题。有人问我：写了几十年怎么还在写乡村题材？我的回答是，是因为我的童年记忆取之不尽，可能到死都写乡村题材。如果说一个作家在筛选和淘汰生活的素材时，像鸟一样守候在海洋上，一定是局部的守候。大家注意这个关键词"局部的"。所谓作家的敏感，其实是海鸟对食物、气味的敏感。通常来说，作家们拥抱生活都是从局部开始的，发现现实的真相也是从生活的局部开始的。所以要警惕那些理论家批评家所倡导的，什么宏大叙事啊，时代的召唤啊，我的观点有点反其道而行之。对非主流的东西保持敬意，这是我的癖好。

> 乔叶

最慢的是活着

生活中有大文学

乔叶
2024春.北京

# 乔 叶

北京老舍文学院专业作家，北京作家协会副主席，中国作家协会全委会委员。著有《宝水》《最慢的是活着》《认罪书》《走神》等多部作品。曾获茅盾文学奖、鲁迅文学奖、华语文学传媒大奖、人民文学奖、《小说选刊》年度大奖等多个奖项。《宝水》获第十一届茅盾文学奖。

**文化艺术报**：您最早是从写散文起步的，二十多岁就出版了七本散文集，因此调入省城当了专业作家。是文学改变了您的人生？

**乔　叶**：1990年，我从焦作师范学校毕业后，当了一名乡村教师。那时候还不到二十岁，应该算是文学青年吧，面对生活中的各种困惑、遇到的各种问题，能对话的人不多，就觉得书是好朋友，读得多了，就想写，于是开始尝试写作。起初写很稚嫩的生活散文，在本地的《焦作日报》发表。后来试着给《中国青年报》投稿，没想到第一篇散文《别同情我》就发表了，后来连续有十几篇散文在《中国青年报》发表，很大程度上激起了我写作的兴趣，就写了很多。随之出了书。到2001年，我调到河南省文学院后，开始专注于小说创作。迄今为止写作时长已经有三十年了。写着写着，从爱好变成了职业，也从县里写到了郑州，又从郑州写到了北京。毋庸置疑，文学改变了我的人生，这种改变是从内到外的，从显性到隐性的。

**文化艺术报**：您开始写小说的时候，已经是河南省文学院的专业作家了，从写散文到写小说，这种转变顺利吗？

**乔　叶**：学界喜欢说创作转变、创作转向、创作转型之类的话，也常常用来描述我从写散文到写小说再到"非虚构"写作的创作历程。这些"转"都是一种习惯性的常规叙述，我个人不太喜欢，对此也是存疑的：哪有那么转来转去的呢？就整体的内在性而言，我可能只有一条大的创作路径，也许有时候会岔开，走到这边或者走向那边，但我在这条路上不会有突然掉头往东、突然掉头往西的变化。我个人认为这条创作路径还是比较有一致性的，那就是往前走。

我其实是一个现实主义的践行者，这也是我们河南文学的大传统。以前我不太认同自己是一个河南作家，最开始写小说的时候，总想在写作时尽量抹去自己的地域痕迹。当然，当时我还很年轻，才二十岁出头，来到河南省文学院当专业作家时也还不到三十岁。那时候，我就是不太喜欢"河南作家"这个地域标签，一心想要当一个存在性更广泛的作家。但是后来这些年，写着写着，我发现自己骨子里就是个河南作家。我的根在河南，创作的根基在河南，文化的血脉在河南，那我当然也就是河南作家了，这是命中注定的，没有办法。所以我现在挺认命的，心甘情愿。总的来说，我就是在现实主义大道上一直前行的一个人，没有太多的本质转变，只不过有时候对于某个方向兴趣更浓一点、延伸得更细致一些、探索得更深广一些。其实也都还是在"如来佛的手掌心"里，有时候往"大拇指"方向走一点，有时候往"小拇指"方向走一点。

**文化艺术报**：您的小说在描述女性复杂的情感世界时，有一种温暖人心的力量。比如《最慢的是活着》，获得了第五届鲁迅文学奖，这个小说和《宝水》之间是不是有某种亲缘关系？

**乔　叶**：是的。《最慢的是活着》是我非常有读者缘的一篇作品，写于2007年，于2010年获得第五届鲁迅文学奖。前后出过六七个版本，最近北京十月文艺出版社又出了一个很漂亮的新版本。也就是说，它一直在被读者认可。我也是从这个小说开始深入思考，它所引起的反应让我不断去想，从民间到文学界，大家为什么这么喜欢这个小说，后来慢慢意识到，乡村情感祖孙情感这些基本的情感还是很有魅力的，是不是可以继续深挖。写《最慢的是活着》时我还很年轻，心里的浓烈情感并没有充分表达，十几年后在《宝水》中才算充分释放了出来。

**文化艺术报**：《宝水》之前，您写过几部长篇小说，有了写作长篇的经验，以往的经验对写作《宝水》有效吗？

乔　叶：在《宝水》之前，我写过四个长篇：2002—2003年是《我是真的热爱你》，2011年是《拆楼记》，2013年是《认罪书》，2017年是《藏珠记》，《宝水》是第五个，也是最艰难的一个。经验固然可以累积，但其实每次都需要重新开始。经验常常是有效的，经验也常常是无效的。这是小说——尤其是长篇小说创作最让人幸福的一点，当然也是最让人绝望的一点。所以，每当有初学者让我谈谈经验时，我的回答都是怎么不依赖经验、怎么去努力清零，听的人往往会有些蒙，但我确实也给不出更好的说法。

我喜欢福楼拜，因为特别喜欢《包法利夫人》。而这部经典之作衍生出的最出色的周边作品无疑就是朱利安·巴恩斯的《福楼拜的鹦鹉》。其中的很多句子都是从我心里掏出来的。比如：你必须根据你的感情来写作，确定那些感情是真实的，然后让剩下的一切都靠边站。

**文化艺术报**：《人民文学》2011年第6期、第9期先后发表了您两篇"非虚构小说"：《盖楼记》《拆楼记》，引起了广泛关注。您如何看待"非虚构小说"？

乔　叶：《人民文学》杂志的"非虚构"专栏应该是在2010年初开设的，后来又发起了一个名为"人民大地·行动者"的非虚构写作计划，它鼓励作家走出书斋，贴近生活现场，在此基础上去感受、去表达。一批好作品随之出现，如梁鸿的《梁庄》、慕容雪村的《中国，少了一味药》等。我很受触动，就申报了《盖楼记》《拆楼记》，也列入了这个写作计划。作品发表后受到了比较广泛的关注和好评，还获得了当年度的人民文学奖，单行本初版时将这"双记"定名为《拆楼记》。

我在之前的一次访谈中说："将'非虚构'小说化，是想用小说化的技巧来优化我想传达出的那种真实感，使我想传达出的真实感能够以一种更集中更有趣也更富有细节和温度的方式来展现在读者面前。"我要写的东西,如果需要小说的技法才能实现我想要的表达效果,那就可以使用,所以我所说的"小说化的非虚构"主要是指创作非虚构作品时的小说笔法。小说的笔法特别讲究细节,尤其体现在人物心理、对话等方面。

**文化艺术报**:《宝水》入选了中国作协首批"新时代文学攀登计划"名单,很多人就说《宝水》是命题作文,对于这种说法,您是怎么看的?

**乔　叶**:做新书宣传,按惯例总是会有些标签词来定义,《宝水》的这些词是新时代、新山乡、美丽乡村、乡村振兴等等。再加上又入选了中国作协首批"新时代文学攀登计划"名单,作为一个从业多年的写作者,以职业经验我也能推测出某些人会想当然地疑惑这小说是不是主旋律的命题作文。《宝水》出版后召开过一次线上研讨会,评论家李国平在发言中提到了主题问题,他说:"宝水不是命题作文,如果说有领命和受命的意思,也是领生活之命、文学之命、寻找文学新资源之命,作者面对文学、面对生活,反映现实、表现生命的理解的自觉之命。"这诠释非常精准。

我最初想要写这个小说,肯定是属于个人的自觉性。后来这种个人的自觉性与宏阔时代的文学命题相邂逅,如同山间溪流汇入了江河,某种意义上就是作品的际遇。对于这种际遇,我从来不追逐。但既已邂逅,也不回避。回避也是一种矫情。乡村固然一向就是一个宏大主题。有意思的是,似乎有太多力作证明,主题创作的细节更要经得起推敲。越是宏大的主题,可能越是需要小切口地进入和细微表达,才更能让人信服。西谚有云:"细节之中有神灵。"细节中蕴含着难以言尽的丰富的信息量。在村里采访的日子里，我住在村民家里，吃他们的农家饭，听他们说自家事。柴米油盐，鸡零狗碎，各种声息杂糅氤氲在空气中，这让我深切地感受到，所谓巨变都必须附丽在细节里，这细节又由无数平朴之人的微小之事构建，如同涓涓细流终成江河。除去一切标签，就我个人的初衷而言，其实就是想写历史背景下活生生的这些人。每个村庄都有它的历史，我希望写出历史或者文化的纵深感。我希望我笔下的宝水村是一个中间样本，它不多先进也不多落后，不多富裕也不多贫穷，它可能是居于中间状态的，符合更大多数的乡村样本，这对我自己来说是更有说服力的。

这样有些问题就是共性的，比如现在农家乐很普遍了，城里人都是一种观光客的心态，很多城里人会将乡村视为繁杂生活之外的喘息之地，但我会来回站位，会想，凭什么城里人就对乡村人会有某种理想的道德要求，说你们就应该淳朴？在这儿扎根的人，他们是活生生地在这儿过日子的，一定要有利润才能可持续发展，不然乡村振兴就凭情怀去做，特别空。而一旦产业落地，就要算很多账。所以小说里就算了很多的细账，村民怎么定价、怎么盈利，他们自己要做很多内部研究。这属于乡村内部很隐秘的部分，一般观光客是不关心的。

**文化艺术报**：福克纳曾说："我一生都在写我那个邮票一样大小的故乡。"故乡对您有何意义和价值？

**乔　叶**：这些年，我去过许多地方：江苏赣榆，福建福鼎，浙江吉安，甘肃甘南……这些地方最基层的村庄我都去过，感受到了丰富的气息。当然，感触最深的还是河南乡村，信阳的郝堂和辛集，商丘石桥镇的孙迁村，我豫北老家的大南坡和一斗水，等等，无论走到河南的哪个村庄，都会让我觉得像是我的杨庄——《拆楼记》《最慢的是活着》里的那个原型村庄，都会让我有骨肉之暖和骨肉之痛。

近些年来，我越来越清晰地认识到了故乡于我的意义和价值。我的老家在河南。所谓的乡土中国，作为中国最重要的粮食基地之一的河南，在"乡土"一词上带有命定的强大基因。"土气"浓郁的河南，不仅丰产粮食，也丰产文学。新时期以来，诸多杰出的前辈都在这个领域体现出了极强的文学自觉，豫南之于周大新，豫北之于刘震云，豫西之于阎连科，豫东之于刘庆邦，豫中之于李佩甫……他们笔下的中原乡村都如乔典运的那个比喻"小井"，成为他们取之不尽用之不竭的创作源泉，这些"小井"也因为他们各自的镌刻而成为河南乃至中国文学地图上闪闪发光的存在。

说来惭愧，作为一个乡村孩子，很年轻的时候，我一直想在文字上清洗掉的，恰恰就是这股子"土气"。如今人到中年，经过这么多年生活的捶打和文学的浸润，我方才逐渐认识到这股子"土气"是一笔怎样的资源和财富——这股子土气，往小里说，就是我的心性；往大里说，意味的就是最根本的民族性。也方才开始有意因循着前辈们的足迹，想要获得这"土气"的滋养，被这"土气"恩泽和护佑。

**文化艺术报**：写作《宝水》您用了多长时间，您都做了哪些准备？

**乔　叶**：写《宝水》用了七八年时间，准备很多，难以备述。最基本的当然是素材准备，但这个细分下来其实也有多个层面。这个小说写的是村庄的一年，是个横切面。怎么截取这个横切面，怎么去下这个刀子——庖丁解牛的刀子——我考虑了很久，翻来覆去地想。这个横切面，只要下了刀子，就必然什么都有，历史的、政治的、经济的、社会学的、人类学的、植物学的等等，乡村的复杂性必然携带着这些。因为是切近于当下，所以也要特别关注近些年的相关信息，比如近些年乡建思路的变化、乡村妇女生活状况的变化等等。尽力去实地看，不过更便捷的途径还是收集资料。比如农村问题田野调查报告、民宿经营笔记、地方志、村庄志、老家政协文史工作委员会关于方言的书、二十世纪六七十年代南太行修路的报道，都有所收集。趁着采风的机会，全国各地的村子我跑了不少，一二十个肯定是有的，没细数过。但尽管如此，也不能说对乡建有整体梳理，只能说对近十年的乡建有一定程度的了解。

文化艺术报：《宝水》写的是转型中的新乡村，创作过程中难度最大的什么？

乔　叶：创作难度的类型有多种，写作前的资料准备和驻村体察，写作时的感性沉浸和理性自审，初稿完成后的大局调整和细部精修，还有在前辈的乡村叙事传统中如何确立自己的点，这都是难度，各有各的难度。可以说，纵也是难，横也是难，朝里是难，朝外也是难。还真是不好比出一个最大的。或者说，每一个都是最大的。因为克服不了这一个，可能就没办法往下进行。比如说，对这个题材的总体认识就很难。为什么说写当下难？因为这个当下的点正在跃动弹跳，难以捕捉，也因为很少有现成的创作经验可作参考。对这些难度，除了耐心去面对，我没有什么更好的办法。我是一个笨人，所谓的经验都是笨的经验。

文化艺术报：您在《宝水》中如何娴熟地运用方言？

乔　叶：其实《宝水》本身的一切就决定了最适合它的语言调性，这语言主体必须来自民间大地。而这民间大地落实到我这里，最具体可感的就是老家豫北的方言。近几年里，我总是随身带着一本老家方言的资料书，写小说时方言声韵就一直在心中回响。从小浸泡在这语言里，我现在和老家人聊天依然且必然是这种语言。但方言使用起来也很复杂，要经过精心挑拣和改良才能进入文本。河南的原生态方言是极度简洁的，比如我老家方言说教育孩子是"敲"，宠爱孩子是"娇"。有句俗语是"该娇娇，该敲敲"，意思是该宠爱的时候要宠爱，该敲打的时候要敲打。但直接用过去，恐怕很多读者会不明所以，因此我琢磨一下，改为"该娇就娇，该敲就敲"，这样既保留了原来的味道，又不至于让读者困惑。

**文化艺术报**：《宝水》是您在北京完成的，在京城回望故乡，会不会看得更清楚一些？

**乔　叶**：尽管之前也常来北京出差和学习，但客居和定居的体验感受还是有着本质的不同。来北京工作后，我把家安在了通州。通州是城市副中心，因为经常去作协处理工作上的事，所以日常就是坐一号线转二号线，在副中心和中心打来回。在北京几年的生活和工作让我的写作有了非常重要的提升和成长。写作状态也因此发生了改变，在不断的调整中，我尽力使《宝水》气息充盈和饱满。

此外，还有一点，一直以来，我写作长篇时的习惯是：既要沉浸其中，也要不断抽离。"故乡是离开才能拥有之地"，忘记了这句话从何听起，却一直刻在了记忆中。自从工作调动到了北京，在地理意义上距离故乡越来越远之后，就更深地理解了这句话。人的心上如果长有眼睛的话，心上的眼睛如果也会老花的话，也许确实需要偶尔把故乡放到适当远的距离，才能够更清晰地聚焦它，更真切地看到它——在河南写《宝水》时一直在迷雾中，尽管基本东西都有，却不够清晰，在北京这几年里写着写着却突感清晰起来。如果没来北京，这个小说可能不是这个质地。现在回头去想，北京和故乡有接近性，又有差异感，这个尺度还挺美妙的。可以说《宝水》在行进七八年后，是在北京抵达了我心目中比较理想的完成。

总之，在很多层面上都要感谢北京。如果说《宝水》里面的情感基因是河南，那么《宝水》背后的精神气场就是北京。当然更感谢这个大时代。大时代让我享受到了多重福利，很幸运。

**文化艺术报**：写作《宝水》时，正是乡村小说被看衰之时，新乡村振兴写作计划还没有像现在这样红火，批评家张颐雯说："乔叶这位写作情感小说见长的作家开始了她乡村题材长篇小说《宝水》的创作。除了来自无意识的生活经验和对中原大地的深刻理解，这更需要提炼、关注与分析，需要对当下的乡村有清晰的认知与发现。在理论中还没有到达的地方，文学最先出现了。"《宝水》是您凭着惯性继续传统的乡村题材创作还是新的生活体验？

**乔　叶**：什么是乡村题材？什么是城市题材？如果一个人在农村生活了很久，来城市打工，你说写这样的人物是属于农村题材还是城市题材？如何去辨别这个人身上带有的这种交杂的身份呢？他带有那么多的农村生活记忆、农村生活习性，他来到了城市，其实依然是个农村人。可他到底属于农村还是属于城市呢？我不太喜欢在小说人物身上打上各种标签，然后确立自己的写作，我觉得还是要以人为本。

倘若一定要辨析乡村经验或者农村经验，我觉得我们总的来说还是一个大的乡村，尤其是河南在这方面最为典型。费孝通先生在《乡土中国》中说的乡土经验、乡土伦理，虽然到现在已经支离破碎，但它依然存在，"乡土中国"的说法在今天仍然是有效的。比如你应该也有在乡村的亲人，我们都有乡村背景，清明节依然要回乡上坟，过年过节也要回老家。我觉得乡村在以前具有一个明确的骨骼，也许现在这个骨骼破碎了，可骨架依然在，甚至还是我们的支撑。人们普遍认为它已经没有力量了，但它在一定的时候依然会显示出自身的力量来，而且非常坚实。我觉得这种影响、这种力量是深入骨髓的。中国与西方的文明基础有着很大的区别，农耕文明决定了我们的乡村伦理、宗族观念、道德体系，这些都是几千年延续下来的。所以即使当下的现代化进程如此迅猛，大家都说乡村崩塌了，但是我觉得崩塌的只是表面，它内在的精神性的东西尽管也被破坏了，但哪怕发生了"粉碎性骨折"，它依然是强有力的硬性存在。

**文化艺术报**：和前辈作家的乡村书写相比，您有哪些改变？

**乔　叶**：一定不一样。当然，首先，承接传统是毋庸置疑的，但随着时代更迭，传承中也应该有新变。我认识到自己跟前辈们的乡土写作因为代际、生活背景、成长路径、性别身份、审美趣味等各种不同，写作必然也会呈现出各种差异性。比如诸多前辈的乡土写作比较关注乡村权力，因为他们在盛年所拥有的经验就是乡村和城市二元对立，乡村有相对闭环的运行体系，种地、提留款、交公粮、宅基地……各种利益都在乡村内部。而我作为70后在成长中的所见所感，就是大量农民不再种地而进城务工，与此同时，土地开始流转，计划生育不再成为问题，基层干部职能向服务型转化，工作焦点和难点经常发生转移，需要他们不断调整姿态去面对。还有，因为城乡之间的频繁流动和边界变动，人们普遍拥有的是城乡混合叠加的复杂体验，城乡身份难以简单厘清，等等。简而言之，在时势之变中如何关注新的现实，如何描写沉浸其中的人们的新伦理建设和新生活建设，这些都成为我的写作重点。所以在《宝水》中，我把中国当下乡村人们的生活经验、生活意识与生活向往作为重要内容。此外，对当下中国广泛存在的城乡关系，城乡关系中人们的心理、情感、道德等多种状态，城市化背景下人们和老家、故乡的关系等等，我也进行了力所能及的书写。

我一直觉得，乡村、农村、村庄、时代，这些词语都蕴藏着文学的富矿，其中最具有核心价值的矿脉永远是人。一个我特别敬爱的前辈曾这样说："小说对读者的进攻能力，不在于诸种深奥思想的排列组合，而在于小说家富于生命的气息中，创造出思想的表情及这种表情的力度和丰富性。"我想，思想的表情一定融合着时代的表情，同时也包含着在时代中生活着的人们的表情。这些表情中能够解读出的信息是极其鲜活和迷人的。我喜欢捕捉和记录这些表情，愿意为此继续努力写作。

**文化艺术报**：有哪些作家影响过您？

**乔　叶**：这还挺一言难尽的。太多了。我喜欢马尔克斯、卡尔维诺、帕慕克、奈保尔等作家。我不仅读他们最成熟最巅峰时期的作品，也会看他们相对青涩的初期作品；看他们的小说，也看他们的随笔。我想要了解这些小说家是怎样成长的，成长的脉络究竟是怎样的。我觉得读书这件事，是要和自己的趣味做斗争的，不能太任性。一些不好读的书，比如社会学类、植物学类的书，也要去读，甚至越是不好读的，可能越是自己需要的。为《宝水》做准备时，我意识到题涉新时代乡村变革，我就一直在读社会学家费孝通的《乡土中国》。费孝通对中国乡村社会的深刻调查和精准分析让我获益匪浅。初读时可能会觉得枯燥，但我知道，这正是我需要的。

**文化艺术报**：您是如何理解现实主义写作的？

**乔　叶**：在谈及小说创作方法的时候，现实主义应该是最高频率的词，没有之一。写作这么多年来，我越来越觉得，一切写作，都和现实有关。所有人和所有题材的写作，本质上都是现实主义的写作。因为被最高频率使用，它几乎成了一个习惯的固化定语。但其实，它岂止是一种创作路径？在路径之下，铺垫着坚实的写作态度，这种态度，意味着谦卑、忠直、敬重和审慎，意味着发现、批判、理解和关怀，意味着包容，意味着宽阔，也意味着丰饶。而在路径之上，它也是一种思考力的呈现，意味着一个总体性的认知立场。

何为现实主义的"实"？我想，这个"实"，不是描摹的纪实，不是愚蠢的预实，而是最深的真实和最高的诚实。如对乡村，这个"实"，固然是指乡村实体，可这个实体却也有无限漫漶的外延边缘。这个"实"，固然是乡村的现实，可这个现实却也不能脱离历史的长影而孤存。因此，认识乡村，写作乡村，从来就不能仅限于乡村的事，而是对个体与整体、历史和现实、地缘和血缘、中国与世界等多方位多维度的观照和把握。这意味着作家的视域宽度、认知高度和思考深度，还意味着在合乎文学想象和生活逻辑的前提下，作家是否有能力参与宏阔的历史进程，以文学的方式描绘出富有价值的建设性图景。

**文化艺术报**：从终于创作完成《宝水》，到《宝水》发表出版面世，再到《宝水》获得茅奖，在这几个不同的时间节点，您对这部小说有什么不同的感觉和评价？

**乔　叶**：对于自己的小说，我始终认为，最重要的事情就是尽力去完成文本，至于完成之后外界的褒贬评价，那是另一码事了。《宝水》是很幸运的，于2022年在《十月》（长篇小说）第4期和第5期全文首发后，先后被《小说选刊》节选，又被《长篇小说选刊》分两期全文转载，直至后面上了很多重要榜单，获得了2022年度"中国好书"、第十九届十月文学奖、春风悦读榜女性奖、第十届北京市文学艺术奖等奖项，直至获得第十一届茅盾文学奖，我都一直备受鼓励，备感温暖。我觉得自己得到的太多了，非常感恩。无以为报，只有继续努力写作——话说回来，也只有继续努力写作。奖项就像加油站，总不能待在加油站里不出来吧。写作是一条长路，最有意义的还是在路上。

杨志军

作家的另一个名字，就是永远的攀登者

扎西德勒

**杨志军**

1955年生于青海西宁，祖籍河南，现定居青岛。著有荒原小说系列《环湖崩溃》《海昨天退去》《失去男根的亚当》《江河源隐秘春秋》《天荒》《永远的申诉》《迎着子弹缠绵》以及《无人部落》（纪实）等，藏地小说系列《无人区》《大悲原》《生命行迹》《敲响人头鼓》《藏獒》《藏獒2》《藏獒3》《伏藏》《西藏的战争》《藏獒不是狗》《雪山大地》等，海洋小说系列《潮退无声》《无岸的海》《最后的农民工》《你是我的狂想曲》等，儿童文学《最后的獒王》（由《藏獒》三部曲改编）、《骆驼》、《海底隧道》、《巴颜喀拉山的孩子》、《三江源的扎西德勒》等，散文集《藏獒的精神》。部分作品在国外翻译出版。《藏獒》入选"新中国70年70部长篇小说典藏"。长篇小说《雪山大地》荣获第十一届茅盾文学奖。

**文化艺术报**：《雪山大地》获得茅盾文学奖之前，您的藏地小说系列中的《藏獒》已入围第七届茅盾文学奖。获奖对一个作家意味着什么？

**杨志军**：一个真正的文学写作者是不能考虑太多的，也不会考虑太多。之所以写作，是为了自己的情感得以抒发、想法得以呈现、自我得以安放。很多时候，这是情不自禁的，不能有功利目的。

获奖是对一个作家创作，而且是几十年连续不断创作的一种总结、一种认可，这当然很好，是非常令人激动的一件事情。茅盾文学奖是中国文学界最高奖项之一，所以得到认可，那当然是非常激动的。当然也是一种总结，总结自己几十年写作过程中的一些历程、心血、思考，还有得失等，总结意味着重新开始，从零开始，然后也许能写出更让自己满意的作品。

既然是自己用心血凝聚而成的作品，我就有这份自信，它是一部好的作品，可以为读者带来裨益。所以，创作时没有想获不获奖的事，获奖了却也不感到十分意外。

**文化艺术报**：您的《雪山大地》获得了茅盾文学奖，您说写这本书是为了纪念您的父辈，以生活的原色为父辈树碑立传，小说的原型是您父母亲吗？

**杨志军**：父辈们的故事开始于1949年。我父亲作为一个从洛阳来到西安的西北大学读书的青年知识分子，在有着生命危险的"护校"任务结束后，便和一帮志同道合的人一路西进，来到西宁，在一家破破烂烂的马车店里开始创办《青海日报》。母亲其时正在贫困中求学，听说有一所卫校又管饭又发衣服，便立刻退学去那边报名。就这样，她成了由第一野战军第一军卫生部管辖的卫校学生，之后又考入医学院，成了青藏高原上第一批国家培养的医生。

在小说里，我没有把父亲写成记者，他的身份是畜牧兽医专业的毕业生，先是当了畜牧兽医站的站长，后来当上了副县长，后来又去当了学校校长，创办了草原上的第一所学校。过去草原上没有教育，只有寺院里的喇嘛才有资格去学习，你要想识字，就必须当小喇嘛。一般的牧民不识字，也没必要去识字嘛。数数的话，结绳而记。所以在藏族人的观念里，文字和经文一样神圣。因为在当时的草原上，只要是文字，就是佛经。只要是文字，他就觉得神圣得不得了。我父亲要去办第一所学校，那怎么办呢？没有房子，没有黑板，没有粉笔，啥都没有，连学生都没有。你得把牧民的孩子叫来学习吧？这个工作太艰难了。他们认为，我孩子是要牧牛牧羊的，为什么要去读书？读书有什么用？后来他们知道了，学文字和学经是一样的。我的孩子以后也可能像个有名望的人那样活着。我父亲就告诉他们，这些孩子以后可以成为公家人。牧民一想，公家人是很厉害的，那孩子赶紧去学习吧。那是草原上的第一批知识分子。后来又联系到西宁的学校，让他们上寄宿高中。毕业之后，他们回来就都是干部了。因为草原上文化人很少。这一代的干部就慢慢成长起来。所以这不仅仅是教育问题，还培养了一大批干部，为草原的发展起到了很大的作用。在很多岗位上，他们都能和时代同步，你不和时代保持同步是不行的。

在小说中，我写到了我的母亲办了草原上的第一所医院。牧区是没有医院的，靠寺院里的密宗藏医给牧民看病。藏医的条件很有限，一些普通的手术，他们都做不了。在现实中，我的母亲也是一名医生，只是小说中的母亲，是许许多多的大夫形象综合在一起的。母亲去给麻风病人看病。过去遇到麻风病人，就把他们隔离在一座他们出不来的山坳里头，让病人自生自灭。作为医生，母亲很清楚，麻风病虽然是种很可怕的疾病，但能看好。作为一种传染病，麻风病不是通过呼吸，而是通过血液传染的。她就把所有的麻风病人集中起来，办了第一家麻风病医疗所。最后她自己不幸感染了麻风病，但最后，也不是麻风病导致了她的死亡，而是高原缺氧。她虽然是麻风病人，但还要给病人看病。本身就有病，免疫力下降，再加上工作操劳，在高原上，心肺就受不了了。

**文化艺术报**：父辈的精神，对今天的人有何意义？

**杨志军**：我曾经说，我们不仅要有人的理想，还要做一个理想的人。理想的人是个怎么样的人？作为一个写作者，这是我反复在思考的问题。恰好我有这方面的积累，理想的人的标准在我的心目中是有的，我见过的。那么多我的父辈都在做理想的人，我为什么不能写出来？《雪山大地》最重要的，还是对人的描写。青藏高原是这些人成长和走向生命里程的起点，也是他们的终点。在这个漫长的过程中，他们是怎么用人的标准一步一步走向他们的境界？到了我们这个时代，这种境界已经成了高不可攀的标准。《雪山大地》也可以说是我们国家发展历史的一个缩影——从1949年建立新中国到现在。因为人，不是抽象的、真空的，而是在漫长的人生历程中，不断地付出，不断地奉献，不断地得到。这些过程中的坎坷和经历，一些思考、焦虑、喜怒哀乐，以及家庭、婚姻等，都成为书写的对象。

拿我们耳熟能详的大师来说，他们并不是把小说写得多么精到，他们始终在传达他们的理想。托尔斯泰在传达他的理想，但丁在传达他的理想，雨果也在传达他的理想——人的信仰的标准。出色的批判现实主义作家关注的，永远不是批判，而是建树。托尔斯泰最后建树了什么？建树了托尔斯泰主义：博爱、向善。好像很简单嘛，可是就为这么一个简单的东西，我们得付出多少？我们得走多少弯路？我们得写多少书来论证它？人类本身来说是很简单的，我们如果没有丢失原来就具有的本色，我们就能很简单但是又很饱满、很丰富地活下去。如果我们丢失了这些底色，乱七八糟的色彩就都来了，我们该怎么办？我这些年一直思考的都是这方面的问题。

**文化艺术报**：您的青少年时期是在青藏高原度过的吗？青少年时期的生活对您的创作有何影响？

**杨志军**：我的青少年时代在青海，上大学在青海，除了当兵几年在陕西，其他时间都在青海度过。1976年，我到《青海日报》当记者，中间又去上大学，是恢复高考之后的第一届大学生。（然后）又回到《青海日报》当记者，一直到1995年去青岛，才离开青海。我在青海四十年，在《青海日报》待了有十几年。

我迄今还会清晰地梦到小时候的情形：不止一个牧人，也不止一个牧人的妻子或孩子，拿着仔细保存好的地址，来到我家，目的只有一个：看病。他们不睡床，不睡炕，就裹着皮袍躺在家里的地上，一眠到天亮。他们说着扎西德勒，把风干肉、糌粑、奶皮和蕨麻，放在了1960年的冰锅冷灶上。他们抱起我们弟兄俩，放进宽大的袍襟，抹一点酥油在我们额头上，这是祝福吉祥的意思。然而我们却毫不犹豫地抓下来，送进嘴里，每回都这样。此后二十多年，年年都有牧人骑着马跋山涉水来到我家：看病。母亲只是个妇产科医生，治不了他们的包虫病、风湿病和因生活艰辛、高寒缺氧、食物单调而引起的各种疾病，但她会带他们去西宁最大的省人民医院，请她的同事们给予治疗。每次母亲都会恳切地说："从那么远的牧区来，不容易，你给好好看看。"那些病有的治好了，有的没治好，留给我们许多庆幸和遗憾，久而久之成为心中的亮迹或划痕，有的抹掉了，有的盖住了……朝前涌动的生活，总会让过往变得越来越浅淡，让故人变得越来越遥远。渐渐地，他们不来了。我曾经想：难道是我们的接待不周伤害到了他们？或者是父亲的去世让他们觉得不便再来打搅？可我的母亲依然健在，并保留着一个医生的牵挂，常常会念叨：放到现在就好了，许多过去治不好的病能治了。

直到后来，我跟父亲一样，动不动要下乡去草原时，才明白我们的猜测是不靠谱的。当医院和卫生所已经普及每个县每个乡时，当大部分牧人的孩子因为接受过教育有了工作而能更好地照料亲朋好友时，当便利的交通包括高速公路在辽阔的草原上不断延伸时，当商品经济的发达已经让许多牧人在城市有了安家落户的可能时，父亲的房东以及他们的亲友还有什么必要千里迢迢、风餐露宿地来到省会，居住在我家，并拜托母亲寻求医疗呢？偶尔，母亲在超市的货架前看到一个曾经来过我家的牧人也在挑选东西，她才反应过来：能够穿越时空的，并不仅仅是幻想。

这么多年的生活，我对青海特别有感情。这是我的故乡。我在这里度过了童年、少年和青年时代，青海是我的根。我对土地的依附，对生命的依附，对肉体的依附，亲情、朋友、单位……它对你的塑造，你对它的依赖，共同成为今天的我。

后来我开始写作，更加注重故乡对我的影响，也在更加有意识地培养这种感情，培养对它的发现。

**文化艺术报**：父母那一代的人，他们的理想是不是绽放得特别崇高、特别耀眼？

**杨志军**：是这样的。在我们这一代人看来，父母那一辈的人，他们的理想绽放得特别崇高、特别耀眼，但其实，在他们经历历史的时候，就他们自己的感受来说，那是他们再平常不过的日常现实。他们那代人是很纯粹的，他们做事不太会去权衡利弊，而只是觉得，我就应该把这件事做到最好，我把这件事做到最好就可以了。他们自觉地将自己的人生融入时代的需求，那几乎是他们的某种本能。像我的母亲，作为一名医生，治病救人就是她的本能；我的父亲看到偏远之地的孩子不识字，就很忧心焦虑，自然而然地为了孩子们能识字、学知识、有文化而创办学校。很多孩子上了他办的学校，学到了文化知识，这些孩子长大后留在草原，成为草原干部，为草原发展做贡献。

他们做人也严守着比较高的道德标准，现在我们的生活条件变好了，可是，随着物质主义的盛行，面对的诱惑也变多了，人的纯粹性相对减少了，其中有一小部分人的道德标准似乎低了很多，以至有的时候，上一代人的底线要求成了我们这一代人的理想追求。我想，文学是一种很适合呼唤纯粹的、崇高的精神回归的方式，在文学中弘扬这种召唤精神也是必要的。最需要文学书写的，并不是已经泛滥的东西、大家都有或者都在追求的东西，而是那些大家遗忘了的东西、缺少的东西、本应该追求的东西。

我们现在所缺少的，就是人的精神，作家就应该重点关注这一点。但前提是作家自身是有情怀的人、有道德感的人、有理想的人。就像雨果笔下的冉·阿让，他承载了雨果自身的人格理想。雨果认为最完美的人不是没有愤怒、罪孽和错误的人，而是有了罪孽能忏悔的人，冉·阿让就是一个忏悔的典范。实际上，文学形象冉·阿让的道德标准就是文学家雨果自己的道德标准。托尔斯泰也是个精神境界很高的人，他将自己的财产分给农民、农奴，他的这种精神体现在文学作品中就是他的"托尔斯泰主义"。在他们身上，个人理想与文学作品往往呈现出高度的统一性。

**文化艺术报**：创作《雪山大地》这部书，您最大的挑战是什么？

**杨志军**：我出生在青海，那里是世界屋脊，藏族人民聚居的地方，雪山静静矗立，江河缓缓流淌，滋养着万物，也滋养着我，一个卑微的生命、一个追寻梦想的写作者。我出生并慢慢长大的故乡，曾经是父辈们年轻时毅然选择的远方，风沙粗粝、气候寒冷、环境缺氧，打磨去他们心中的软弱，让他们有了山的挺拔、河的绵长。这里是地理的高原，也是一代代奉献者的精神高地。在我的小说中，现实是理想的基石，理想是现实的延伸，就像雪山的拔起、大地的展现，永远保持着向上向远的姿态。

对我来说，每一部作品的创作都是一种特别的体验，创作是不能重复的，生活、情感、认知、提炼、描写、故事结构、人物塑造、表现形式和主题思想都不能重复。这本小说写了一年多，写作很顺利，因为写的是记忆中非常熟悉的生活，是一种真实的表达，生活的真实和感情的真实，都是作品的有力支撑。可以说游刃有余，没有挑战，有点回忆似水年华的味道，感叹着时间的流逝，怀念着过往的场景和人们，在淡淡的伤感中任由文字流淌。这样的写作其实是一种享受，因为我得到了滋养。写作的过程就是投入雪山大地的怀抱，让山的挺拔、水的清澈、地的辽阔重新滋养我一次的过程。

**文化艺术报**：获得茅盾文学奖之前，您的《藏獒》三部曲已经很有影响，在风头正劲的时候，您忽然停了下来，直到《雪山大地》的出现，这中间发生了什么？

**杨志军**：停下来是为了卸载和减负，过去我关注的大多是发生在青藏高原的重大历史事件，现在我要面对自己和家庭，面对那些跟父辈们和后辈们有过千丝万缕关系的藏族牧人。想法纷至沓来，过往就像改变了渐行渐远的方向，近了，越来越近了，近到可以一把抓住，满怀拥搂。我和同辈们行着贴面礼，和亲朋好友行着碰头礼，和长辈们行着接吻礼，觉得一下子从高迈的远山回到了平野川谷地带的家里，那顶牛毛褐子的黑帐房里，有我的白铁茶炊、糌粑木碗、绣花卡垫，有燃烧的牛粪火能把我烘热烤化，然后歪倒在地毡上，一梦不醒，直到坐在泥灶上的第一壶奶茶发出嗞嗞的声音，老妈妈倾斜着茶壶倒满待客的金龙瓷碗。

所以说，《雪山大地》这部作品的创作前准备就是把以往的"抬头看天"改为"埋头看地"，把表达历史改为表达现实，把描写别人改为反躬自己。不再需要增加什么了，只需把骨血里的积淀一点一点淘洗而出，只需想一想藏族牧人们的日常生活是如何演进的，而对时代变化最有说服力的便是普通人的吃喝拉撒睡，再加上聚——要知道藏族人是喜聚不喜散的。三江源用一滴水照出了整个中国的影子，理想的净土——香巴拉的造型渐渐清晰，地广了，心大了，一转头，才发现诗与远方不在前面而在身后，在那些装满了日子的牛毛帐房和放牧过牛羊的草野莽丛里。是所有人的诗与远方，是空气形态、水形态、植物形态和动物形态共同营造的诗与远方，带着原始的清透与丰饶，也带着现代的宁静与谐美，四合而来。

**文化艺术报**：您是怎么走上文学之路的？

**杨志军**：我从小就对文学很感兴趣，动物的、爱情的故事，我都喜欢，大概是天性。作家的天性很重要，天性能培养出兴趣，就能为之阅读、努力、奉献……我的父母都是知识分子，他们爱读书，收藏了很多文学作品。即使是在那个"不能读书、不让读书"的年代，20世纪50年代我们国家出版的中外小说，我们家几乎都有。我小的时候没有什么儿童读物，只能去父母的书架上找东西看。那时，我读《安娜·卡列尼娜》，根本读不懂，一页一页地翻过去，只知道书里的人在谈恋爱。《水浒传》是我重要的启蒙读物，但同样看不懂，甚至连很多字都不认识，只知道一大帮人在打架。当然，书中很多人物的那种仗义疏财的做派，还是给我留下了很深刻的印象。

童年时期接触文学作品，对我日后走上写作道路是很重要的，但这还不能说是我的写作契机。真正的契机出现在我在陕西省军区当兵的时候。那阵子，我被派到生产队进行支援，每天的饭是挨家挨户去农民家里吃的，这让我近距离接触到了农民的具体生活。有一回，我在等老乡做饭时发现他家有本破书，里面有一篇小说，是赵树理的《小二黑结婚》。看完后我想，哎呀，这样的小说我也可以写的！从此之后，我走上了写小说的路。

我年少时写的一些小说，有的发表了，有的没有发表；但即使发表了，我内心也没把它们算作我的作品——那时候写的东西，无论是语言还是技巧，都实在不太好。我自认为我正式的文学写作的起点，应该是在上大学以后。我是在1977年高考恢复第一年参加高考的，考上了青海师范大学。在那里读书时，我遇到了很多让我一生受益的好老师，也因为我们是高考恢复后的第一届大学生，所以老师对我们格外上心与爱护。老师们广阔的眼界和丰富的学养教会了我许多，我的思路被打开了。老师们并不是照本宣科地纯粹从结构、语言等技巧方面来教我们写作，而是结合他们自己丰富的经历让我们去了解文学、文人，去触摸文心。

毕业后，我回到《青海日报》工作。有一次，一些农民因大风吹裂了青海湖的冰面而被困在浮冰上，我去现场采访。当时，除完成新闻稿之外，基于这段亲身经历与见闻，我还写成了《大湖断裂》，这是我的第一部中篇小说。随着采访中积累的环保知识越来越丰富，我又写了《环湖崩溃》。

那时候的文坛，主流是伤痕文学，当大家几乎都在回顾历史、创作伤痕文学时，我独自在关注生态向度的社会问题。这或许是受我的工作的影响，作为记者，我每天在接触现实，尤其是西部的现实，亲眼看到很多破坏生态的现象——比如在生态本就脆弱的草原上盲目开垦耕地，等等。因此，说到底，我写作的真正的、重要的契机，是我对自然生态的忧虑。

**文化艺术报**：您是如何定义作品的格调，取舍哪些东西可以写、哪些东西不能写？

**杨志军**：对我来说，没有新发现的旧生活和没有历史感的新生活都不值得去表现，所以每一次写作都是一种既熟悉又陌生的行走，是我感恩大地、探索人生的新起点。我一向认为：我们不仅要有人的理想，更应该做一个理想的人。我在第一个中篇小说《大湖断裂》中写道："全部生活就是一种怎样做人的选择。"几十年过去了，关于"人"的探索，几乎涵盖了我的全部作品。我在《环湖崩溃》中描写人与自然的冲突；在《海昨天退去》中展示人的生命在时间面前的悲剧；在《大悲原》中梳理人的尊严和生存价值；在《藏獒》中大写道德——"人"的支柱；在《伏藏》中寻找人与爱的融合与分裂；在《西藏的战争》中发掘信仰之于"人"的意义；在《潮退无声》中寻求人被自己隐藏在复杂性后面的本真；在《无岸的海》中思考爱恨情仇对"人"的作用；在《最后的农民工》中眺望"人"的地平线；在《你是我的狂想曲》中探讨音乐熔炼"人"的过程；在《海底隧道》《巴颜喀拉山的孩子》《三江源的扎西德勒》等儿童小说中追问"人"可以干净纯真到什么程度，如何做一个对别人有用的人；在《雪山大地》中追求"人"的质量，和主人公一起经历在人性的冲突中如何保有大地赋予的优良品格。我觉得除了爱，一个人不可能再有更靠近"人"的标准的抒发，可以说，《雪山大地》是一部关于爱的诠释——爱自然，也爱社会；爱旷野，也爱城市；爱自己，也爱他人；爱富有，也爱清贫；爱健康，也爱疾病；爱活着，也爱死亡；爱人类，也爱所有的生命。

**文化艺术报**：您有一部长篇小说《最后的农民工》，写作这部和您的文化背景差异很大的作品，您要做哪些准备？

**杨志军**：我年轻时有一阵在陕西支农，当过一年多的生产队长，接触到很多当时的年轻人，他们文化程度也不高，但第一，他们特别讲卫生，都比我讲卫生。第二，他们的内心世界也不是像我们理解的那么自私。我曾经去过一个知青点，碰到很多当地的回乡青年，有时候大家吃的馒头少了，就有人把所有的馒头仔细地分成小份，包括分馒头的人，都是给自己留最小的一块，当时我觉得也没什么，但现在回想起来，从这么一个小细节里，就看出农民没那么不堪，虽然他们当中有些人是下三烂，但如果我们的眼光只盯着这个，那就只能看到肮脏、不堪，当我们的眼光善于发现优点，我们就会从中看到很多闪光的东西。像我住的小区，现在属于市中心了，但刚开始还是边缘地带，我住进去的时候，就看到一个农民工成天拉个狼狗在小区转，我就说你可以不转啊，不要那么辛苦，他就说，那不行的，出了事怎么办。他就是每天转，转的时候，会把从小区楼里飘出来的那些衣服，包一块石头扔进去。不包石头，扔不进去。那你想想，他其实也可以自己拿走，但他不这么干，他虽然不是把衣服送回小区，找到是哪一家掉的，再还回去，但他包石头扔这个动作，就包含了很朴素的东西，太朴素了。包括在《巴颜喀拉山的孩子》里，我写那个老奶奶撒盐，高原上有些公路很陡，大雪封山的时候路上有雪是很危险的，她在那里转山，就随身带一些盐撒在路上，盐会让冰雪消融。她为什么这么做呢，因为信仰。你要知道，她用的不是我们网购，或从超市里买来的盐，这些盐是她花好几个月的时间赶着牦牛去盐区采回来的，采回来以后呢，一部分卖了换糌粑，一部分留着自己食用，就是这样，她还能省出两袋盐撒在路上，完全是为的后来人不翻车，好走路。灵魂干净到这种程度，你能说不干净？

我觉得，《最后的农民工》，包括我写青岛的一些作品，是有理想主义气质吧，我可能是用受到青藏高原牧区精神感染的那种眼光来看待很多东西，我看到的就是好的，我也希望自己写出那些闪光的东西，我也可以把人物写得完美无缺，我就是不服气，很多人总是把农民工写得那么肮脏。这部作品出来以后，真的有人评价说它不真实，就说农民都自私，怎么可以这样，我不争辩，因为我知道我的文学理念就跟很多人不一样，还有我的文化背景也不一样。这种基于信仰的文化背景，加上草原牧区的那种自然地理，塑造了我的心理结构，就让我看任何东西都不一样，都更能看到好的一面，包括我看待都市，也是很多人都说都市怎么怎么不好，但我看到的更多是感动，有时就是有一点点东西，我都会被感动。

**文化艺术报**：您的文学标准是什么？

**杨志军**：我始终都在坚持我给自己确立的文学标准，这个标准是许多文学大师共同参与制定的，他们是屈原、陶潜、李白、杜甫、苏轼、鲁迅，他们是但丁、雨果、莎士比亚、托尔斯泰、陀思妥耶夫斯基、马尔克斯。坚持他们用作品制定的标准，就是坚持我自己的文学性，就能时刻处在被认同的自信里，做一个被点亮、被唤醒的二次光源的拥有者。

**文化艺术报**：您是老媒体人，多年当记者从事新闻写作的经历对小说创作有着怎样的影响？

**杨志军**：新闻工作不光是给了我素材，更多的是给了我情感和生活。现在记者的采访可能是以小时和分钟来完成的，我以前采写一个新闻，要走访一两个月。比如我要了解牧民的存栏率、宰杀率。那时候没有车，我骑着马或者步行，这个时间是很漫长的。最后发现，我不是在完成新闻业务，是在这个地方生活。作家写作要深入生活，我从事新闻工作时，就是在深入生活，啥都见了，连草木都认识我了。这些是文学创作需要的，于是就成了我的资源。

**文化艺术报**：您坦言自己是个理想主义者，现实生活中，会不会孤独？

**杨志军**：理想主义者的孤独是正常存在，理想需要孤独，孤独造就理想。文学本来就应该是孤独者的自语，何况我总能找到志同道合的人，让我觉得理想主义的价值也许就在于它的少量存在和少量拥有。面对繁复杂乱的生活，当你殚精竭虑去提纯它的时候，你会发现孤独和安静是那么有益，孤独本身就是一种思想、一种精神，一种在任何时代都能获得幸福感的生存方式。孤独算什么？有能力写出自己想写的作品，就是一个作家最大的幸运。

**文化艺术报**：您的作品主要是长篇小说，印象中您很少写中短篇小说？

**杨志军**：只能说很少吧，很少，很少。我也不知道为什么，其实我也很想写好短篇、中篇，但是一写就写长了。为什么会这样呢，我想写作中短篇吧，可能更需要智慧和技巧，但我的长处不在于这上面，而是在于情绪饱满、激情飞扬，所以我写小说，写着写着就写成了长河一样的东西。而短篇小说是很精到的，只能很节约地写，这我做不到，这和我的天性有关系。所以，像海明威、莫泊桑、契诃夫啊，对我没什么影响，我就喜欢读《战争与和平》这样的作品。我想可能是我比较喜欢长篇作品那种宏大的背景吧，里面人和人之间、人和自然之间的那种错综复杂的关系也很吸引我。

**文化艺术报**：你的写作动力来自哪里？

**杨志军**：文学写作的动力有很多，但对于我来说，最重要的是，始终在坚守一种理想。除文学的理想以外，还有一种人的理想。因为我始终在描写人和作品的一致性。比如说，我这几年一直在思考人的标尺是什么。我坚信人会好起来，坚信生活会好起来，这是我的理想。我也坚信文学会有这种力量。尽管很多人贬低文学，说它什么也不是，没有任何作用，但是我依然相信它的作用巨大。

除此之外，"情感"也是我写作的动力。比如说，你生活在青藏高原那么久了，你对它有感情了，你想回报它，你拿什么回报呢？你什么也没有，除了你的文字。我在青岛也生活了那么久，想要回报青岛、回报海洋对我的滋养，那我只能写青岛写海洋，使自己的情绪得到一种寄托。

**文化艺术报**：要想成为一个作家，需要具备哪些条件？

**杨志军**：首先是作家本人自身的条件，天性是很重要的，有些人天生就形象思维发达，对周围的环境很敏感，情感丰富。就我本人来说，我就对我所处的自然环境特别敏感，自然就下笔如有神。其次，作家个人的学养积累也特别重要。从天性出发，因为兴趣而特别地去储备相关学养，才算是具备了成为一个好作家的基础。最后是作家对生活的认知能力。在生活经历相同的情况下，不同的认知能力下写就的文学作品是有高下之分的。认知能力和后天的学习密切相关，学识好方能见识高。

除此之外，我认为一个好的作家一定要有排除干扰的能力，做到心无旁骛才能产出好作品。社会生活中有各种繁杂的事物和诱惑，如果我们深陷其中无法自拔，就会耗尽自己的精力和元气，想要写出好的作品，恐怕是一种虚妄。历史上许多好的作家，都懂得给自己的心灵留有空白，始终坚守自己的理想，牢牢不放。

具备了这些基本素质、能力、信念之后，写作就会变得比较容易。在我看来，文学创作根本就不是教出来的，而是悟出来的，是每个写作个体独特的生命体验，而非文字技巧；是一个人天性、学养与理想信念情不自禁的流露，而不仅仅是篇章结构。

写作这件事，更多还是个人的修行，除了极个别的天才型作家，大多数作家还是要经过无数次的实践、无数次的磨难、无数次的失败后，方能慢慢走出属于自己的写作之路。

将过往生活的储存,传递给更大的世界

陈彦

## 陈 彦

　　1963年生于陕西镇安,当代著名作家、剧作家,中国作家协会副主席,中国戏剧家协会副主席。创作《迟开的玫瑰》《大树西迁》《秋色满长安》等戏剧作品数十部,三次获曹禺戏剧文学奖。创作长篇电视剧剧本《大树小树》,获第二十届中国电视剧飞天奖。出版有散文集《边走边看》《必须抵达》《说秦腔》《打开的河流》《天才的背影》《陈彦散文选》《陈彦自选集》等,著有长篇小说《西京故事》《装台》《主角》《喜剧》《星空与半棵树》。《装台》获2015年度"中国好书"、首届"吴承恩长篇小说奖",入选"新中国70年70部长篇小说典藏"。《主角》获2018年度"中国好书"、第三届施耐庵文学奖、第十届茅盾文学奖。《星空与半棵树》获2023年度"中国好书"。多部作品在海外多语种发行。

**文化艺术报**：今年4月份，太白文艺出版社出版了《陈彦文集》二十册，这是您的首部完整文集吧？

**陈　彦**：我是没想着要出文集的，总觉得这是以后的事。以后到什么时候也不知道。可经不起撺掇、鼓励，还真出了。整理稿件过程中，又觉得诚惶诚恐，便一拖再拖。我十五六岁时，受当时青年人都爱文学的风潮诱惑，凑热闹，一头扎进去，就再没出来过。开始写小说、散文，也发表了一些，都在小报小刊上。有的印刷品，现在连字迹都辨认不清了，有些在多次搬家后，已找不见了骸骨。写作在开始，感觉最重要的事是发表——怎么把文稿变成铅字。一旦变成铅字，就像打了兴奋剂一样，腰上别了报刊，老想满街找熟人看。那时为了把更多的手稿变成铅字，甚至会尽情去迎合发表阵地的要求。比如给邮电报投稿，就写邮递员如何如何敬业；给交通报投稿，就写些乘车见闻之类的讨巧之作。一般一投就灵，发表的概率在百分之九十以上。而那些文字现在大多已不能看，好在也看不清、找不见了。当然还有一些没发表的作品，在反复退稿中，被折磨得连保存手稿的耐心都失去了。

文集出版我一拖再拖地拖了四年多，既是因为找不到那些早期文学手稿与好几个剧本，包括电视剧的油印与打印本，更是觉得哪里都还不妥当，可事情一旦进入程序，就有点难以回头的感觉。出就出了！我要深深感谢太白文艺出版社，他们出了我的第一本散文集、第一本精品剧作选、第一部长篇小说，因此，他们抬爱要给我出文集，我便感激不尽了！

**文化艺术报**：《星空与半棵树》，是您的第五部长篇小说，这部长篇历时八年、九易其稿，《收获》杂志2023年第1期、《作家》杂志2023

年第4期发表后，由人民文学出版社出版，深受读者喜爱，入选各大好书榜榜首。请问为何会用"星空与半棵树"来做书名？

陈　彦：《星空与半棵树》，是我对故乡的一次深情回眸。儿时对星空的记忆几乎伴随着一生。包括我后来对天文学的业余爱好，都与那时面对灿烂星空的激动不已有关。那是懵懂初开的惊异，也是雄姿勃发、壮怀激烈的仰望。那种星空我再也没有见到过，但有深刻记忆也就足够了。我希望我的故乡仍然是繁星满天、霞光万丈的景象。我盼望那一方水土的人们能够有尊严地与他人、与自然、与自己和谐相处，守望相助。文学说到底关注的还是人性问题。一切美梦成于人性之真之善之美，而一切美梦也都将因人性之假之丑之恶而破灭。《星空与半棵树》就是希望通过对各种人物的生命境况的书写，思考人性、人心以及人与自然等问题。小说的主人公是一个热爱仰望星空，却不得不时时面对一地鸡毛般的琐碎生活的基层公务员。在差不多十年间，在面对和处理具体的现实问题的过程中，他的家庭、情感和心理都发生了很大的变化。通过他的生活，打开丰富、复杂且广阔的人世间各色人等的生活和命运。这里面也写到了在传统和现代之间的乡村文化的冲突和融合，写到了不同时期理解和处理人与自然关系的不同方式及其意义。

**文化艺术报**：批评家丁帆评论《星空与半棵树》说："这是一部现实主义、浪漫主义、生态主义和荒诞主义四重奏的乡土感伤主义的交响乐！"他特别提到了"乡土感伤主义"，"乡土"一直是您创作的脐带？

陈　彦：这部小说完成后，人民文学出版社第一时间给丁帆先生寄了试读本，他读完后，很快就写了一万七千多字的评论，对拙作给予充分解读、擢拔与提升。他在文章开头说："这是一部乡土小说长篇巨制，立马就引起了我的阅读兴趣。"然后说小说"竟然会对中国上个世纪六七十年代以来的乡村生活与乡土社会有着那么深刻的本质化经验，于是我便沉入了细致的阅读"。我很看重大评论家"细致的阅读"这五个字。他用"一个月时间"，读完"未尽的尾声"后，在最后一页上写了一句批注："这是一部现实主义、浪漫主义、生态主义和荒诞主义四重奏的乡土感伤主义的交响乐！"丁帆先生是中国乡土小说研究史论的"开山"人物。此前我只读过他的诸多理论文章与随笔，并无任何交集。他对《星空与半棵树》如此抬爱，自是令我十分感动。

**文化艺术报**：《西京故事》《装台》之后，您写了《星空与半棵树》这部"乡土小说"，读者的喜爱和各大好书榜的反应，都说明"乡土小说"依旧有很多读者关注？

**陈　彦**：我本无意于写"乡土小说"，如果说《西京故事》是一种"城市乡土"，那么《星空与半棵树》就是相对纯粹的乡土的"乡土"了，因为整体场域都打开在促狭而逼窄的乡村土地上。至于城市，那是乡土社会的延展与溢出，其本质仍漫漶着乡土的问题。中国历史的深厚基石是农耕文明，有人说，每个人朝上查三代以上，基本都会与农村、农民、农业相连接。我家三代以上的爷爷辈，既教书，也种地，老家留下的一些旧迹，无非也是耕读传家的母本。父辈做了公务员，却也钉在基层的土地上，调来调去，没能离开乡镇半步。我的整个童年甚至少年时期，都是在乡土中摸爬滚打的。因此，乡土记忆是我的生命底色，无论写《西京故事》《装台》《主角》，还是《喜剧》，都一定会有诸多乡土人物杂陈其间，甚至《主角》与《喜剧》的"主角"们，也都是乡土间成长起来的人物。他们即便到了城市，那脐带仍然与乡村割断不了地亦土亦城着。"乡土小说"是个巨大命题。在中国古代文明、近现代文明以及当代文明进程中，"乡土"书写始终占据主流位置，有人称之为"重磅中的重磅"，毫不为过。但今天似乎在偏离这个重心，小说话题变得丰富而多元，甚至在更年轻一代的写作者中，"悬疑""玄幻"乃至"奇幻"占了很大比重。读者也在迅速分流。但我们的乡土还在，围绕着乡土问题所展开的一切社会矛盾与问题，正在与百年未有之大变局一起加速演进着。农村、农业、农民问题，抽丝剥茧看，可能还是一切问题中的首要问题。因为人口比例决定着它的重心。作为一个创作者，能置身"乡土"书写的行列，深感荣幸而笔沉。"乡土"书写的现代祖宗是鲁迅先生。这面旗帜一直飘扬到今天，仍在呼啦啦作响。因为乡土书写寄寓着诸多重大社会问题，一代代作家都在为此呕心沥血，甚至九死不悔。其生活涉及面的致广大与尽精微，或波澜壮阔至于"生死场"，或"死水微澜"于"未庄""土谷祠"及"边城"，都显示出社会沧海桑田般变迁与固化的宏大与微观。而其间人物个体与群像的悲喜交集、冷暖寒凉，作家或哀其不幸，怒其不争，或田园风情，短笛晚唱，抑或讽刺嗟叹，悲悯烛照，不一而足。总之，乡土书写是一种对乡村社会以及延伸到城市社会的仰观俯察、横切竖挖、刨根究底、粒子放大。今天阅读着"乡土"书写的那一片片疾风劲草般的风景，仍觉得书写得力透纸背，不由人不肃然起敬。

**文化艺术报：**《星空与半棵树》您历时八年、九易其稿，最大的挑战在哪里？

**陈　彦：**我写《星空与半棵树》，最早起始于一个故事，这个故事的核，就是一棵树的归属权问题。由归属权，演绎到人的生存权、价值尊严、族群邻里、物质生态以及伦理道德、法理尺度诸方面，最终是想在乡土的文明现状上，提起一缕纲线，从而看到这张网的精细与粗疏的整体面貌。我笔下的"北斗村"，是我整个少儿时期"沉浸式戏剧"

的"辽阔"舞台,也是我青壮年时期反复回望的那张极小的"邮票"。当时间拉开了一个相对的生命长度后,连不懂戏剧的人,也会看到人生处处是戏的那些"戏眼"。所有人的命运与被命运,包括一个乡村自然与被自然的生态,也都会在时间的演化中,留下戏剧起承转合的刻度,让少年时期手中掐到的那枝鲜花,成为壮年时期深扎在十指里的毒刺。我终生创作戏剧,研究戏剧,喜欢戏剧,戏剧是我勘验历史演进与生活现实的"法器",也是一个十分神奇的"微缩窗口",有了这个窗口,我便有了属于我看待生活的"现实与浪漫""魔幻与荒诞",以及我处理生活材质的方式。无论是让一条狗还是一只猫头鹰出来"做道场",都是书写现实的一种张力需求。从本质上讲,我是一个热爱并深耕于现实主义的创作者,但我从来不排斥对任何主义的借鉴。技巧也是一样,需要了尽可拿来。比如戏剧,我也并非单一青睐它的技巧性,我追求的是戏剧对社会生活那种巨大的概括与提炼能力,也可以叫"压缩饼干"式的"内驱动"与"外膨胀"。我在利用长篇小说的戏剧性,也在极力打破"戏剧性"演化中过于"内卷"的"坍缩"。找到最大的外部视角与观照张力,还有深层的内在结构与统摄意识,是我运用戏剧性做小说的着力点。之所以要反复交代这些,是因为《星空与半棵树》以戏剧开头,又以戏剧结尾,并且在十分重要的关目,又上演了一幕名为《四体》的活报剧。因此,我不得不在接受采访时,多次陈述这些一言难尽的观点。

**文化艺术报**:您说到了"运用戏剧性做小说的着力点",戏剧创作对您的小说创作有何影响?

**陈　彦**:戏剧创作这几十年对我的磨砺最大,这真是个苦差事。你首先得弄懂"衣钵"这个词。因为戏剧历史悠久,卷帙浩繁。你不解剖成批的遗存，是无法进入其堂奥的。我个人以为戏剧难在结构。每句道白、每句唱词、每个舞台动作，都是结构的一部分，还别说大框架、"主脑"情节和"毛细血管"一样的无尽细节了。当把这些构件都有机结合起来，戏就浑全了。一旦单摆浮搁着，无论你把个别指甲、眉毛修剪得如何美妙，这部戏基本都是"散黄蛋"。而如何组合这些构件的训练，也影响着我的其他创作，甚至包括大散文。戏剧不仅结构最要人命，对白也须达到只闻其声不见其人就知谁在说话的效果。如果说一晚上，都是作者在摇唇鼓舌，不管你他，戏就成了白开水。过去讲无奇不传，而现代剧场，你把上千号人集中到一起，去看你讲故事、唱世事，稍不精彩，便见观众不停地"抽签"离席。每走一个人，作者心里都像针扎一样难受，要是一走一群，再形成"一窝蜂"的席卷效应，作者就想找个地缝钻进去。剧作家在这个行业能坚持到底的，不是很多。原因是太苦太累，有时一句唱词磨半个月还入不了辙。剧作家既是创作者，也是匠人。并且作为匠人，我看干的纯属撑船、打铁、磨豆腐之类的苦活儿，我的家乡就把这三行列为"人生三大苦"。因此我在小说《主角》里，把给戏行"打本子"也列了进去，人生算是有了第四大苦，不过更小众一些而已。这活儿不仅累在熬更守夜、千修百改、"一人难中百人意"、一千个观众心中有一千个哈姆雷特，更难在太受牵制。如果你很"弱势"，就谁都想改几句词，甚至动几个情节、细节，等剧本搬到舞台上，有时已完全不是你想说的那个意思了。有那决绝离去者，是恨不得"剁了手"才退场的。好在我没有"剁手"，也没有离场。年近半百那阵儿，突然有些焦虑、恐慌，觉得自己想说的很多话都没说出来。从少年时期，到青年、中年时期的许多生活库存，几乎都没有开启。那段时间我在重读梅尔维尔的《白鲸》、雨果的《悲惨世界》、托尔斯泰的《战争与和平》、肖洛霍夫的《静静的顿河》和陀思妥耶夫斯基的《罪与罚》《卡拉马佐夫兄弟》，包括我们自己的"四大名著"，我被那些书的长度深深吸引。年轻的时候并没有完全读懂这些名著，只是按名人的指引，读了而已。到了一定年龄段，我突然想搞明白一些东西。我发现作者在长篇小说中竟然可以那么大段地描写在舞台剧中绝无可能的内心活动，或进行意味深长的情景描述，甚至可以好几页地引用动物生命习性叙述、历史记载、科学考证、宗教原文等。尤其是看马尔克斯的《百年孤独》，作者甚至可以如此自由地切换时空，离奇往复地写出七代人的孤独宿命，我便开始了这种文体的实践，并且一发不可收地写了五部，且都比较长，长得还算过瘾。

**文化艺术报：** 您是怎么由戏剧创作转入小说创作的？

**陈　彦：**《西京故事》是先写的舞台剧。这部戏写的是城乡二元结构在融合中的一些深层矛盾。写完后，感觉言犹未尽。一个剧本两三万字，容量有限，而且舞台剧受的限制比较多，可供驰骋的领地没有小说大。于是，我就把它写成了一部长篇小说。这部小说出版于十五六年前，没有做过什么宣传。评论家吴义勤读过后，认为它是一部被忽视与遮蔽了的优秀长篇小说。长期在文艺团体工作，让我对这个行当的人和事十分熟悉，这是属于我的一个得天独厚的资源。再后来，我调到省委宣传部分管文艺工作，又写了《装台》，这部书获评了2015年度的"中国好书"，并入选"新中国70年70部长篇小说典藏"。在陕西行政学院工作的两年半时间里，与文艺工作距离较远，也恰好能冷静地看待一些远离的场景、事物与太过熟悉的人际。我利用寒暑假和双休日的便利，完成了长篇小说《主角》，这部书后来获了茅盾文学奖。

**文化艺术报**：您在陕西省戏曲研究院工作多年，中国传统戏曲对您的小说创作有何影响？

**陈　彦**：中国传统戏曲历史悠久，承载深厚，它是中华民族比较早的以文艺娱乐为基础的"文以载道"方式。成熟的戏曲剧本里，饱蘸着政治、经济、历史、哲学、文化、宗教、民俗等社会信息。早期元杂剧的形态，至今都是一种不可企及的文学高度。作为独立戏曲剧种的存在，曲牌体代表剧种昆曲和板腔体鼻祖秦腔，都已有六百多年历史。我有幸在陕西省戏曲研究院躬耕二十多年，这里是大西北秦腔的最大剧院，聚集着数百号秦腔艺术家，研究的都是有关秦腔史和当下与未来的大问题。我进研究院艺术研究室时，主任是作曲家赵季平，他后来当过管创作的副院长，当时他正忙着为张艺谋《红高粱》写"颠轿曲"，那里面就充满了秦腔元素。还有一批有影响力的剧作家、导演和理论研究人员。我从编剧干到团长、管创作的副院长，再到院长，始终在研究探讨这门艺术。二十多年，许多东西已成血脉的重要组成部分，对我戏剧和小说创作都作用巨大。我想主要还是历史的影响，数千部秦腔遗存剧目，裹挟着丰富的历史人文内涵，博大精深。同时更有讲故事的能力，以及塑造人物等方面的牵引与潜移默化。总之，这是一个十分重要的活性生命宝库，它在积累我的历史、文化观和中华美学观念方面，起了巨大的作用。

**文化艺术报**：《装台》被改编成影视剧，引起很大的反响。相比小说，影视剧的传播是不是影响会更大一些？

**陈　彦**：电视剧《装台》改编得好，导演、演员也做得很好。他们做到了尊重原著，无论是编剧、导演还是演员，都是朝着现实主义路子改编的。作为原著作者，我向他们致敬。电视剧有它的创作规律、市场规律，和小说是两个受众群。电视剧、戏剧受众群的欣赏习惯，一般是最后希望有一个"大团圆"结局。我的小说没有循着这个路子走，小说《装台》的刁大顺最后娶了大吊（剧中改名大雀）的妻子，这是对朋友生命托付的责任。女儿刁菊花外头折腾一圈后又回到生活原点（家里），仍然要让刁大顺望而生畏、操劳不尽。这种结局要放到电视剧里，估计很多观众不太能接受。按照影视创作规律将剧的调子变得更加温暖一些，体现了这门艺术对大众审美的适应。我的小说《装台》和《西京故事》，都被改编成影视剧，《主角》和《喜剧》也在改编中。影视剧是在文学文本的基础上，再朝前推进一步，是一个非常好的做法。这种改编让更多人进入文学审美。我觉得《装台》改得很好，尽管跟小说之间出现了不尽相同的解读，毕竟电视剧是另一种创作样式，他们有他们的创作与运行规律。《装台》的电视剧比小说更加温暖、更充满市井烟火气。从某种角度来说，文学和影视承担的功能既相同也不同，相同，都是引领社会的真善美；不同，可能文学的处理方式会更丰富、更多侧面一些，但这在影视呈现中也许会产生歧义，所以影视处理往往会更简洁、清晰一些。

**文化艺术报**：长篇小说《主角》荣获第十届茅盾文学奖。这个长篇您最初是想写一个中篇《花旦》，写了四五万字后就放下了，这期间发生了什么？

**陈　彦**：我在陕西省戏曲研究院工作了几十年，做编剧，也做院团长，可以说对这种生活的体验是浸淫式、下沉式、卤水发泡式的。闭起眼睛，许多人物都在走动、说话，并且各有非凡口才，说得地生青烟、乱云飞渡。那时研究院有六百多号人，演员、演奏员、编剧、导演、作曲、舞美、搞理论研究的，还有后勤管理等，五行八作，无所不有。文化程度高的有作家、理论家，低的有小学和中学毕业生，但他们由于与社会接触面广，跑的江湖多，也就眼界开阔，无所不知，无所不晓。加之他们的亲属、家人，总起来有数千之众，都住在一个大杂院里，看似是一个文艺团体，其实是一个庞大的社会群落。《主角》的故事就发生在这里。很长时间以来，我就有写他们的愿望，可惜当时"身在庐山"，无法看得更清晰一些，起头写了个《花旦》，写了四五万字，就因众声喧哗、无法捋清头绪而搁浅。直到离开研究院几年后，我才再次拾起旧话题，写得一发不可收，竟然过了八十万言。

**文化艺术报**：您写过一篇散文《故乡的烙印》，对故乡镇安有很深的感情，故乡对您的创作有何影响？

**陈　彦**：我是一生更换过好多次故乡的人，命运注定是个行者。当我在西安以南的大山深处镇安县出生时，其实离县城还很远，那里许多人甚至一辈子都没进过城。我的出生地是松柏乡，那时叫松柏公社，父亲在那里当公务员。随后，父亲又调动到红林、庙沟、余师、东风、柴坪等几个乡镇，我是从父母、亲戚和山民背上移来搬去的。如果说那是第一故乡，在我心头，其实还细细划分着松柏坳、老庵济、庙沟口、余师铺、冬瓜滩、柴家坪这些不容混淆的更小地标。十几年前，我又把这些地方走了一遍，许多老路已经不在，竹林茅舍、山间小溪也甚稀罕，更寻访不到好多故旧，一打听，都说出去打工了。至今，我也常回去，因为父亲长眠在那里，但已是匆匆过客。我进县城时，全县已有二十七万人，二百九十公里外的西安，是小城全部生活的风向标。有人从西安带回无尽的新潮玩意儿，包括新的生活方式，让小城心脏加速跳动起来。歌舞厅一夜之间开出三十多家。录像厅、镭射影厅里的武打枪战声穿街过巷、不舍昼夜。街面上能放下一台球桌的地方，几乎都仄仄斜斜摆满了。凡临街的墙面，一律掏空或凿洞，陈列出色彩斑驳的各种电器与时装。夜半总会被摔碎的啤酒瓶声惊醒，那是要延续到凌晨三四点的夜市在骚动。我印象最深的是这个县城的阅读活动和文学写作热潮，很多青年在无数的文学杂志带动下，建立起了文学梦，并竞相书写起身边的变化来。也不知什么时候，这群人又随着社会大潮的新涌动，各奔前程，进西安、去深圳、下海南，包矿山、跑生意，只有少数人在文学这条路上坚持了下来。我也由散文小说创作爱好转向编剧。随后，就以专业编剧的身份调进了西安。我始终把镇安县城称为第二故乡。因为此前的六个乡镇，无论如何也只能打包成一个故乡了，虽然在我心中那仍是六个不同的小故乡。尤其在儿童和少年时期，那简直是魔方的六个面，哪一面都呈现出非常新奇与独特的"超大"样貌。今天看来，它们的确都十分狭小，但对于当时的我，那就是"走州过县"行万里路了。从地理上把那六小块"魔方"与县城拉近后，我又翻越秦岭，走进了十三朝古都西安。

**文化艺术报**：您受过哪些作家、作品的影响？

**陈　彦**：至于哪个作家或哪几个作家对我影响更大，那要分不同时期。比如我最初开始戏剧写作的时候，莎士比亚、易卜生、契诃夫，包括元杂剧作家的影响就大一些。后来越读越杂，从明清笔记小说到欧美文学，到俄罗斯文学，再到日本文学、南美文学，都有或深或浅的涉猎；也从司马迁读到《伯罗奔尼撒战争史》。比如最近，我又拿起世界比较公认的最早的长篇小说《源氏物语》，过去看不进去，觉得单调、简单、重复，几起几落，而这次看进去了，并且觉得很有趣，也很丰富。

**文化艺术报**：小时候，您都读些什么书？

陈　彦：我生长在大山里，按说我的少年时期跟文学是没有多少关系的，真正开始阅读是在改革开放初，那时书店一下子就丰富了起来，歌德、托尔斯泰、雨果、屠格涅夫等大家的外国文学著作，还有《红楼梦》《西游记》《儒林外史》等中国文学作品大量出版。我印象很深，为了买一套《莎士比亚全集》，我足足等了半年——每次书店只能进一两套，很快就被人拿走了。

我出生的镇安县是陕南一个相对封闭的山区。但你想象不到，在这个山区，当时有那么多年轻人喜爱文学，有文学梦。县工会组织了一个专供年轻人阅读的场所，从省上、从《延河》杂志社来的作家们，经常会来讲文学。在那里我学到很多东西，很自然就喜欢上文学，为创作打下基础。

文化艺术报：您的作品中，大量地运用了方言，这和您成长的环境有关吗？

陈　彦：我在使用方言的时候，如果这种说法只在陕西方言中有，我就会使用一种在表意、达意上让人一眼能看明白的文字，它就不再是纯粹的陕西土话。我在小说中使用方言时，可能会重新组字，这样表达更便于读者理解。平时，我也会注意收集一些表达生动的语言，哪怕正在吃饭，听到了一句有意思的话，如果觉得特别精彩，我会马上在手机上记录下来。

另一方面，我的小说语言受戏剧的影响也很大。我一生特别崇拜的一个作家，就是莎士比亚。我年轻时在镇安县，就买过一套《莎士比亚全集》，读到有些段落能脱口背出。每隔两三年，我就会把《哈姆雷特》《奥赛罗》《李尔王》《麦克白》等几个名篇翻出来再看一看。朱生豪翻译的语言也特别好。现在在北京，不管哪儿演莎士比亚的戏，我都会去看。还有，就是秦腔。我年轻时曾发表过一篇文章，批评一些秦腔传统戏唱词和道白比较粗糙，今天看来，有不全面的地方。从字面看，秦腔的确无法和京剧、昆曲的精致相媲美，但是秦腔的语言对生活的挖掘是很深的，这也是它受老百姓喜欢的一个重要原因。

**文化艺术报**：您还是一位天文爱好者。为何会喜欢天文？

**陈　彦**：我爱好天文是由不自觉走向自觉的。小时乡村的天空至今记忆犹新，那真是繁星灿烂，我以为应该是数以万计。后来一个天文学家对我讲，肉眼最多能看到四五千颗。想必我那时一定看到过四五千颗同时在场的星空景观。后来我一直订阅着《天文爱好者》杂志，文学类都不订了，可这本杂志一直在。天体的科学认知就是"观察"二字，文学又何尝不是？《星空与半棵树》，里面有些天文的浅悟与表达。我对观测星空充满兴趣，自己也有一台望远镜。观测的结果，是对渺小的生命充满了乐观与自信。

**文化艺术报**：您在西安生活、工作了多年，可否谈谈您对西安的印象？

**陈　彦**：我二十五岁进西安工作，在陕西省戏曲研究院做专业编剧。在这个城市生活了三十年。衣食住行，全靠这个城市供养。感情的深度与浓度都是无法用语言表达的，更别说在创作上给我提供的各种养分和材料了。写作的方法有千条，对于我，最根本的是对生活的熟悉与浸泡。不熟悉的生活，我一个字也编不出来。不是说必须亲身经历，而是书写对象，我们需要用各种办法去努力接近，最终骨骼与皮肤都可感时，才能下笔。我之所以要反复写西安，写陕西，甚至写秦腔，写文艺团体的那些生活，就是因为熟悉。在一个居住了三十年的城市，写她的肌理与骨感，还是略有点把握的。我对这座城市的感情，全都集中在我的作品里了。离开这座城市前，我给这个城市写了个话剧，也算是对这座城市生活特质与精神脉象的一次概括吧。话剧先起名叫《秋色满长安》，后来改名叫《长安第二碗》，女儿陈梦梵也参与了创作，我是希望把他们年轻一代人的思维带进来。我还为此专门写了个后记——《向西安致敬》。

**文化艺术报**：您通常是在什么时候写作？

**陈　彦**：我一年到头基本就是家里单位、单位家里，两点一线，几乎不参与任何社会应酬，我不喝酒，也不太喜欢花几个小时吃一顿饭，我坐不住。工作之余几乎都在读书写作，我基本上就是生活着、工作着、学习着、写作着这么一个状态，有时候实在没办法推掉的应酬会坐一会儿，回头找借口就溜了，否则一坐就是四五个钟头，腰肌也受不了。

**文化艺术报**：《星空与半棵树》，是您创作的转向？

**陈　彦**：《星空与半棵树》是有别于"舞台三部曲"的一个新长篇，有别指的是它所用的材料和叙述的方法有别。《装台》《主角》《喜剧》是从舞台人生的角度，拉开社会的更多面向，看似聚焦演艺人生，其实也是在讲述人间百态。而《星空与半棵树》是从乡村、城镇、都市，农民、公务员、职员，家庭、家族、婚姻、爱情，科学、自然、经济、社会等多个层面，去打开一个丰富的现实世界，充分展示我所想书写的广阔的现实人生。

## 刘醒龙

写作，不是看你跳得多高，而是看你能走多远

考古考古，考的是古，答的是今。
读书读书，读的是别人的书，答的是自己的人生。

致以文化艺术敬礼
刘醒龙
2024.10.28

## 刘醒龙

生于古城黄州,现任中国作家协会小说委员会副主任,湖北省文联名誉主席。作品获茅盾文学奖、鲁迅文学奖、老舍散文奖、中宣部"五个一工程"奖,以及电影金鸡奖、百花奖和华表奖等。主要作品有中篇小说《凤凰琴》《分享艰难》《挑担茶叶上北京》,长篇小说《圣天门口》《天行者》《蟠虺》《听漏》,散文集《一滴水有多深》《如果来日方长》,长诗《用胸膛行走的高原》等。多部作品译成英、法、韩、日、越南、印地、阿拉伯、波兰等语言。

**文化艺术报**：今年出版的长篇《听漏》是您的"青铜重器系列"三部曲之二，《听漏》延续了《蟠虺》中的"考古小说"与"小说考古"，为什么要以《听漏》为书名，有特殊的意义吗？

**刘醒龙**：有人评论说，这是听历史之漏，听人间之漏，听爱情之漏，听青铜之漏，还有其他一些显而易见的说法。"听漏"这个词，解释起来本就是这样的意思。在文学作品中，大部分的书名与主题相关性是若即若离的。《听漏》的主题画面是九鼎七簋，作为"听漏"一词来源的听漏工，在探求九鼎七簋缘由的众多人物中，不过是众里寻他千百度，蓦然回首时见到的那一个。因为听漏工的工作性质太特殊，容易引起阅读兴趣，就像曝光度比较高那样，不是C位的人，享受了C位的待遇。小说中，人人都与主题有密切联系。脱离主题的人物描写肯定会失败，听漏工被当成在主题面前的主角，表明人物写得不错，但真正的主角是考古专家们。

**文化艺术报**：《听漏》如何将考古与小说创作结合，写作中最大的挑战在哪里？

**刘醒龙**：知识不等于文学，文学必须有知识涵养。写作过程也就是通常所说的创新过程，只要是新的创造，难题总是客观存在的，对一个成熟的写作者来说，破除这样的难题是必须要做的基本功。从宏观上看，任何难题都不会成为真正的难题，况且写作者如果不是百分之百心中有数，就不可能动手写作。特别是长篇小说，万一有突破不了的难关，少则一年，多则几年、十几年的辛苦岂不是白费了。写作者最难的是面对人生的汪洋大海、命运的曲里拐弯和生命的神秘莫测，如何找出它们的破绽，并将难得一见的破绽，作为写作的切入口。写《听漏》，我找到为何至尊的九鼎没有标配八簋，而是缺少一只簋的七簋。这既是历史留下来的破绽，也是现实人生暗中指引的方向。朝着这个方向走下去，写作上的问题便迎刃而解了。

**文化艺术报**：考古总是给人一种很神秘的感觉，小说《听漏》中的考古和文物都是一个场域，当下的人事、城乡才是您关注的重心，为何会选择这个角度？

**刘醒龙**：十八岁时，我非常开心自己选择当一名车工。后来选择写作，回过头一想，我更开心，觉得车工和机器是对青铜重器的逆向启蒙。当初去驾校学开车时，科目二只练了一个星期，教练就放手让我带着其他学员练习倒库，因为当过十年车工，对机器一点恐惧感也没有，不像别人，这个手柄不敢碰，那个脚踏不敢踩。2004年开始接触青铜重器，同样没有什么隔膜。当车工时最喜欢加工的材料就是铸铜，铸铜容易加工，一个班下来中途不用换车刀，车床也比较干净，下班时不用太费力去清洁。一般人看青铜重器只看到表面的华丽，我能看出青铜重器材料本身的质朴平常，其中铜铅锡的相关比例，厂里的同事早就弄得滚瓜烂熟。可以说，别人眼里青铜重器的神秘感，从一开始就被我超越了，我看到的是围绕青铜重器的那些肉眼看不到的历史性格。或许这就是我的命定，在同行中，必须是我第一个动手写出两周时期的青铜重器。

**文化艺术报**：《听漏》融入了很多考古和文物知识，生活中您和考古工作者接触多吗？

**刘醒龙**：考古工作者是典型的唯物主义者，如果见不着器物，一个字都不会多说；一旦见着器物了，死的都能说成活的。

那次，考古院的朋友让我去看刚刚从一处楚墓中发掘出来的鳊鱼，他极富想象力地说成是"干煸武昌鱼",令人既忍俊不禁,又有点垂涎欲滴。那个年代,武昌一带大概是叫鄂国,武昌的名字还要几百年后。从某种意义上说,考古工作者非常接近文学创作。文学创作看似无中生有,其实字字句句都是有的放矢。考古工作同样是不见兔子不撒鹰,从田野调查到打探方、挖探沟,一旦找到遗存,就像写作时的下笔如有神助,小的遗存如写短篇,大的遗址如写长篇。

又比如,考古工作和文学创作,都有一种说不清道不明的神秘意味。毫无例外,每一次考古发掘,都是在普通人的眼皮底下进行。那片土地上,子子孙孙不知繁衍了多少代人,放牧种植,居家生活,从没有人发现自己的脚底下竟然埋藏着一段用金玉、青铜、陶土和漆木做成的辉煌历史,偏偏考古工作者一来就发现了。文学创作也是这样,人生当中,那些人人心中都有,个个笔下全无的状态,在一般人眼里百无一用,却被作家写成令人刻骨铭心的经典。考古工作与文学创作的缘起,在"无中生有"这一点上,实在太像了。


**文化艺术报**:非常喜欢《听漏》中的各种金句,比如谈考古的"考古考古,考的是古,答的是今",比如梅玉帛的男人"镇宅"之说等等,小说暗含了很多不仅是对考古,更有对世界、对人生、对感情的种种思考。作为一向关注现实生活的作家,既能写出如此有烟火气的小说,又有高于生活的提炼和总结。如何源于生活又高于生活,您愿意谈谈经验吗?

**刘醒龙**:考古同样是社会生活的一部分,同样是由有七情六欲的男男女女来做的事情。看上去所面对的是死去几千年的古人,骨子里还是由正在地上行走的活人来做各种各样的决定。今天的人只能写今人,今天的人即便写的是古人,所言说的也无一不是今人。如果真将这些后来者写的古人当成真正的古人，免不了会成为一种笑谈。

**文化艺术报**："青铜重器系列"三部曲之一的《蟠虺》是2014年出版，十年后三部曲之二的《听漏》出版，这十年里您出版了《黄冈秘卷》等多部作品，《听漏》为何会延误十年？三部曲之三会写什么？

**刘醒龙**：四十年前，我在小说处女作《黑蝴蝶，黑蝴蝶……》中，借作品中年轻主人公之口说过一句话：机遇是少数人才能享受的奢侈品。四十年后再看，一个人在某个时间节点上刚好遇上、差几分几秒也许就会错过的某个事物，真是人这一生可遇而不可求的奢侈品。对于这种说不清、道不明的机遇，也可以称为缘分。

湖北省博物馆离我家只有一站路，自己不知进去看过多少次。之前从没有被人认出来，之后也再没有被人认出来，偏偏2004年那一次，被博物馆一位与某女作家同在某大学夜读班读书的工作人员认了出来，他自告奋勇地领我去看摆放在角落里的曾侯乙尊盘。

坦率地说，当时我也只是被曾侯乙尊盘迷住了，从此开始全方位留意这件国宝中的国宝。而对青铜重器的关注，是在写作以曾侯乙尊盘为素材的长篇小说《蟠虺》之后。相比从殷商开始的青铜文明，两周时期的青铜重器所承载的东西更多、更重、更复杂、更有文学性。

**文化艺术报**：长篇小说《圣天门口》《黄冈秘卷》被批评界称为刘醒龙的"鄂东史"，在《黄冈秘卷》后记中，您写了"为故乡立风范，为岁月留品格"这样一句话，为故乡黄冈立传的缘起是什么？

**刘醒龙**：故乡留给我最深刻的记忆就是四个字：贤良方正。前两年因为我眼睛出了毛病，看书比较吃力，就开始在手机上听书。听书最大的好处就是它一个字一个字地读，什么都漏不掉，像《西游记》《水浒传》《红楼梦》这些书，里面的诗词基本上没有人会逐字逐句地读，但在听书的时候是跳不过去的，必须用耳朵听过每一个字才算。

某一天我在听《水浒传》的时候，突然听到了四个字：贤良方正。

仿佛一下子回到了童年，爷爷常常在我耳边提起这四个字，他就是一个读《水浒传》的人，我想到或许这就是他对我幼年教导的源头。这很奇妙。武松杀了西门庆，担任审判官的知府重罪轻判，对武松网开一面后，书中立即来了一首赞美诗，形容其"贤良方正胜龚黄"。天下读《水浒传》的人不说记得这首诗，没有一目十行直接跳过去能勉强读到的人都很少，偏偏爷爷能够记住这四个字，并反复对我讲，让我至今都记忆深刻。

为什么说贤良方正？因为这四个字放在一起就是一种普世的人文精神，是一种文化的源远流长，这四个字能够很好地体现黄冈人的性格。贤良出文官，方正出武将，集贤良方正一身的黄冈英才辈出。特殊的文化背景与历史源流，造就一种特殊的文化气质，在这种气质之下，我们去写自己的故乡，是永远也写不完的。

文学上的选择，其实也都源自一个人的内心，源自熟知的生活。我的写作也是这样，我了解他们，甚至不用去琢磨去思想，只要写到这一方的人，拿起笔就像拧开自来水龙头一样，哗哗啦啦地往外流淌。

一个作家，最成熟的、最好的作品，一定是他最有经验的、最有把握的。

**文化艺术报**：中篇小说《挑担茶叶上北京》获第一届鲁迅文学奖，长篇小说《天行者》获第八届茅盾文学奖。您的创作体量很大，您持续创作的动力是什么？

**刘醒龙**：在我的阅历中，还没见识过同时将几样事做到极致的天才。大家都是一辈子只能做一件事的普通人，这辈子我选择做的事情就是写作。写《挑担茶叶上北京》时，我刚好四十岁，如果那个时候就放弃了不写，那么后面人生怎么度过？《天行者》获第八届茅盾文学奖的时候才2011年，按现在的时间，那时候我也还是年富力强，一个年富力强的人能就此坐吃山空吗？看看外面那些满脸沧桑的打工者，这种年纪还在顶天立地辛苦干事，对比他们，写作终归要轻松许多。一个作者，只要叫他开始了写作，只怕是到死才能放下，甚至到死都放不下，如果脑子还管用，哪怕进到坟墓里也会一直想着写作，一直想怎么样把它写下去。这里面有一个问题，一个写作者，他晚年的写作是否有效？一个人的文学素养可以始终在水平线之上，然而，写作能力不可能始终处在水准线之上，到了一定年龄，人的体力和智力，包括思维体系都有衰退的可能。从前，有些人是把手稿存放在抽屉里，现在是写好的文字全存在电脑里面，因为拿出去没有出版社愿意出版，也没有杂志愿意发表。发生在年轻人身上，是才华需要提升，在老人家那里则是才华的衰竭，说得文雅一点，这种写作都是无效的。所以，到了一定的年纪，要想办法让生命的过程始终处在这种有效的范围中，如果做不到，也要尽可能下滑得晚一些，再晚一些。

**文化艺术报**：除了创作，您还是《芳草》杂志主编。在您主编《芳草》杂志的十八年里，《芳草》发表了很多重要作品，像甘肃作家叶舟一百多万字的长篇小说《敦煌本纪》，就是在您主编的《芳草》杂志连续四期整刊连载的。一本文学杂志，整刊发表一个作家的作品也少见，像这种连续四期整刊发表一个作家的作品，可见您对叶舟和这部作品的重视。这么隆重地推出一个作家的作品，有没有压力？

**刘醒龙**：办杂志是一件十分耗费精力的事。我从2006年担任《芳草》的主编，开始天天坐班的日子，当时有很多同行觉得，你再干下去就把自己毁掉了，我自己也知道，真正安身立命的还是写作。

但既然做了这个事情，就要把这个事情做好，我在这个岗位上一口气坐了十八年，到2024年8月才坚决要求退下来。这十八年，我从新手到行家，慢慢建立起了自己的杂志理念。

办杂志是要带着感情的，第一是对文学的感情，这一点容易做到。第二是带着对基层写作者的由衷尊重，因为他们代表着的是一个国家最广大的文学人口，也代表着文学的未来。这一点比较难做到。写作者身上天生有种傲然的东西，出现在名家身上还好理解，表现在基层的普通写作者身上，往往不会被人接受。如果能大度地去想，一个谨小慎微或者奴颜婢膝的人，能够成为好作家吗？

我没有鄙薄的意思，但一些杂志越来越像同人杂志，越来越小圈子化，甚至某些杂志的编辑，你来我往，互相换稿子发表，这种生态才是当下文学有史以来的最大危机，比AI带给写作的危机更可怕。

我当年办《芳草》的时候，明确提出面向江汉本土、面向中西部的写作者，最大的收获就是从基层默默无闻的写作者中发现了一批好的作者，他们也成为现在西部几个省份的中坚力量。第五届鲁迅文学奖评选，《芳草》刊发的一部短篇和一部中篇同时获奖，我无意贬低他人，只是陈述一种事实，别的杂志也有同时两部作品获奖的，但作者是功成名就文坛尽知的，《芳草》这里的两位作者，西藏的次仁罗布和山西的李骏虎，却知之者甚少。还有青海的龙仁青，当初曾分两期接连刊他的十来个短篇，引起小小轰动。广东的王十月也在同一期上刊发了他的六个短篇，还有不久前去世的导演万玛才旦，也曾辗转找到《芳草》自荐作品，随后发了不少他的小说，并推荐其中一些译介到国外。文学杂志要找到自己的方向，如果都往一个地方靠，都往北上广挤，那么其余的广大的文学人口,他们的出路在哪里?

一家杂志,真要办好,办成很重要的杂志,主编的重要性是毋庸置疑的。比如巴金之于《收获》,秦兆阳之于《当代》,周介人之于《上海文学》,刘坪之于《钟山》,宗仁发之于《作家》,还有我最熟悉的《长江文艺》主编刘益善。我相信,如果社会体制赋予主编更实在的编辑权和人财物权,文学杂志的处境会比现在要好很多。因为次仁罗布和龙仁青、万玛才旦等藏地作家作品,在新《芳草》上频频出现,我获得一个"藏迷"的雅称。这个雅称是扎西达娃在重庆的中国作协的全委会上告诉我的。能获得这个雅称还由于新《芳草》破天荒刊发了藏地老作家朗觉·班顿的长篇小说《绿松石》。这部小说的藏文版出版于20世纪80年代,并曾获得少数民族文学骏马奖,译成汉语十几年,都没有找到杂志发表。扎西达娃推荐来,我在第一时间看过,觉得放在汉语文学作品中比较,也是一部难得的佳作,当即决定发表。其后《长篇小说选刊》也迅速转载。正因为我以作家身份出任主编,不会在杂志社领取人生最后的养老金,才可以放开手脚,没有任何的后顾之忧,将主编的角色设计,在办杂志的过程中有效实施。

我始终觉得,最好的作家,起码有相当一部分的好作家,他们是会从中国的中西部地区冒出来的。这也是我当主编十八年,一直没有改变的情感。

宁为玉碎,不为瓦全,文学的命运就是这样。当我们抱着玉碎的信念,文学就能够化腐朽为神奇。

**文化艺术报**:您曾当过县水利局施工员、县阀门厂工人、县文化馆创作员,这些经历对您的创作有过什么影响?

**刘醒龙**:写作者的阅历可能比知识储备更重要,独一无二的阅历等于独一无二的财富,写出来就是独一无二的作品,是别人不可替代的。曹文轩说,独特是一个作家存在的唯一理由,也是这个道理。

2018年5月的某个上午,应约与省委书记见面,我们一口气聊了七十多分钟。大部分时间里,我俩都在说自己当车工的体验。

省委书记当过四年车工,我当了十年车工,我们共同的体会是不锈钢材料最难加工。那些看上去有几百斤重的超大铸件从车床上搬上搬下,加工铸铁扬起的硅尘塞满了全身上下的每一个毛孔,在外行人眼里以为是最难。不锈钢材料,看着小巧,实际上又韧又硬,说别的材料十分顽固,不锈钢材料的顽固至少是二十分,被车刀切削下来的铁屑带着几百度的高温,偶尔会溅到脸上,还会准确地钻入人的领口。这时候,切削进程不能中断操作,必须等这一刀走完,停下车床后才能处理。落到皮肉上的铁屑,扯都扯不下来,烤焦的皮肤上还会冒出一股烤肉的"香"味。

离开工厂十几年后,我领口处的十几个疤痕仍旧明显,那正是我当车工强力切削不锈钢时铁屑飞溅的烙印。

十年工人锻造了我的近乎不锈钢一样坚韧的神经,也锻造了我极其认真负责的工作态度,在离开工厂之后,成为我的人生态度,甚至是文学态度。

某些作家写作,尤其是写长篇的时候,对待笔下的人物,召之即来,挥之即去,开篇浓墨重彩的、极其精彩的人物后面却消失不见了,只管拎着几个主要人物不顾一切地一冲到底。

在我的作品中,我会善待笔下的每一个人物,如同我在当车工时,对待我加工出来的每一个零件一样,从粗加工到精加工,流程完整,保质保量。这种保质保量不是一个班八小时,也不是一个星期或者一个月,而是整个工人生涯。因为,在漫长的生产过程中,只要加工出一件废品，就会变成永远无法挽回的错失。

**文化艺术报：**您是怎么走上文学之路的？

**刘醒龙：**当我们选择文学的时候，首先要尊重文学，当我们想和别的写作者同行时，就要发自内心地尊重同行者。

在写作这条路上，我不知道和同行们相比，我是否走的路远一点，或者站到的位置高一些。不是我无法判断，而是任何"我"对"我"的判断基本上不起作用。在时光的长河里，再强势的"我"，对"我"的判断也不过几十年，这样的几十年也就是一种自我虚荣。我觉得自己能够走到今天，最重要的因素，不是作品写得如何，而是十年工人生涯奠定的认真做事、认真做人的性格。写作也是一门手艺，一个好的手艺人一定非常看重自己的手艺，一定希望别人来夸奖自己的东西好。

或许这就是我的命定，在同行中，必须是我第一个动手写出两周时期的青铜重器。

车工经历让我练成不锈钢一样的文学性格。不锈钢制成的零件总是用在普通金属材料无法胜任的艰难困苦的部位。从某种意义上讲，长篇小说《听漏》《蟠虺》《天行者》《圣天门口》，还有散文集《上上长江》《天天南海》等等，这些写作都是吃力不讨好的。好在我的性格中有不锈钢成分，重要的是能站在自己愿意的位置上。

人生就像一台机器，一旦开动就必须要运转下去，除非拉闸断电，否则就不能让机器空转，一定要像加工出优质产品那样，写出让人满意的作品，否则就是对不起自己，也对不起机器。离开工厂四十年了，除了车工特有的左手老茧没有了，我的性格和习惯一点也没变，还像当初站在车床旁边那样较真，我喜欢这样的自己！这也是没办法的事，人哪能与自己过不去呢？

**文化艺术报**：近年来您在公众面前的"曝光率"不高，主要在做什么？

**刘醒龙**：作家又不是必须频繁出镜的明星！当作家的人如果没有作品，哪怕站在长江大桥上作秀，也起不了什么作用。只要有作品，用作品来说话，作家的出现就变得很次要了。一部长篇小说，要对得起读者的欣赏，对得起自己好不容易得来的灵感，没有几十万字是不行的。从前爬格子，手指关节上会被笔磨出老茧。现在是敲键盘，十根手指，两只手腕，常常闹腱鞘炎，夜里都能疼醒。这样的过程，才是写作过程的真相。文坛上有句话：好作品用不着大声吆喝，好作家用不着抛头露面。这话只说对了一部分，面对安身立命的作品，作家必须将最重要的时间用在写作上。越是在公众面前曝光得少，越是表明作家正在尽自己的本分在努力写作。

**文化艺术报**：想请您分享一下您的创作习惯。您最近比较关注的热门文化现象有哪些？这些您关注的问题会成为您未来写作的素材或者灵感来源吗？

**刘醒龙**：文学创作的习惯，与一个人的创作资源密切相关。前几年去南海，那里各方面都是陌生的，但在一个小岛上发现了一些指甲大小的像漏斗一样的小小沙窝，与自己在家乡见到的一模一样，一下子就有了写作灵感。我这个人，最不喜欢凑热闹。包括以青铜重器为写作对象，那是二十年前起的念头，当年的考古和文物，几乎进不了社会上的话语体系。文学创作讲究的是沉淀积累。1862年雨果写成《悲惨世界》，主要人物冉·阿让因为偷一块面包给三个小外甥吃而被判处十九年苦役的现实情形，他在1846年就亲眼看见了。2004年左右，我就关注到曾侯乙尊盘，2014年才写成《蟠虺》。2014年开始构思《听漏》，2024年才写成出版。在文学界，极少有将热度一点也不减的事物及时写成作品，而成为经典的。即便有灵感，也需要像种子一样埋藏在沃土里，等待时机生根发芽，经过春夏秋冬季节的考验，才能开花结果。很多时候，情况刚好相反，需要将一颗冰冷的种子，放在心里一点点地焐暖焐热，经过漫长的时光滋养，才能得到自己想要的收获。

**文化艺术报**：您判断小说"漂亮"的标准是什么？

**刘醒龙**：生活的质感，再加上作品通篇的趣味。质感就是作品值得你回味、不乏味，作品有趣味、有才气。读了好玩，让你会心，不枯燥。

语言结构是起码的。现在的写作者基本受过大学训练，病句基本没有，错别字都很少，语言、叙事基本没问题。没问题当中最大的问题是平泛、乏味，语言没有特点，所有的人说一样的腔调。

> 柳建伟
>
> 阅读是心灵和精神的曙光

阅读纸质经典作品,在任何时代,都是人类最重要的阅读方式。

柳建伟

二〇二四年七月二十五日

## 柳建伟

河南南阳人，作家、剧作家，中国作家协会主席团委员，中国电影文学学会副会长，享受国务院政府特殊津贴专家，八一电影制片厂原厂长。主要文学作品有长篇小说《英雄时代》《突出重围》《北方城郭》《柳建伟作品》，电影剧作《惊涛骇浪》《惊天动地》《飞天》《血战湘江》，电视剧剧作《突出重围》《石破天惊》《爱在战火纷飞时》《桐柏英雄》等。曾获茅盾文学奖、夏衍电影文学奖、冯牧文学奖、庄重文文学奖、中宣部"五个一工程"奖、解放军文艺大奖、全国优秀电视剧编剧奖，电影华表奖、金鸡奖、百花奖，电视剧飞天奖、电视金鹰奖。

**文化艺术报**：您以写长篇小说出名，《英雄时代》《突出重围》《北方城郭》的成功，给您带来了盛誉，特别是《英雄时代》获得了茅盾文学奖。在您看来，要写出一部成功的长篇小说，最重要的地方在哪里？

**柳建伟**：写好长篇小说，很不容易。作者一要对生活葆有持续很久的热情和兴趣，取得丰厚的生活积累；二要对时代、种族和环境影响下的不同人群的生活有自己独到的认知能力，让自己作品所呈现的样貌与众不同；三要学会从现实生活中提炼塑造出鲜活生动的人物，特别是具有时代、种族特点的典型人物，人物是长篇小说的灵魂；四要学会讲很长很复杂的人生故事，长篇小说讲不好独特的故事是不行的；五要练就一套独特的叙事语言，特别要重视人物的对话；六要练就一副强健的体魄，写长篇是一个非常熬心耗血的重体力劳动，没有好的身体，不要写长篇小说。

**文化艺术报**：您似乎特别注重长篇小说的结构，在江苏盐城的活动上，您就特别强调了结构对一部长篇小说的重要性。您是如何处理结构问题的？在创作长篇小说时，您都做过哪些努力，可否以您自己的一部长篇小说做个分享？

**柳建伟**：我一直认为，长篇小说最重要的是结构。结构是在一定时间和空间关系中的人物关系的总和。如果把小说当成建筑物，长篇小说就属于超大型的建筑，伟大的长篇小说就属于文化地标性的建筑。结构从某种意义上，可视作长篇小说的设计图；没有好的设计图，是无法建成大型建筑的。

结构对长篇小说来讲，也是有类型可参考的。最好的结构种类大约可分为两种：一是广场式的网状结构；二是道路式的线性结构。中外最伟大的长篇小说，有百分之九十以上，都采用以上两种结构。《红楼梦》属于典型的网状结构，《堂吉诃德》属于典型的线性结构。我的三部重要长篇小说，采取的都是网状结构。

以我的《北方城郭》为例，讲一下网状结构的几个重点。一是小说时间一定要清楚地界定，这部小说的小说时间就只有一年多一点。故事时间很长都行，但一定要框定在小说时间之下。二是小说的空间一定要有清晰的边界，杰出小说的空间都是有边界的，这部小说的主要空间设定为一个中部小县城龙泉县，这个空间也是有主次的，《北方城郭》百分之九十的事情都是发生在县城的几个重要的地方。《红楼梦》的主要空间就是荣宁二府，《北方城郭》的空间边界是这座城市，所有与这个城市无关的生活，哪怕它再精彩，也坚决不着一字。三是一定要在这个小说的时间和空间里搭建人物关系。

**文化艺术报**：1999年，您的长篇小说《突出重围》获得了中宣部第七届"五个一工程"奖，那时候，您还不到四十岁。今天，《突出重围》在军事文学领域依然有着重要影响力，可否谈谈创作《突出重围》的初衷？

**柳建伟**：《突出重围》发表出版于1998年。此前的几年，世界和中国发生了几件大事。世界上发生了第一次海湾战争，战争形态发生了前所未有的革命性变化。中国的台海也爆发了一系列的危机，祖国统一大业生出了很多现实困难。面对这种情况，我就想用一部长篇小说，来回答一下中国和中国军队如何破局的问题。我的结论是：中国和中国军队都需要突出重围。写这本书的用意是在伟大盛世的开端，发一次提醒的危言。

**文化艺术报**：《突出重围》的影响，远远超出了一部小说或者一个电视剧，美国《新闻周刊》为此给您做过一个专访？

**柳建伟**：直到今天，《突出重围》还被很多人认为不是一部纯粹的小说和电视剧。这与这部书讨论和呈现的生活情状和思想内涵有关。一个国家的部队还能不能保卫这个国家和人民，确实不是文学作品该表达的主题。另外，我在这部小说中，也讨论和呈现了新的战争形态下新的战争形态和能力的变化，比如网络战、信息战，比如黑客可不可以被看作新的战争潜在资源。我提出得较早，早到了可与当年最前沿的世界军事理论研究者同步。还有，从现在正在进行中的俄乌战争和以哈冲突来看，战争中的网络战、信息战已成为主导战争胜负的重要力量了。所以，当年美国和中国香港地区的媒体采访我的时候，就把我当成了网络战研究专家和军事观察家来看了。这一点都不奇怪，因为《突出重围》中，许多我想象出来的东西，中外军队都有不同程度的实践。这也是这部作品迄今仍被重视的一个原因吧。

**文化艺术报**：《突出重围》之后，您写了《英雄时代》，写的是改革开放初期二十年大都市的生活，从《突出重围》到《英雄时代》，为何您会从熟悉的军旅题材转向都市题材？

**柳建伟**："时代三部曲"是我四十岁之前对世界的一次小说式表达。它是一个整体，用了我几十年的生活积淀，也用了我整整十三年的创作时间。《北方城郭》写的是中国县域以下的生活，因为我出生在一个小县城里，并在这个县城里长到了十六岁。后来，我每年都会在这样一个县城里生活一两个月时间。《突出重围》写的是军旅生活，因为我十六岁读的是军校，写这本书时，我已经是有二十来年军龄的老军人了。《英雄时代》写的是省会城市的生活，我出生到十三岁，每年夏天都会随我当老师的母亲到父亲工作的北京生活一个多月。十六岁后，学习和工作的地方都在郑州、成都、北京这些大城市。这三部作品，写的是我自己熟知的生活，因此，不存在从什么题材转向什么题材的问题。

**文化艺术报**：在一次访谈中，您说："现实主义是文学特别是长篇小说创作的主旋律，是描画现实中人类生存境况的重要手段。我坚持学习巴尔扎克的'社会书记员'角色，将反映社会现实作为自己文学创作的重要使命。"现实主义在当代文学中依然占据主流地位吗？

**柳建伟**：现实主义题材以前是，现在是，将来也一定还是文学特别是长篇小说的主流。因为文学是人学，长篇小说更是写人的当下生活的大型文学体裁。史诗和戏剧，虽然是写远古或近代名人生活的大型文学载体，但优秀的作品都透着强烈的现实主义精神。伟大的时代，想出伟大的作品，必须高擎现实主义这面精神大旗。现实主义是道，其他的均为术。

**文化艺术报**：您的长篇小说"时代三部曲"《突出重围》《英雄时代》《北方城郭》中，《北方城郭》在批评界影响更大，这是您的第一部长篇小说吗？

**柳建伟**：对我而言，这三部长篇小说同样重要，因为它们各自表达了我对我不同生活主体方面的认知。《北方城郭》在专业读者眼里，可能在思想和审美方面更高一些。我也同意他们的看法。《诗经》三百零五篇，分"风""雅""颂"三类，"风"在专家眼里，也比"雅"和"颂"高级，但"雅"和"颂"当然也有"风"所不能替代的地方。

**文化艺术报**：《北方城郭》参评第五届茅盾文学奖，入围了前二十，但最后没有获奖，对您的创作信念有没有影响？

**柳建伟**：这件事对我没有什么负面的影响，相反，这次落选，让我更坚定了自己的文学信念。记得第五届茅盾文学奖揭晓在2000年10月初，再早几天，华人作家高行健得了诺贝尔文学奖。那几天，我正好参加浙江省作协在杭州举办的一个文学活动，浙江作家王旭烽得了奖。我的恩师何启治先生当时在杭州疗养，得知我没得奖后，专门约我去灵隐寺边的疗养地，告诫我文学之路漫长，不要过分计较得不得奖的事情。我当即表示回成都后一定重写《英雄时代》，不出版已经完成的三十多万字的《英雄时代》第一稿了。四个月后，我写出了全新的五十万字的《英雄时代》。五年后，这部书获得了第六届茅盾文学奖。如果《北方城郭》第五届就得奖了，我肯定不会重写《英雄时代》。塞翁失马，焉知非福，这段经历又一次印证了这句老话的真理性。

**文化艺术报**：您1979年考入解放军信息工程大学计算机系，毕业后在部队任程序员，为何会转向文学创作？

**柳建伟**：大学所学的东西，只是人进入社会，开启自己人生的基础。自从有大学以来，大学学什么将来就干什么的人，可能会是大多数。但改行做别的的人，也不在少数。在中国，多数是改行政去了。弃原专业去搞文学的，也不乏成功者，像鲁迅、郭沫若等等。

我弃工从文，主要是觉着搞文学可以自己掌控自己的命运，而当个伺候大型计算机的工程师，只能被动让别的什么力量安排自己的命运。

**文化艺术报**：您的处女作《郝主任的苦恼》，当时您直接把稿子寄到了《人民文学》杂志社，最后被退稿了，退稿信上编辑写了"文笔欠精练"，这篇小说后来是在哪里发表的，有没有引起注意？

**柳建伟**：这篇小说没有发表，现在还和我的上百万字废稿躺在一起。因为我觉得它很稚嫩，没达到发表水平。我不属于文学早慧那种人，肖洛霍夫二十一岁，出手就是《静静的顿河》第一部，这是天才创造的奇迹，我不行。我当时把它寄给《人民文学》是知道会退稿的，而退稿一定会让我的同学知道，这样就会形成逼我走上文学之路的态势，让我不顾一切走创作之路。那时的文学编辑真的太好了，接稿必给回音。真的好怀念那样的时代。

**文化艺术报**：有人提出走上文学道路不可或缺的经历有两个，一个是童年时能较早接触一些文学名著，一个是家里藏书较多。您是如何走上文学道路的？

**柳建伟**：搞文学，一需天分，二需年少时一些特殊的经历。苏联作家帕乌斯托夫斯基在他的名著《金蔷薇》一书中说："一个人有苦难的童年，或有一段凄苦的初恋，他就可以想想当作家了。"我理解这两种经历，可以锻造出作家的性格和气质。我的童年不算苦难但十分孤独，因为我是城里人却生活在农村，没法真正交上同龄的朋友。我的初恋，只能算是一场漫长的单相思。孤独、敏感加上青春的挫败感，让我走进了文学。

**文化艺术报**：军旅诗人王久辛说您在军艺读书时，他有次去军艺玩，看到您在一张大白纸上写满了人名，天顶之上是一行描粗了的大字——"《红楼梦》四大家族人物关系图"，上面将《红楼梦》中所写到的所有人名全部列入其中，并将每一个人与书中有关系的人连接在一起，密密麻麻，纵横交错，足足有二百多个人名。您对文学名著的拆解与研读是从何时开始的？

**柳建伟**：我一直认为作家不会从石头缝里忽然蹦出来，是需要学习需要拜师的。学习的第一阶段，是研究生活，是广泛地阅读名著。学习的第二阶段,是选好和自己气质相投的大作家的代表作,深度学习他们的技法。师兄王久辛讲的事情,发生在我学习的第二阶段。二十五岁那年,我就写出了三十多万字的《北方城郭》的初稿,我不满意,这才想到了到解放军艺术学院读文学系。到了解放军艺术学院,我一边听名师讲座,一边深入研究我喜欢的几部名著。《红楼梦》无疑是最伟大的长篇小说之一,百万字写活了上百个人物,太厉害了。所以,我就用了工科生的办法,想知道这么一道美味,是怎样做出来的。这种训练,我进行了十多年。后来,我也用这种方法学习写电影和电视剧剧本,效果都不错。我写的第一个电影《惊涛骇浪》,第一个电视剧《突出重围》,都得了所有电影、电视剧大奖,就是证明,证明我这种笨笨的学习方法是正确的。

**文化艺术报**:后来您又解读了巴尔扎克的《人间喜剧》,上千个人物,您一一列出人物关系,像这样精细读书的作家,应该不多吧?

**柳建伟**:《人间喜剧》九十多部,没都这么拆开了学习,拆了五六部吧,像《高老头》《幻灭》。当作家的路径当然有很多,像我这么笨的,可能不会太多。但我这个办法,资质中平者,都可以用,所以就在这里多说了几句。

**文化艺术报**:您父母都是大学生,您却出生在农村,这段经历对您的创作有何影响?

**柳建伟**:人的出身是无法选择的。我有城市户口,是因为母亲是公办教师,我妈是幼师毕业,我生在农村,是因为母亲在农村的小学教书,母亲与父亲又分居北京、河南两地,我父亲从郑州大学历史系毕业,分配到北京密云县法院工作,报到后不久,他就被借调到北京市中级人民法院工作。除祖父和外祖母的家之外，母亲和父亲都没有家。我一岁多时，因母亲的学校没幼儿园，我只能在祖父、外祖母家长大。童年和少年这十多年，我这个城里人在农村，遭受着城乡二元割裂带来的多方压力或是敌意。因为我的口粮是供给的，而我必须融入的农民家的孩子们，口粮是家里成年人挣工分换取的，还有我的父母有工资，这是另外一种我生活在农村的原罪。这种生活的特殊，让我在很小的时候，就学会了研究周遭的人和事，比较早熟。早熟，显然是有利于文学创作的。

**文化艺术报**：您出生、成长的村子是怎样的，还记得吗？

**柳建伟**：我们老家的那个村人不多，只有几十户四五百人，总共有十七个姓，它不是一个有所谓"主姓"的村，整体来说是多姓融合，不像有的地方，某个姓氏占多数，那种宗族势力就比较顽固。这是一个基础。而老家呢，还有个传说：李自成当年攻打我们这边一个寨子的时候，被箭射伤了眼睛，他听说伤了眼睛的人当不了皇帝，所以就特别恨河南人，打定主意要除掉这一方人。他扔了个金元宝在路边，哪知道民风淳朴，路不拾遗，第二天金元宝还在，让他找不到借口杀人。但老百姓知道了这事，就得想办法提防他，于是造就了一种特殊的本土文化：饭场文化。饭场就是到了饭点儿，除非气候恶劣，村里的人都端着各自的碗，盛上自家的饭，聚到一起，蹲在地上吃。一般就吃面条、稀饭、馒头、油卷（四川叫花卷），自家做什么就吃什么。饭场不是专门的一块场地，而是相邻的几家人就近找的一块空地，晒着太阳，吃着饭，聊着天儿。那时候不富裕，大家都吃得差不多，后来有的家里条件好点了，可以吃上肉了，就在家里偷偷吃了肉再出来，免得别人羡慕嫉妒。为什么要聚在一起吃饭呢？因为一般的饭场都在路口，这样的话,李自成的军队来了,大家就能早早看见,早早逃跑,不至于被屠村,习俗就这样流传下来。有了饭场,我就有了听故事的平台。那时候,有一位姓汪的老先生,可能有六十多岁,大家都叫他"汪先儿"。他家独门独户,是后来迁到我们村的,只有一个女儿,嫁到外地了,家里只剩老两口。他们为人和善、低调,也努力地想融入本村大集体。这汪老先生以前读过私塾,颇有些学识修养,下象棋很厉害,经常教我们小孩子下象棋。他还有另一个厉害的本事——说书。说书就是讲故事,这个本事可不得了!虽然讲的都是些才子佳人、帝王将相,但我到现在都记得清清楚楚。比如有一个故事,叫《十把传金宝扇》,讲兄弟俩各带有五把父亲给他们的宝扇,为这十把宝扇,在十位姑娘的帮助下,克服艰难险阻,护得宝扇,惩恶扬善的故事。情节跌宕起伏,非常励志。村里人都爱听他说书,已经不满足于饭场了。我们村儿到了夏天,大部分人——特别是小孩和成年男子——晚上都不在自己床上睡觉,因为太热,一般都到打麦场去,后来多了一个去处——汪家门口。汪家没有院子,光建了几间房,汪老先生就把门口的地给平整了,很多人就去那儿听他讲古。还记得那时我们都用麦秸秆堆成一个底座,往那上面铺张席子,就这么坐着听。那时候没有电灯,就着一点月光,或者汪家厨房门口的煤油灯。一点点光亮,能看到人人都眼波闪闪,如痴如醉。他讲了好多好多个故事,天天不重样。不知道他从哪看到的或听来的,那些故事我后来都没有听说过。这汪老先生算是我在文学路上的一个启蒙先生了。

**文化艺术报:** 当时在村里,有玩得好的伙伴吗?

**柳建伟:** 有一个人,是我的高中同班同学,叫贾军国。我们还结拜过兄弟,他是老大,我是老二,一共四个结拜兄弟。我和他家住在同一个方向，平时我们都是走路上学，到学校有三四里地的样子。那时县城的城墙没了，但护城河还有，他家在护城河外边，我家在护城河里边。他隔着护城河喊我一下，我就出门，和他一起走。贾军国在十四五岁之前就读完了《水浒传》，他的记忆力非常好，每天上学、放学路上他就给我讲《水浒传》，足足讲了半年多。我到现在都没有通读过《水浒传》，但别人一提到书中的内容，我都觉得很熟悉，就是因为贾军国讲得绘声绘色，内容都刻入我的记忆了。

**文化艺术报**：您是解放军信息工程大学计算机系毕业的本科生，为何后来去读了解放军艺术学院，当时的解放军艺术学院好像还是专科？

**柳建伟**：是的，我是本科毕业八年后，又到了解放军艺术学院文学系读的大专。这么选择，最重要的是想到部队的专业创作室当专业作家。

**文化艺术报**：军艺毕业后，您留在了北京，那段时间，为了挣钱，您还给《废都》写过续集？

**柳建伟**：军艺毕业后，我还是当不了专业作家，因为编制问题，也还有知名度的问题。幸运的是，鲁迅文学院和北京师范大学要招收第二届作家研究生班，于是，我就留在北京读研究生了。读研要学费，养女儿也要花钱，加上母亲又得了癌症，治疗费用多半要自费，我只能写畅销书挣快钱，不然无法生存。那几年，我单独或与别人合作，写了十来本畅销书，这些书多半都是军史、国史纪实书，其中包括应书商之邀写的《废都》续书《虚城》。这本书因《废都》遭禁，也没有贾平凹老师授权，到现在也没有出版。但是，何启治老师确实是因为看了《虚城》，才认定我能写长篇小说的。当时，他是人民文学出版社副总编兼《当代》杂志和《中华文学选刊》杂志的主编。因为何启治老师的约稿，我才中止了畅销书的写作，一口气写了三部长篇小说。这件事，是我第一次对外公开讲。人生确实有诸多的不可言说和一言难尽。

**文化艺术报**：您的老家南阳，已有四人获得茅盾文学奖：姚雪垠、柳建伟、周大新、宗璞；两人获鲁迅文学奖：周同宾、马新朝。而乔典运、田中禾多次获全国短篇小说奖，为什么南阳会出来这么多作家？

**柳建伟**：这个问题很难用三言两语讲清。你列的名单，还可以再长一些，李季、张一弓、张长弓、南豫见、南飞雁等也都是南阳的。科幻文学的一个领军人物王晋康，超级畅销历史小说家《鬼谷子的局》的作者寒川子，再加上在南阳生活、工作六十多年，写出了"落霞三部曲"的二月河这个山西昔阳籍的南阳作家群领军人物以及现任中国作协副主席邱华栋，这个阵容就更可观了。

南阳现当代出这么多作家，一因南阳地理特殊性，是盆地，是长江、黄河、淮河三大河的流域地，是秦岭余脉分中国南北之地，地理如此丰富，全国独此一家；二因南阳文化的杂糅性，是古楚文化的重要孕育地，是中原文化的重要组成地，是商洛文化的重点辐射地，众多文化交融交汇交锋如此深广，全国也是独此一家。

**文化艺术报**：您说正在写的长篇小说《钱塘两岸》，是一个类似《静静的顿河》风格的作品，能谈谈正在创作中的这部长篇吗？

**柳建伟**：写完《英雄时代》后，我因机缘，写了第一个电影剧本《惊涛骇浪》。电影公映后，我由成都军区创作室的专业作家，调入八一电影制片厂变成了专业编剧。到哪座山，唱哪里的山歌。此后十多二十年，我把主要精力都用在了影视剧本，特别是电影剧本的创作上了，电影拍了《惊涛骇浪》《惊天动地》《飞天》《血战湘江》《兰辉》《浴血困牛山》等十几部，电视剧播了《石破天惊》《桐柏英雄》等几百集。按我的计划，退休后我会再次集中精力写长篇小说。

《钱塘两岸》这部作品，种子种在2006年。那年夏天，伟大的导演艺术家谢晋先生到北京找到我，约我写一部茅以升和钱塘江大桥故事的电影剧本。此后近两年，我和谢老数十次在浙江见面，剧本数易其稿，终于可以筹拍了。可惜，2008年，八十四岁的谢老忽然仙逝，电影没法拍了。2012年，剧本版权到期后，我就开始想把写钱塘江大桥的电影故事，拓展成写钱塘江两岸人民自抗战到大桥修复通车走上社会主义道路这段壮阔雄奇史诗的长篇小说。这十多年，我又二十余次到钱塘江两岸踏访采风。这部长篇小说，正在创作中，计划2025年底完稿，2026年出版。那时，距《英雄时代》出版，整整二十五年。我将带着这部小说，再次踏上长篇小说创作的崭新征程。

**文化艺术报**：能不能结合您自己在文学创作上一路走来的经验教训，给青年作者提供一些建议？

**柳建伟**：创作讲个性，别人的路，自己不一定能走得顺畅。我只敢提供共性的东西，供青年作者们参考。一是拥抱时代，百年不遇变局的这个时代，是一个伟大的时代，是个能孕育多部伟大文学作品的时代。对这样的时代，不热情拥抱，时代会抛弃你。二是热爱生活，爱是文学的基石，对伟大生活的热爱，于文学创作极端重要。三是苦练本领，AI出现后，对传统文学创作的挑战极大，但要相信，机器终究是无法独立创作出伟大文学作品的。人要在有机器参与竞争的时代，还能有所创造，没有真本事是绝对不行的。

何立伟

我在大地上看到了行走的蘑菇

文学让人
洞悉自己

何立伟

## 何立伟

作家、画家、摄影家。湖南省作家协会名誉主席,长沙市文联名誉主席,湖南省文史馆馆员。出版有《小城无故事》《天下的小事》《像那八九点钟的太阳》《亲爱的日子》等二十余部小说及散文集,《失眠的星光》《何立伟漫画与戏语》等十余部文人漫画集。《白色鸟》获1984年全国优秀短篇小说奖,并收入教材。作品被译成英、日、法等多种语言。

**文化艺术报**：您最新创作的中篇小说《乃至一念》，讲了一个卖鱼老头和他女儿的故事，塑造了一个卑微又果敢的父亲形象，您在创作谈中说："创作源于内心的触动，而虚构是将这触动转化为人间的故事。"这个触动指的是什么？

**何立伟**：这个中篇小说讲的是日常的、卑微的甚至平庸的生活，这也是包括我自己在内的大部分人数着过的日子，没有什么好惭愧的，也没有什么好骄傲的。但是这样的日常里，总有一些人性，像云母一样，在暗污里闪着并不耀眼的微光。如果你注意了，你是会受到触动的。那样的微光，会在你的心尖上闪烁，并产生一种对抗生活的力量。我的触动，就是分明地感觉到了这种力量的存在。我要在小说中通过一个相貌猥琐的父亲，把这种微光同力量传递出来。人存一念，所向无敌，哪怕付出生命的代价也在所不惜。这就是我想告诉自己与读者的。

**文化艺术报**：您停笔多年后的作品像中篇小说《耳语》《水流日夜》，到最新的这篇《乃至一念》，没有了《白色鸟》里那种着意让宏大的历史叙事隐退到意境之后的唯美风格与诗性追求，多了些日常俗情。小说是需要处理俗情的，特别是中篇小说，要有烟火气，从诗人气质到日常俗情，这种转变是不是要放弃您早期的小说理念？

**何立伟**：我其实一直秉承一种日常美学，希望传递日常中被日常遮蔽的生活诗意。过去的小说唯美一点，现在的小说世俗一点，但都是想写出人性在刹那的闪光与诗性。前后的小说在内质上其实是一样的。我喜欢日常，不喜欢传奇。而书写日常要比书写传奇更见功力，因为前者更需要洞察与善感，需要平常心里的慧根。

**文化艺术报**：您早期的作品《白色鸟》《小城无故事》等都带有鲜

明的浪漫主义色彩，后来的《北方落雪，南方落雪》《马小丁从前很单纯》都写的是当代人的都市生活，您小说风格的变化跟时代精神有没有隐约对应的关系？

**何立伟**：风格的变化是由内容的变化引起的，所谓内容决定形式，也决定味道的飘移。后期的小说因为跟目下的生活靠得近一点，所以时代感也就强一点。时代感强的作品，很难空灵，浪漫也不大好安身。但不管是哪种生活，诗意的表达总是不会缺席的。

**文化艺术报**：批评家饶翔说，您早期的作品建构了一个特别独立、高度审美化的美学世界。您的成名作《白色鸟》发表于1984年，当时"伤痕文学"的热度刚刚过去，先锋文学还未上场，这部诗化小说为何会产生那么大的影响？

**何立伟**：20世纪80年代初，大量的西方文学得以出版，年轻的文学作者如饥似渴地阅读，甚至生吞活剥地阅读，从西方经典文学中获取灵感甚至写作资源，形成了一股翻译腔的小说文体，并泛滥开来。我是从中国的古典文学特别是唐诗中获取启发，想要写出特别具有汉语言之美同诗歌意境的小说来，所以《白色鸟》等一系列前期作品就是这样的发想的产物。我算是那个年头比较早的具有语言自觉的青年作家。我觉得一个中国的作家，就应当写出中国味道的作品来。而中国味道，首先要解决的，就是语言问题。我热爱中国传统文学的语言之美。这个根脉万不可断。所以在翻译体大量流行的文坛上，《白色鸟》这样的有着汉语言审美的作品就显得有些与众不同。这也是当时引起比较大的关注的原因。另外，把小说写得像诗一样凝练，也是它被关注的原因之一。

**文化艺术报**：您的小说处女作《石匠留下的歌》，1983年发表在《人民文学》，据说信封用的是长沙肉类联合加工厂子弟学校的信封。一般的作者都是从省内的文学杂志开始尝试，您当时为何会选择给国家级刊物《人民文学》投稿？

**何立伟**：当时年轻气盛，也是我们湖南人的一股子不信邪的自信，觉得自己要么不出手，一出手就要到国家级刊物上头去露脸，要一览众山小。那时候，心气很狂呵。

**文化艺术报**：1984年，您在《人民文学》发表了三个短篇小说，《石匠留下的歌》《小城无故事》《白色鸟》。《白色鸟》还获得了全国优秀短篇小说奖，您一夜名满天下，《白色鸟》还形成了当时流行的感觉意象派？

**何立伟**：当时的确产生了不小的影响。《人民文学》编辑部的人告诉我，他们收到不少稿件，明显带有《白色鸟》的仿作味道。当时，的确有些人模仿我的风格。

**文化艺术报**：《白色鸟》获得全国优秀短篇小说奖，给您带来了哪些改变？

**何立伟**：主要的改变，就是更加来劲。因为那时能得全国大奖，是对自己的最大肯定。

**文化艺术报**：中篇小说《花非花》发表于1985年第4期《人民文学》，这个中篇还获得了当年《人民文学》"我最喜爱的作品"奖。这个中篇，您已经开始有了变化，不再一味地追求诗意？

**何立伟**：我当过中学老师，这个中篇小说写的就是中学生活，主要表现学校对人的天性的压抑。很难说这样的校园生活有什么诗意。

**文化艺术报**：王安忆在一个访谈中谈到她和张承志的一次谈话，张承志说他们这些人都是被时代惯坏了，他们成长的那个时代有很好的编辑，有公平的竞争，成名后就都有些骄傲。您也是在那个文学最好的时代成名的，成名后您骄傲吗？

**何立伟**：当然，骄傲是难免的。那个文学的时代，真的有一些了不起的编辑，可以说，没有他们，就没有那个时代的文学。他们有眼力，有胆识，无私地推出新人新作。我至今都感激他们。现在，这样的编辑真是少见了。

**文化艺术报**：看过一篇文章，您成名那个时期，在长沙，您有一幅"文学地图"——南门口、红旗小区、赐闲湖、营盘街，它们分别是王平、您自己、残雪和徐晓鹤的家。你们叫自己"文坛四人帮"，这个时期，您已经成名，残雪和徐晓鹤也开始冒头，可否谈谈这个时期的故事？

**何立伟**：20世纪80年代真是文学的美好年代。那时候，王平、徐晓鹤、残雪和我，几乎天天在一起谈文学，真是书生意气，挥斥方遒，谁的作品都看不上眼，完全是不知天高地厚。

不过少年心气真是可贵。那个时候文友间的友谊也极其可贵。最近的小说《乃至一念》刚刚发表，残雪在云南读了，立即给我发来短信，赞扬得一塌糊涂。这就是那个时候的友谊在今天的延伸。

**文化艺术报**：1986年，您的第一本小说集《小城无故事》，编入"文学新星丛书"第一辑，这一辑中的人有莫言、刘索拉、王兆军、何立伟、阿城，可谓星光灿烂，王蒙曾主动提出为您写序，您却拒绝了？

**何立伟**：王蒙先生对我有知遇之恩。他当《人民文学》主编的时候，力推我的小说。包括《白色鸟》得奖有争议，也是他力挺。所以第一本小说集出版，他的确想给我写序。但我那时候特别喜欢汪曾祺，私心想请汪先生写序。结果汪先生答应了。我很高兴。这也是汪先生第一次给青年作家的作品集写序。不过后来，我的第一本漫画集出版，我还是请王蒙先生给我写了序言。这也算是补救吧。

**文化艺术报**：您和汪曾祺是神交，能说说您和汪老的故事吗？

**何立伟**：我家书房里一直挂着1985年我第一次去汪先生家时他给我画的一幅芍药图。我去看他，他相当高兴。他知道他的小说在青年作家中受到尊敬，也是相当高兴。后来开全国青年作家代表大会，我把叶兆言、苏童等几个他老家江苏的青年作家带到他家去看望他，他都高兴地写到了文章里，说何立伟把谁谁谁带来了，真好。叶兆言偷偷地跟我说，叫汪老给我们一人送一本签名书吧。我于是开了口，汪先生就给我们一人送了一本签名集子。

**文化艺术报**：20世纪80年代的湖南作家群，在国内地位非常高，首届茅盾文学奖六部获奖作品中，湖南占了两个。那时湖南作家中有莫应丰、韩少功、古华、何立伟、残雪、孙建忠……湖南为何一下子会出来这么多大家？

**何立伟**：20世纪80年代，文学湘军是中国文坛的一支劲旅。不管是茅盾文学奖还是优秀中短篇小说奖，年年有斩获，拿奖拿到手软。湖南那个时代，老中青三代作家都很团结，很抱团，一起努力，佳作不断，这与那个时代的文学土壤、文学氛围是分不开的。大家都互相砥砺，如切如磋。那时候湖南的作家都发着文学高烧，真让人怀念。那样的时代温度，今后再难有了。

**文化艺术报**：那个时期文学作品发表和评奖都比较公正，您的《白色鸟》获奖的时候，您好像还在长沙肉类联合加工厂子弟学校教书？

**何立伟**：《白色鸟》能获奖，我事先一点信息都不知道。有一天，突然有朋友打电话到我单位传达室，说我得了全国优秀短篇小说奖，我说那不可能吧，他说你要请客！我事后知道，有些评委说这篇小说还看不太懂，但王蒙先生力主得奖，他觉得在这篇小说里看到了文学新的可能性。

那次获奖改变了我，让我在创作上自信起来。同时，文学对于我，不仅是我的工作，也成了我的生活，两者完全统一。

**文化艺术报**：20世纪90年代以后，您创作的多是中长篇小说，从中篇小说《龙岩坡》《老何的女人》《北方落雪，南方落雪》，到长篇小说《像那八九点钟的太阳》，您的文学风格发生了很大变化，有意识地运用湖南方言。韩少功说您这个时期的作品"少了从前诗意化的阅读，是人生的大观园"。您后来是不是比较关注市井生活？

**何立伟**：我是地道的、土生土长的长沙人。我在这座城市居住了将近半个世纪。我的喜怒哀乐都与这座城市有关，或者反过来说，这座城市的喜怒哀乐都与我有关。

**文化艺术报**：画画一直伴随着您的写作之路，最初在报刊上发表画作，是史铁生把您和他通信时您的画拿给《三联生活周刊》主编朱伟发表的吗？

**何立伟**：我画画起于无心。20世纪80年代，我跟作家朋友通信时，写着写着忽然图文并茂起来，文字间夹杂了涂鸦。许多朋友咦呀一句，说有味有味。有朋友甚至就拿到报刊上，推荐给副刊发表。比方好友史铁生兄，我给他写的图文信，他就拿给现在的《三联生活周刊》的主编朱伟，朱其时办《东方纪事》杂志，史推荐在其上发表。我于是觉得好玩，信笔胡涂乱抹，居然亦有人欣赏，大感快活。后《台湾新闻报》找我约文字稿，我手头无存稿，就交了十来幅线条配文的文人漫画，他们一幅一幅登完了，竟有许多读者打电话质询报社：这么有趣的东西，为何不继续登了呢？报社遂打越海电话，约我每月给他们画二十幅，开个专栏，结果这一开就开了八年，其间，好几年，我的专栏都被评为"最受读友欢迎的专栏"。

**文化艺术报**：您给很多主流媒体开过文人漫画专栏，也在台湾的报刊开过文人漫画专栏？

**何立伟**：我先后出版的文人漫画集，达二十余种，单是香港三联书店，一次就推出了三种。而我在国内开的文人漫画专栏，主流媒体就有《南方周末》、《家庭》杂志、《天涯》杂志、《光明日报》、《北京青年报》等十数家。又有一些作家朋友有新著出版，皆来找我插图，比方史铁生、韩少功、格非、刘醒龙、王跃文等等。

**文化艺术报**：写作和画画在您心中各自占据什么位置？

**何立伟**：我是一个被兴趣的鞭子鞭着朝前走的人。对一事有了兴趣，便很投入，这投入的结果，就是让自己高兴。但凡一事让自己高兴了，这高兴亦就传染了别人。慢慢地，就有越来越多的人喜欢我的涂鸦。我的涂鸦无功底、无技法，但有我自己，有我对这个世界的感受同思考。我无论写文学作品还是画画，都是传达我对生活同生命的体悟，以我的视角去看人生。

**文化艺术报**：写作、画画之外，您还喜欢上了摄影，作品大都在国外拍摄，何时开始对摄影产生的兴趣？

**何立伟**：我儿子对摄影很感兴趣，买相机的时候我也买了一个小卡片机。印象最深的是尼泊尔加德满都，到处充满了视觉语言：乞讨、敬神、鸽子满天飞；第二个就是拉脱维亚，首都里加老城，风景和人的关系特别好，我逛遍了每一条街。在境外拍摄了一些作品，希望通过这些作品，让大家看到不一样的生活、不一样的表情、不一样的人。

**文化艺术报**：在您看来，长沙人的性格是怎样的？

**何立伟**：长沙人的性格有两重性。一个是以南门口一带为代表的市井文化，它有顽强的生命力，充满着烟火气。而另一个，是以岳麓书院为代表的精英文化，充满了家国情怀，敢为天下先。长沙人的身上同时具有这两种鲜明的性格。

**文化艺术报**：您是一个很会生活的人，您说过您只爱有趣的人，这个"有趣"，指的是"生活情怀"还是"艺术情怀"？

**何立伟**：对于人类，我不分种族、性别、老少、阶层，仅仅分为两类，一类是有趣的人，一类是无趣的人，我只爱有趣的人，因为有趣的人，才有"有趣"的生活。

有趣的人，必然有颗与生俱来的赤子之心。沈从文死后，他姨妹子张允和从美国寄了一副挽联，叫"星斗其文，赤子其心"。因为你有颗赤子心，你才会天真。这是最高的评价。你有赤子之心，你说的话、画的画都是一片天真。

弘一法师最好的学生是丰子恺。你看他去世那么多年，没有一个人在天真透明上超过他，很多人在笔墨功夫上达到甚至超过了他，但是境界永远达不到。丰子恺说他一生只关心四件事情：天上的神明与星辰，地上的艺术和儿童。一个只关心天上地下四件事情的人，你看多么天真有趣。

你要爱这个世界，爱这个世界上所有的生命，包括人、动物和自然，你充满了热爱，你才会有趣。世界上没有一个怨女是可爱的，因为她缺少欢喜心。你还要有强烈的好奇心，一个人有强烈的好奇心肯定可爱，因为孩子就是这样。而我，就热爱文学、艺术。

**文化艺术报**：作家中，像您这样有趣好玩的人好像不多，老辈的汪曾祺那样有名士风范的作家，今天似乎很难出现。

**何立伟**：我见过的作家有两个最成熟：一个是史铁生，一个是阿城。他们是一肚子的学问、一脑子的思想，但是他们不笑则已，一笑就是个孩子。他们的笑是非常有感染力的，只有两个字可以表达：无邪。只有精神上很干净的人才能做到。

**文化艺术报**：以前我编《家庭》杂志的时候，两次去长沙组稿，长沙的朋友很热情地联系您，您两次都在外地参加笔会。长沙的朋友们说您看起来很凶，其实是个很好的"老头"，长沙的朋友好像都喜欢喊您"老头"。

**何立伟**：我也活了那么长的时间，世俗的那些功利性的东西我都懂，但是你要我去做，绝对不会去做，这违背我一贯的做人规则。我自己没设定许多规则，但人会有许多无形的约束力，这是你的天性给你的一些好的东西，这些东西对你的行为，有一种你所不知道的制约力量。

比如溜须拍马，我知道肯定会有好处，说几句巴结领导的话，会有好处的。这些我不是不知道，但是你要我去做，我绝对做不出来。

做人有一种惯性，你一贯是那么做的，如果你偏离这个东西，它会有一种自我纠偏，会把你拉回来，你不能这么走。

**文化艺术报**：长沙的朋友说您很爱才，发现一个有才华的人，不管认识不认识都会推介，这是您文联主席的职责还是您的性格？

**何立伟**：生来就是这样的性格，看到很多我不认识的人，觉得他们写得好，都会不遗余力地推荐。九几年的时候，看到王小波的文章，就鼓动一个做文化的老板，准备把他的版权全部买下来。当时王小波在《三联生活周刊》开专栏，《三联》的主编朱伟是我朋友，我通过他找到联系方式。但这个时候突然传来王小波的死讯，我从来没参加过一个陌生人的遗体告别仪式，但是王小波的我亲自去参加了。

我欣赏他，后来王小波成了网络上的热门人物时，我就基本不说了，不想参与这个热闹了。

**文化艺术报**：您当了多年长沙市文联主席，作家管理文联这么一个文化人集中的地方，会不会很辛苦？

**何立伟**：我在文联三十年，到目前为止，没和文联里的一个人发生过矛盾。我基本上与人为善，不整人，不给人穿小鞋。凡是能帮忙的事情，拜托我，我一定会帮，我是一个不会说"不"的人，很不习惯说"不"，所以在文联，我帮过很多人的忙。像写书写序是正常的，有些莫名其妙的东西，像同学聚会要写个东西，发我邮箱要我改，我也得改。

这当然给我自己带来很多不必要的事情。可我天生是这样的性格，觉得拒绝别人，难为情的不是别人，而是我自己。

**文化艺术报**：作家潘向黎说："有一种风格叫作何立伟。湖南只有一个何立伟，中国也只有一个何立伟，他就代表他自己。他就像钻石一样，是一个有着六十四个切割面的作家，是一个光辉熠熠的文人。他身上有着一种民国时代的文人气，也有种孩子气、绅士气甚至是匪气，就是没有土气和世俗的酸腐气。就像个专心玩耍的小孩，所以我觉得他又可敬又可爱！"生活中，您是一个怎样的人？

**何立伟**：我是一个永远充满激情的人，到八十岁肯定也是。你会看到我衰老，但你会看到我的激情不衰老。不知道是不是天生的，我干什么事，都是充满激情去做的。因为是做自己有兴趣的事情，也就乐在其中，从未觉得累。

像我从早上进画室，到晚上回家，一整天，连坐五分钟的时间都没有。我做事的时候经常处在一种痴迷的状态，写作、画画、摄影都是如此。不做的时候，这个事好像跟我没关系似的。

[ 吕新 ]

让语言依据内容的形迹自然地流动

人生即文学

吕新

## 吕　新

　　1963年生，山西雁北人。中国当代先锋文学代表作家之一，山西省作家协会副主席。1986年开始发表小说，著有小说多部，主要作品有《抚摸》《草青》《成为往事》《阮郎归》《白杨木的春天》《掩面》《下弦月》等，有《吕新作品系列》（二十卷）出版。中篇小说《白杨木的春天》获第六届鲁迅文学奖，长篇小说《下弦月》获首届"吴承恩长篇小说奖"、第六届花城文学奖·杰出作家奖。

**文化艺术报**：您耗时八年创作的长篇小说《深山》，在《十月》杂志发表后引起广泛关注。这部长篇依然延续了您的先锋气脉，写作时，您会不会有意追求一种您认为最能体现您风格的创作手法？

**吕　新**：还是一种相对自然的状态，也并没有多么刻意地去追求或坚持什么，因为它的内容自有其特殊性，你要有什么意图或想法，也得根据内容而定，或者根据具体情况做一些变化，不能强行去做什么，要不然势必会出现那种水一半油一半的情况。一切强行去做的事情，不仅没有任何意义，而且最终都会结出各种恶果，不过在语言上还是尽可能地依自己的习惯去写，尽量寻找自己喜欢的语言，包括语言的腔调、语气、声音的大小等。

**文化艺术报**：批评家黄德海指出《深山》的人物和情节都很真实，反映了您的农村生活经验。写作时间久了，这种生活经验会不会写完了，如何再生这种生活经验？

**吕　新**：一定存在生活经验越用越少的情况，因为任何东西也不是无限的，但是这种使用或者消耗，比起现实生活给予我们的，还是供大于产的，尤其是在一个人的童年和少年时期，整个生活给予你的，那真是太多太多了，常会给人一种取之不尽用之不竭的感觉，感觉一生都用不完。你写能写多少，而从小到老来自现实生活的种种无限的赠予，比你缸里的米面，比你账户上的数字，比一个人表面上的以及实际上的财产多多了。某个特定时期的经验会随着使用减少，不过只要你一生都放不下它，同时期的另一些东西还会增加，甚至变得密集起来。从这个意义上来说，它好像又不是煤炭石油或天然气之类，而恰恰是一种由理性和情感看管保护的东西，你知道它还剩下多少，你可能也不知道。

**文化艺术报**：《深山》书写了深藏太行山壑里的生命群像，可否谈谈写作这部长篇的初衷？

**吕　新**：《深山》不是太行山，更不是吕梁山，而是比这两个地方更北更远的地方，时至今日，更像一种无限苍茫的记忆或梦境。如果不写下这些，若干年后，可能会更加夜不能寐。

**文化艺术报**：您的小说让人印象最深刻的是语言，《深山》的语言诗一样纯净、清新，有您鲜明的语言风格，这是否和您早期写过诗有关？

**吕　新**：可能应该多少有点关系。写作这么多年，没有一天能离开语言。我个人比较厌恶现成的陈词滥调，更不希望在语言上面偷懒，图省事，随大流。我对于所谓风格一类的其实并不在意，那不重要，但是你写作怎么能不使用自己的语言，一定要用，即使不能用，也会想办法抵抗一下，毁坏一下一些现成的平庸至极的东西。别人怎么用，如何行文，怎样表达，怎样表现，无权干涉，也没必要说三道四，但是自己的东西可以自己做主。写作有什么自由，就这点自由，连这一点都做不到、不去做，和所有人说着一样的话、冒着一样的泡、造着一样的句子，那还写什么，有什么好写的，有什么可写的！

**文化艺术报**：在上海国际文学周《深山》新书分享会上，《收获》杂志编辑走走用您和金宇澄的往事切入，点明您深沉的文字风格，这一点很有趣。金宇澄三十年前写您的文章，让人怀念那个美好的文学时代，今天，还会有文学编辑上门约稿吗？

**吕　新**：现在上门的少了。以前大多是写信、打电话，再后来通信发达，就更简洁了。

**文化艺术报**：在中国当代文学史上，山西曾因"山药蛋派""文学晋军"奠定了自身文学地位。为什么您的写作，从一开始就没有受过"山药蛋派"的影响，而更接近南方作家的气质呢？

**吕　新**：年轻时，好像什么都不懂，不懂得什么叫传统，也没想过南方北方，只知道蒙头蒙脑地瞎写，就那么写着写着，一抬头，发现很多年已经过去了。

**文化艺术报**：批评家吴义勤说："吕新具有真正的先锋，具有深厚的本土体验和文化体验，是真正具有文学意义的作家。小说曾一次又一次带给我致命的诱惑，并获得顿悟与力量。"《深山》再现的"致命的诱惑"会不会再次引发读者对先锋文学的热度？

**吕　新**：大概不会吧。

**文化艺术报**：这些年，您的主要精力都在长篇小说，《深山》是您的第几部长篇？

**吕　新**：第十部吧。其实中短篇也很耗人费时的，认真地写，严苛地写，一年时间也写不了几个。

**文化艺术报**：苏童说写短篇小说是为他自己写，写长篇是为苏童写，您会不会有这种感觉？

**吕　新**：我倒没有那种明显的感觉。

**文化艺术报**：您的多部长篇中，您最满意哪一部？

**吕　新**：长篇小说——除非你真的是游戏之作，就像有的人说的那样，写着玩的，只是玩玩，那另当别论——只要是耗费心血，认真严苛地写出来的，其实每一部都寄托了你不同的情感、不同时期的思想以及审美，而具体到对于某一个文本的喜爱程度，又各有不同，更不能把它们对立起来，让它们一定要分出高下，决出雌雄，所以很多人才会说最满意的可能是还没有写出来的下一个。我的几个长篇，《成为往事》好吗，《阮郎归》不好吗，《下弦月》好吗，《掩面》不好吗，《深山》好吗，《草青》不好吗，实在无法也不应该给它们排出序列来，排序是不厚道的。当然也有可能，最满意的那个还没有到来，还在路上甚至还没有出发。

**文化艺术报**：您很早就成名，这么多年来，您觉得自己在创作和生活中有哪些得失？

**吕　新**：一个人，一生做一件事，做很多事，一定会有所得失，一生什么也不做，照样还会有所得失，所以，这也应该是人生的常态。只得不失，或者只进不出，是违背道法、违反自然规律的。

**文化艺术报**：您那一批先锋作家，现在依然坚持先锋创作的似乎只有您和孙甘露、残雪几个了，您有没有动摇过？

**吕　新**：我觉得实际上应该并不存在动摇或者不动摇这样的问题，也根本不存在坚持或者放弃的问题，你要动，你要摇，你要往哪动呢？一个人写作，最初是什么样子的，中间怎样，后来又怎样，情况各不相同。至少对我来说，从始至终只有一个问题，写什么，如何写，或者说是一个问题的两个方面，除此之外再不存在其他问题。变化也是随着年龄的增长，内心、情感、审美，都在变化，当然肯定还包括语言与文风的变化。人每时每刻都在发生着变化，有的能够及时地觉察到，有时不易觉察，很久以后才能发现。年轻时喜欢的某类东西，中年以后还能继续喜欢吗？很难了。如果一直一以贯之，是不是有问题，说明这个人没有任何成长和变化。

**文化艺术报**：您最早是写诗的，后来为何放弃了写诗？

**吕　新**：本来也是瞎写，稀里糊涂地瞎看，瞎写，从来也不知诗为何物，后来好像不知为什么突然就不怎么喜欢了，是不是感觉那种载体还是很有限的，不能把想要表达的东西很好很详尽地表现出来，总不能一首接一首地写叙事诗吧，也不可能有人就给你发表那种东西，显然走不下去。20世纪80年代，发表一首小诗都很不容易，怎么敢指望长的，而且还是叙事的。叙事诗感觉像诗歌界里的牛车。另外，人年轻的时候可以咦呀啊呀地抒情，到了四五十岁五六十岁，还能那么干吗？诗，写诗的各种人，各种人的各种状态，还有掌管诗歌发表的人，诗的各种阵地、载体，各种的因素和原因，让我决定远离这些东西，而所有那些也不再能够吸引我。要叙述，要叙事，只有小说才能承担这个重任，才能容纳万千。

**文化艺术报**：您是从什么时候喜欢上文学的，家人支持吗？

**吕　新**：20世纪80年代初。那个时候喜欢文学的人可以说非常多，随便一个人，都有可能是文学的信徒。我认识一个朋友，视他为兄长，他是机关里的干部，好像还是办公室主任。1984年还是1985年，有一次在他家里吃饭，他带我去另一个屋里，他掏出钥匙打开一个半大的木箱子，然后揭开盖子让我看，我看见里面全是书，最上面一层赫然放着《百年孤独》等几本书，使我感到惊骇，应该还有几本别的，忘了是什么，只记住那本《百年孤独》。那时候我还没有看过《百年孤独》，那也是我第一次看到那本书，他看过没有，我不知道，忘了问。还有一个朋友在一个偏远的公社工作，桌子上堆着各种表格、材料、果树栽培和养猪养鸡方面的书刊，抽屉里放着《失乐园》和《神曲》。心里滚过《神曲》的句子，还能照常去食堂吃饭吗，还能讨好地笑着和领导打招呼吗？能。

家人一开始当然并不支持，恰恰非常反对，尤其是我的父亲，觉得我是在胡闹，在做一件既危险又永远不可能做成的完全没谱的事情。他反对，主要是认为我不可能做成，还不如老老实实地该干什么干什么，那更保险一些。

**文化艺术报**：您最早在《山西文学》发表短篇小说《那是个幽暗的湖》，这个短篇小说发表后，引起很大反响，这个短篇是您的小说处女作吗？有些作家在谈起处女作时，会选择他成名的作品或者成熟的作品，您会选择哪篇？

**吕　新**：正式发表的第一个短篇小说，应该就是那一篇。

**文化艺术报**：您写过几篇南方背景的小说，《南方旧梦》《梅雨》《南方遗事》等，您有过南方生活的经历吗？

**吕　新**：没有在南方生活的经历，但20世纪80年代第一次去南方，印象深刻，触发良多，一个从小在北方长大的人，地域上的那种反差应该是很大的，视觉上的感受也是很强烈的，后来的很多小说脱胎于此，《发现》《南方遗事》《南方旧梦》《梅雨》，包括《抚摸》。当然，小说里的这个南方是经过我个人改造以后的南方，是我认为的南方，与现实中的南方有很大的不同。这不是童年记忆，而应该属于青年时期的经验，从那以后，这个我整理并审视过的"南方"，也已经成为我的一份宝藏，可以随时取用，随时增减、修缮，上面的瓦坏了，换一块，当然也可以不换，不换更有年代感，更能说明问题。桥上有人，只有我才能决定他是谁。

**文化艺术报：** 叶兆言说他经历过五年退稿的折磨，您有没有经历过不断被退稿的折磨？

**吕　新：** 兆言青年时期那么超前又成熟的写作还会遭遇退稿，那只能说明在这件事情上很少有人能够例外，我当然也不例外，事实上绝大多数的写作者都会经历这一关的，谁没有经历过这一关，好像也说不过去，会变成一个面目模糊、来历不明的人。有没有退稿经历的人吗？应该有，不管风云如何变幻，任何年代都有幸运儿。风起云涌的年代，照样有人活得十分幽静。

**文化艺术报：** 三十多年的写作过程中，您经历了怎样的变化？

**吕　新：** 简单概括一下，20世纪80年代后期，以及整个90年代，重心在怎么写的问题上，人也年轻，很喜欢形式，尤其痴迷语言。后面的变化就是从怎么写转到了写什么以及为什么写的问题上，这应该是一条基本的脉络。至于为什么会变化，与年龄的增长肯定不无关系，与思考也息息相关，当然更有内心的变化和情感的变化，更有审美上的变化。

20世纪80年代中后期，我出差期间，独自跑出去逛书店，在一个县里的新华书店买到了博尔赫斯那本黄色的平装的短篇小说集，那是我阅读生涯里仅有的一本使用过红蓝铅笔的书，我在书里画了很多的红线蓝线，只因为它的叙述和描写令我感到惊讶和喜欢。从那以后，我再没有在任何一本书里做过任何标记。

**文化艺术报：** 您很早就成名，《白杨木的春天》获得了第六届鲁迅文学奖。白杨是北方乡村的灵魂，我们生活在北方的人，特别是有过乡村生活经历的人，对白杨有着特殊的感情。您的作品里，有很多自然景物的描写，这是否受到您短暂乡村生活经历的影响？

吕　新：我的乡村生活经历并不算短，有十四五年，这足以成为一生的宝藏。

我小的时候，我们那个地方树木的品种非常单一，主要就是杨树、榆树、柳树这三大类，剩下的就是一些杏树、李子树，李子树较少，如果上面不结李子，冬天的时候，根本认不出来，会不知道是什么树，只能猜测、估计和判断。什么原因，还是少，见得不多，不熟悉的缘故。像杨树、柳树，一眼就能认出来。一个人，在这种环境和情况下长大，他要描写树，怎么可能不是杨树，而是其他别的什么树。写玉兰树、芙蓉树甚至橡胶树，那不是疯了吗？事实上我们小的时候，我们那里连最普通的枣树、苹果树也没有，少年时期看高尔基描写的苹果树，他描写的也有问题，看半天，真不知道苹果树到底是什么样子的。情感上也是一样的，无论何时何地，看到从小就熟悉的那几种树，总是和看到其他别的树不一样，在异地，碰到杨树、柳树、榆树，或者这三种树中的任何一种，会有他乡遇故知的感觉，心里会突然一热。

文化艺术报：《白杨木的春天》获得了第六届鲁迅文学奖，之前您已经获过很多奖，获奖对一个作家意味着什么？

吕　新：奖励最初的原始意义可能应该是表扬、犒赏、鼓励和激励，希望他以后继续这样，希望他以后变得更好，肯定不是盼望一个人从此逐渐变坏。

文化艺术报：可以谈谈您的先锋写作和西方现代主义之间的渊源吗？

**吕　新**：我开始正式地有意识地大量地阅读外国文学作品的时候，属于20世纪的尤其是现代主义思潮的作品基本还没有引进来，所以我的个人阅读史基本也是按部就班，按照时间顺序来的，17、18世纪的，甚至更早一些的，比如荷马、但丁、贺拉斯、维吉尔、塞万提斯、莎士比亚等等，不过还是以19世纪的为最多，大家都熟悉的那些经典作家、经典作品。当然并没有能力和实力去购买那么多的书，所有那些作品，百分之九十几，完全来自各个图书馆、图书室。属于个人购买的，很长时间才能拥有几本甚至一两本，到手后，当然视若珍宝。没有人指导，没有人指点，也没有能够互相交流探讨的，全靠一个人黑暗中摸索、碰头、眩晕。不求甚解，贪多嚼不烂属于常事。十七八岁，十八九岁，读《悲惨世界》，能理解多少，能消化多少，能理解到什么程度，多少有点像还没有发育成熟的儿童非要吃一大堆坚硬食物，吃下去效果如何，有没有让肠胃堵塞、受伤、变硬，可能情况各有不同。不过，最值得肯定的一点，就是记忆是清晰的，很难忘记，甚至永世不忘。那个年龄，十七八岁，十八九岁，人基本也还是一张白纸，所以更容易记住很多东西。人都很奇怪，有些东西，一旦记住，就再也忘不了了，而另外一些东西，无论当初怎么记，怎么下功夫，不用最终，过几年以后就全忘了，忘得一干二净，包括读过的各种书，见到和经历过的各种事、各种人。

20世纪80年代中期，真正属于20世纪的尤其是现代主义的东西开始逐渐出现并逐渐地多了起来。最早让我感受到现代气息的作家和作品是不是海明威，现在已经记不起来了，总之读福克纳应该是在海明威之后了，索尔·贝娄又在福克纳之后了。我们当作新闻当作新鲜事物的法国新小说原来已经是二十多年前的旧事了，有的人早已改弦易辙。那么，18、19世纪的作家和作品就没有现代性吗？当然不是，只是我们目光短浅，目光粗糙，小脚还没有完全放开，只顾晕头晕脑人事不省地晕车晕船，根本没有看出来，还需要再经过一些年头以后才能看到，比如果戈理，比如狄更斯，比如观念崭新前卫的曹雪芹。果戈理的观念，作品所呈现出来的现代性，远超后来的一些苏联作家，但从年龄和传统上说，他应该是他们的远祖了，所以很多东西与年龄与时代是无关的，那种年纪轻轻、二三十岁写出酸腐文字的人，我们又不是没有见过。

现代主义的东西一进来，真有一种轰炸的感觉，赞赏的，反对的，截然分明，就是那种左中右的感觉，年轻的当然大都喜欢现代主义。以拉美文学为例，胡安·鲁尔弗、博尔赫斯、马尔克斯，读过这三个人的作品以后，会有一种百万军中取上将之首的感觉，直到今天，我也还是这种感觉和认识。卡夫卡、乔伊斯、普鲁斯特，以及随后的加缪、萨特、卡尔维诺等人，犹如群星闪耀，这些现实生活中的断肠者或歌喉喑哑者，他们集中出现在20世纪，更像是历史为一个时代送来的尖音和轰鸣，他们带来的不仅仅是文体上的革命，更是观念思想上的裂变。现代主义的影响是巨大的、无边无际的，因为越到后来，才能越看到它的影响力，它几乎影响到了社会的各个方面，甚至曾经拼命反对并抵制过它的人，事实上也在不知不觉中早已被融化，在滚滚的裹挟中一起向前，同声同气，由最初的敌对、抵抗抵制，直到后来的不自觉、自觉，不情愿、情愿，直到自然、顺畅，因为没有人能够始终站在原地保持不动。

就作家与作品来说，俄苏文学、拉美文学，好像更亲近一些。可是欧美文学又有那么多非常喜欢的。所以说这个问题或者类似的问题，永远不能像账目那样清晰清楚，一笔是一笔，相关的边界应该是非常模糊的、隐形的，甚至是完全没有边界的，这才应该是最正常的状态，就像一个人在社会中在自然中的状态一样，互为因果，应该有很多说不清道不明的东西。模糊，或者苍茫，实际上是一种最普遍最自然的形态。所以，这个问题不矛盾，没有排斥性排他性，更没有民间或者江湖上那种有他没你有你没他的独霸格局或情形，所有好的杰出的东西，都可以在另一个人的版图上共生共存，丰富多彩。不过你自己一定要挑起争斗，非要排出封建色彩浓厚的座次，非要分出敌我，那谁也没办法，谁让你就喜欢那个呢。

**文化艺术报**：您开始写作的时期，文坛受西方文学思潮影响巨大，您是一开始就受到西方文学思潮的影响，还是后来阅读了大量西方作家的作品之后？哪类作家和作品更能引起您的共鸣？

**吕　新**：实际上也没什么渊源。有些东西，一看就喜欢，而另一些，一看就不喜欢，还有那种当初不喜欢，过上一些年，后来才慢慢突然又喜欢的，很像是一个人，需要岁月的证明，慢慢才发现并意识到他的好，更有曾经喜欢，后来不喜欢了的。阅读也是一个足够复杂纷繁的过程，一个漫长而又每每分成无数个瞬间的过程，无数次地挑拣，选择，犹豫不决，失望，不那么失望，过得去，过不去，喜欢，非常喜欢，表面上是你在挑选书，实际未尝不是书在挑选你。

阅读是一回事，写作就是另一回事了。一个中国人，你也像托尔斯泰一样去写拿破仑，不可以吗？当然也可以，也没问题，什么都能写，什么都可以写，不是吗？但是至少我觉得这个事情比较荒唐，总觉得不是那么回事，不是你应该做的。你没有自己要写的吗？既然没有，那为什么要写，那种原始的更重要的持续不断的动力又来自哪里，难道仅仅只是虚幻的名声和利益在驱使在召唤吗？一个人年轻的时候能做这件事，可以任性地无边驰骋，年龄大了老了以后，再做什么，难道不应该认真掂量掂量吗？四十多岁以后，每写一个东西，我基本都会在心里问自己为什么要写这个东西，得不到答案，或者这个问题得不到解决，这个东西就不能写，就不会开始。这可能也是年龄大的一种标志，可是又没办法，内心里非要那么问，一定要那么问，你管不住也挡不住，没有这一步，就很难有接下来的下一步、更下一步。

**文化艺术报**：在您的成长过程中，哪些前辈对您产生过重要影响？

**吕　新**：应该有不少，也都是大家熟悉的那些，人类的启明星，他们影响的不仅仅是一代人、几代人。卡夫卡不仅持续影响着今天的读者、作者，还影响了曾经的福克纳、马尔克斯。他本人知道这些吗？当然不知道，当然不可能知道。对我堪称影响巨大的、深入生命的，除了文本上的独一无二，其实更是那种没有功利心的写作，那才是最令人敬佩最令人追怀的，最悲伤最断肠的，他们来到这个世界上，仿佛只有一件事，就是为了完成这个东西，完成以后就悄然离去，从未获得过任何世俗的所谓好处、所谓名利。至于作品的命运，也完全不可想象，无法想象，难以预计，完了就完了，完了就好，后面的不去想，也不能想，管他怎样，因为后面就像未来一样渺茫、迷茫。人，有能力有条件计较什么的时候，才会去计较什么、苛求什么，但当什么也没有的时候，你还能想什么，一切都无须去想。曹雪芹据说死于大年三十，除夕夜，外国人无所谓，对于中国人来说，这真是悲怆到了极点，这个日子，对于集体的中国人来说，绝对是最为特别的一天，一年三百六十五天，其他三百六十四天，其他任何一个日子，都是平常的一天，都没有结束于年底最后那一天更令人伤感，更具有摧毁性，更黑暗无边，更万古长夜。我任何时候想起这件事，都会感到难以释怀，无限悲哀。

**文化艺术报**：除了小说，您还出版过几部散文集，像《初夏手记》，在后记中，你说到很头疼写序跋这种文字，找您写序的人多吗？什么情况下，您才会给人写序？

吕　新：我并不是不愿意给人写，我是真心觉得自己做不了那种事，至少我不善于写那样的文章，感觉每一个句子都举步维艰，太实事求是了好像也不行，感觉这好像就不是一件以事实为依据有啥说啥的事情，必须一定程度地甚至高高地把他举起来，或者拽着他的头发离开地面数尺甚至数丈以上，这就是让人觉得很难的地方。可是如果不这样，你又写个什么，连别人的一番诚意也会对不起。张三找你写序，难道是想让你说他写得不好吗？应该不是。李四想让你批判他吗？肯定也不是，好不容易出一本书，谁想把一篇说自己不好的文章放在全书的前面。所以每一句都会想，这是不是可以，这样说是否妥当。这能叫写作吗？更像是在完成一个小心翼翼如履薄冰的任务，而任务就比较糟糕了，头疼，棘手，你不想完成它，可是又不得不完成，这怎么能够做得好呢？很难，很难做好。好在很少有这种事情。另一方面，我也在想，在反思，人家要是世界名著，还需要你来写吗？我自己的书，除非特别有话要说，或者出版体例上有某种硬性要求，不写不行，一般情况下有没有序跋都行，也没那么绝对。

**文化艺术报**：您是一个特别低调的人，目前盛行的各种文学采风活动，很少能看到您的身影。生活中，您是怎样的一个人？除了读书、写作，您还有什么爱好？

吕　新：与大多数人丰富多彩的日常生活相比，我肯定是一个十分单调而又无趣的人，平时也没什么爱好，喜欢抽烟喝茶，可是年龄大了，身体也经常会有各种毛病，所以又常常被告知茶不能浓了，最好喝淡一点的，烟最好不要抽。再就是散散步，一方面当运动，同时也能边走边想一些事情或问题。上午散一个小时步，有时会想一下下午要写的东西，晚上散一个小时步，会想一下明天的内容。坐在树下或者别的什么地方，吹吹风，看看月亮，看看星星，也觉得挺好。同一时空，月亮的位置也经常变化，有时刚出来不久，在东边很低的地方，有时好像直接就到了正中央的位置上，甚至很早就偏西了，晚上八九点钟就已经偏西了，经常会把人看糊涂了。《佩德罗·巴拉莫》里面写道：星星又在月亮的旁边。我怀疑他也并没有认真地看过，因为实际上月亮的周围、附近、旁边，离月亮最近的地方，并没有星星。

**文化艺术报**：在长期写作中您是如何保持持续的动力和旺盛的创作欲望的？

**吕　新**：对于这个问题，我的理解是，你还有很多没写完的东西，还有很多没写的东西，还有很多排着队等待出来的东西，你怎么可能不持续，持续地不懈地工作，还不一定都能完成，不持续就更不可能完成了。写作，说到底就是有事情要写，要叙述，有话要说，有东西要描绘，如果变成苦思冥想，搜肠刮肚地硬写，硬性地设计什么，挖空心思地编织什么，比谁设计得更巧妙、更奇妙，比谁编织得更出人意料，或者为赋新词强说愁，我觉得那就没意思了。而且那样制造出来的东西，一定也不怎么样。为什么，因为它同时还违背了写作的本意和本质，既无乐趣，更没有必要。

**文化艺术报**：作为一个成功的小说家，写作三十多年，您在长篇小说、中篇小说、短篇小说创作上都颇有建树，您自己最喜欢哪种文体的写作？

**吕　新**：最喜欢的文体，还是长篇小说，无论阅读还是写作，长篇小说都有其他任何文体所难有的魅力，有其他东西所不具备的广阔和纵深，当然前提必须得好，非常好，不好就什么也不是，什么也没有了，所有的一切也都谈不上，再长也没用，长短都没用，都没有任何意义。

**文化艺术报**：对成长中的青年作家，您有话要说吗？

吕　新：写自己想写要写的东西，努力把它写好。

> 田耳

**在平淡叙述中直抵人心**

我总是跟网刊写作的年轻人说，现在赚钱固然很难，其实不赚钱也难，而写作就是你不赚钱最为冠冕堂皇的理由。

田耳 2024.3.15

## 田　耳

　　1976年生，本名田永，湖南凤凰人。1999年开始写作，迄今已在《收获》《人民文学》《花城》《钟山》《芙蓉》《作家》等杂志发表小说七十余篇，计两百余万字。其中包括长篇小说四部、中篇小说二十部。作品多次入选各种选刊、年选和排行榜。结集出版作品十余种。曾获鲁迅文学奖、人民文学奖、华语文学传媒大奖、华语青年作家奖、郁达夫文学奖、金短篇小说奖、联合文学新人奖等重要文学奖项十余次。现供职于广西大学君武文化研究院。主要著作有《被猜死的人》《长寿碑》《环线车》《风蚀地带》《一个人张灯结彩》《夏天糖》《一天》《姓田的树们》《金刚四拿》等。

**文化艺术报**：您的写作之路似乎很顺利，1999年开始写作，写完了作品就发表了，2007年中篇小说《一个人张灯结彩》获得第四届鲁迅文学奖，当时是您写作的第八个年头，而大多数作家在这样的写作时间里，还处在四处投稿的尴尬阶段。写作之路这么顺利是因为您准备充分了才动手，还是您的才华？

**田　耳**：真要追溯的话，我最初的写作还要早一些，十岁写的童话作文，十一岁得到发表。我小学时有幸就读一个"童话引路"实验班，具体说就是作文课上写童话。当年这个实验由我小学班主任滕召蓉老师首创，短短几年内就产生了全国性的影响。我的小学同班同学四十五人，有三十余人小学时期就已发表作文和童话，我在班上并不算突出。这些年回顾，我感觉写童话与写作文最大的区别，就在于讲故事，等于我从小学二年级开始，就得到了系统的故事编撰训练。从1988年发表第一篇童话，再到2007年获得鲁迅文学奖，二十年时间，也是不断积累经验的结果。我想，从事写作，才华多少都会有一些，但我骨子里的执着，才让自己一直写到了今天。

**文化艺术报**：《一个人张灯结彩》获得第四届鲁迅文学奖，那年您三十一岁，获奖给您的写作和生活带来了哪些影响？

**田　耳**：我此前是无业青年，居家写作，2008年经湖南省委领导指示，我们县里直接给我解决了工作问题，安排在县文联下属的书画院里，从事创作员工作。在一个小县城，解决编制问题，在父母看来肯定是比得奖更具体的成功。当时县委书记也明确表态，解决工作并非要我上班，而是保证我继续从事小说创作。所以当时我最大的感触，是这下可以一直写下去了。

**文化艺术报**：您是从县城里走出来的作家，在今天的文学生态下地方作家很难冒头，您当年辞职在家写作，最大的压力是哪些？

**田　耳**：当年也无所谓辞职回家，我进入社会比较早，就读大专期间就跟亲戚干些活，毕业以后依然是跟着这位亲戚跑生意，那几年时间里，亲戚干什么我跟着干，先后从事多份职业，也借此得以接触形形色色的人，这对我后来从事小说创作非常有帮助。后面也不算辞职，就是跟亲戚打个招呼，此后待在家里写作。生活压力几乎没有，一直以来，直到现在，身边人都知道，我生活过于简单，甚至有些不讲究，爱好就是阅读、写作还有淘书。回家写作，母亲支持，在她看来这起码不是坏事，无非吃饭时添一双碗筷。当时母亲包容我在家里写作，亲戚朋友们反倒有些不可思议，小县城的事实也是二十多岁的年轻人必须要找一份工作。好在母亲的坚持让我可以安稳地写作。这几年，许多大学生研究生毕业找不到工作，或者找不到理想的工作，许多父母就让孩子在家躺平，不急着上班。我看到这样的消息，忽然觉得母亲的做法其实蛮超前的。

**文化艺术报**：在家写作那个阶段持续了多久？那个阶段有哪些人帮助或者影响过您？

**田　耳**：我是2003年居家写作，到2008年底解决工作，前后有近六年时间。这一段时间里对我影响最大的自然是父母。我们一家都是超有安全感，只要不饿死就不发愁，居家写作，母亲还比较高兴，因为家中四位老人，有我待在家里，他们感觉更踏实。事实上我几乎不干家务，就是给老人当"定心丸"，每天白天写作，晚上跟外公和父亲喝酒，很快有了些酒瘾。那一段时日，回头一想反倒是最简单、最开心的时光。后因要阅读文学杂志，跟当时吉首大学文学社一帮朋友交流较多，社长刘永涛将我写的小说推荐给作家刘恪先生，刘恪将我列入当时正在组建的"文学湘军五少将"。几乎与此同时，《人民文学》的杨泥老师和《收获》的王继军老师都给我写信联系，次年开始在《人民文学》《收获》和《芙蓉》发表作品。

**文化艺术报**：获得鲁奖后，在家乡的小城，有没有成为家长教育孩子的榜样？

**田　耳**：这我真不知道，也许是有，只是我很怀疑现在写作的影响力。即使有些父母拿我的事例激励他们的小孩，不知小孩又是否能够接受？作家还是现在年轻人的职业理想吗？也许有，微乎其微。我现在在教大学生写作，知道文学在他们心目中的分量。不管怎么样，文学的影响力已经式微了，别说写作，看文学书籍都妥妥地成了小众选择。

**文化艺术报**：弋舟写过一篇文章，他说您是同辈作家中最会讲故事的人，怕引起误解，他特意做了分辨，把您和专门讲故事的作家加以区别。进入21世纪后，故事忽然变得有了分量，地位显赫，很多大刊编辑也反复强调要写好故事，您是如何理解故事对于小说的意义的？

**田　耳**：在八九十年代文学最繁盛的时期，小说是可以不讲故事的，当时纯文学拥有更为众多的读者。但这本身，似乎违背文学自身的规律，纯文学尤其先锋小说，本身就是小众的东西，本不会拥有如此庞大的受众。后面一路回归正常，为稳固读者，故事的分量得以持续加重。不讲故事或者纯粹依赖想象的小说依然有，但目前看来只是几位作家作为样本一般存在，像是保证文学生态的多样性得以持续。大多数写作者没法逃离故事的威权，没法摆脱故事的检验。我在写作和阅读中真实的体会是，纯粹靠想象力推动的写作，反倒是大同小异，彼此混淆的；只有生活，原汁原味的生活，才蕴含无尽想象力。再说，语言也好结构也罢，写作者难以从中获取持续的写作动力，或者说，放弃故事的写作难度太高，罕有写作者能够达到。唯有故事的讲述，事实上成为写作最可依赖的路径。

**文化艺术报：** 在一篇创作谈中，您提到"把中短篇的写作技巧摸得比较透"，"长篇如教科书，好的短篇集如武功秘籍，教科书宜乎众矣，秘籍则深藏门道"。具体来说，您摸索出的技巧是什么样的？

**田　耳：** 当时年轻，敢这么说。现在回头一看，我只是对中篇写作较有把握，逐渐得心应手。我多年的写作，往往是中篇写得较为松弛，基本不用打框架编梗概，一篇一篇，信马由缰发挥开去，也能够一次次有效收拢并顺然结尾。回头一看，整体结构也不会出大问题。写作至今，一共写了有三十来部中篇吧，同代作家里面这个量应是不少。短篇的写作，回头一想，我一直过于遵从"起承转合"的结构定式，故事总是写得较为完整，所以会显得丰腴。我以前写的短篇，字数都不少，基本没有低于一万三的，这在短篇当中，应该算是胖子。或者说，丰腴这一品性，放在短篇里面，几乎等同于臃肿；中篇才有容纳丰腴的空间，才允许我在起承转合的封闭结构当中闪转腾挪。后面见到双雪涛敢于将小说写得成分残缺，文字冷峻峭拔，意境奇突诡谲；弋舟甚至是用意象替代故事，一篇一篇不可思议地塑型，无疑拓展了短篇小说的写作技巧、路径和可以抵达的限度……与他们比较，我感觉自己遵从的"起承转合"那一套已显笨拙，所以近十来年，短篇写作量大大降低，几乎每年就一篇的样子。

**文化艺术报：** 您在短篇、中篇、长篇小说领域都颇有建树，您是如何看待短篇小说这种文体？这种文体与中篇小说、长篇小说在创作时有何差异？

田　耳：现在看来，短篇小说才是真正自带先锋和探索品质的文体，它有限的篇幅可以承载，也用以检验写作者对小说各种体认，短、平、快，同时也稳、准、狠。它跟中篇、长篇的差异自然非常大，同时也是一种发展最为快捷的文体，既有隽永的经典篇目，也有当下通行的体例。它与中篇、长篇的重要差异，上面一问已经提到。我感觉，眼下短篇的创作，已容不得故事在其中过于完整，一旦有了严格的起承转合，往往会胀破一个短篇小说的篇幅，成为中篇。不客气地说，我有些中篇，起初都是打算写成短篇，胀破了篇幅不得已写成中篇。不知道写小说的朋友是否也有同样的体验。

**文化艺术报**：您写了几百万字的作品，批评家李敬泽说您的短篇小说写得最好，您认可这种说法吗？

田　耳：李敬泽老师说这话，是在2008年初，为我第一部小说集作的序《灵验的讲述：世界重获魅力》里这样提过。这个判断应该是有时效性，说得更直接点，他提到的短篇主要是指《衣钵》。这是我1999年写出的第二个短篇小说，次年发表在湖南湘西州文联的内刊《神地》，经过多年投稿，终于在2005年发表于《收获》杂志第3期。当时被李敬泽老师看到，并推荐这一篇进入当年《文艺报》排行榜，位列第一。从那以后，我开始接到杂志的约稿，写作也变得顺畅起来，《衣钵》无疑就是我进入文坛的一块敲门砖。后面第四届鲁迅文学奖，这一篇也进入前十。现在看来，《衣钵》是我短篇创作的一个另类，此后我的短篇与《衣钵》的气息相距较远。重读这一篇，其中蕴蓄的青涩气息，以及对于社会现实平和从容的体认，是特定时期我个人心境的写照。而这份心境，是再也回不去了。如果现在再写这一篇小说，经验也许更足，但我写不出这个味道，《衣钵》会是另一个作品。所以，我认为，相对于写作经验，起笔写小说时的青涩和无知，其实弥足珍贵，它让写作更具可能性。一晃这么多年过去，《衣钵》仍是被我的作家朋友们一直称道的作品，也是我最好的短篇小说，尽管我总想在其后加上"之一"。所以，我也不无凡尔赛地说一句，有时候出手较高，反倒会后继乏力，这也是我现在很少写短篇的重要原因。

**文化艺术报**：短篇小说高手不多，业内普遍认可的短篇大家有刘庆邦、王祥夫等等。在您看来，您的短篇小说跟他们有什么不同？

**田　耳**：当然没有太多可比性，短篇小说能称为高手固然不多（任何一行的高手都不太多），但好的短篇小说家还是不少。上面提到的两位我也读了不少，他们行笔较偏散文化，同时故事营造也相对完整，这是非常见功力的写法，等于能让冰炭同炉。在我看来，好的短篇小说家大致分两类，一类作家稳定出手，成功的篇目可以罗列一长串；一类作家出手不一定稳健，但多年耕耘后也写出了质量非常高的作品。总体来说，必须承认，短篇小说成功的范例还是为数不少。业内普遍认可，便是宜乎众矣，我总感觉每个人的阅读感受不一样。个人私爱的短篇高手，跟普遍的认可不一定重合。我喜欢的作家很多，这里想稍稍提一提其中两位。宁夏的石舒清先生的短篇并不多，几乎都是精品。他的短篇具有一种非常坚硬，且弥漫着信仰光泽的品质，但也形成一定的阅读门槛，大多数读者可能觉得不太好读，难以进入其中。还有前几年去世的山东作家尤凤伟先生，在我看来，他的许多中短篇都是教科书级别的，技术和内容层面都已无可挑剔。他的名篇非常之多，有些也改编成了非常著名的电影，但在读者当中影响力一直不大。我经常推荐学生阅读尤凤伟的作品，自己也定期阅读，从中受益颇多。所以也特别遗憾，竟从未见到尤凤伟先生。也许，这就是他一直写得这么好的重要原因。

**文化艺术报**：早先谈到写作理想时，您说就是当短篇小说家，写作多年后，您也写了几部长篇小说。我做访谈时，有好几位作家说过，他们写长篇都是抵御不了诱惑被迫的，有的写了好几部都不成功，后来索性就不再写。您对自己的几部长篇满意吗？

**田　耳**：迄今我已发表了五部长篇小说，在同代作家里面这个量不大不小。要说质量，我个人看重的是十年前发表的《天体悬浮》，也有几个评论家朋友认为这一部才是我个人最好的作品。长篇创作难度大，难以成功，也难以对自己的创作感到满意。任何一部能够真正闹响，几乎都将成为一种现象，但这难度同时也构成写作的乐趣。对于写作，谁又不想对自己有个总结？在小说写作这一领域，总结往往是要用长篇来完成。事实也如此，中短篇的写作佳作层出不穷，长篇若干见也难见着一部深孚众望的作品，但长篇创作并未门可罗雀，相反来得最为热闹。我现在专注于写长篇，也跟年龄和状态有关。有写作经验的都知道，小说最难就是开头，短篇得有一个开头，长篇也是一个开头；以往写短篇，一篇完成，马上又要开头，连续写几篇，不断地写小说开头，人就变得焦头烂额。而长篇写作，花费力气将开头写好，定下基调，此后较长一段时间，让文字顺然铺展，每天写够特定的篇幅段落就打住。生活会因此变得正常，变得规律。主要精力用于写长篇，既是写作的选择，也已然成为我的一种生活策略。

**文化艺术报**：相比短篇，您的中篇小说影响更大一些，像《一个人张灯结彩》《开屏术》等等。《开屏术》写了生意人易老板为了讨好一局长，想送其一只能听从人指令可随时开屏的孔雀。这个中篇当年影响比较大，这个故事是您对自己曾经的江湖岁月的回望吗？

田　耳：对的，"隆介"以我一位好友为原型写出来，他本人看了这一篇，还有些生气。易老板的原型当然就是我跟过的亲戚。90年代末我跟着亲戚跑生意，前后好几年时间，现在的写作素材，大都是那几年里迅速积累起来的。当年我二十来岁，进入社会，从事多种职业。年轻人有过的迷惘无助，受欺负，不擅于自我保护，我都有经历，那才是原汁原味的生活，那是刀口舔血地获取写作素材。相反，慢慢地有了人生经验，有了足够的自我保护能力，或者说拥有了一定的社会地位，生活的体验感立马下降，跟真正的生活总有隔膜似的。现在不免是有穿越到过去的想法，要穿越的时间段，必然也是二十来岁，刚踏入社会的时候。我很想以现在所具有的社会经验，将那一段青涩的日子重过一遍，再一想，这种妄念，不就是跟大多数电视剧一样嘛。男主拥有二十岁的脸孔，同时又具备四五十岁的社会经验，所以才会拥有大家都羡慕的戏剧人生。真正的人生，从不是这样。

**文化艺术报**：《收获》编辑走走说："田耳笔下的人物，再卑微，也还是在与生活进行没完没了的肉搏。仿佛真的有天体悬浮在他们头顶，让他们在渴望生存的同时，依然渴望出离自己身处的那个小世界。"您自己也承认您的小说总有一种恶狠狠的态度，这是否和您出生在湘西有关？

田　耳：应该是的，这种感觉是我来南宁生活了多年以后，越来越感受到的。湘西人性情刚烈、易怒，而广西人相对性情较为温和，较好沟通，有了这样的对比，我对湘西人的性情才有更充分的发现，要不然，我从没往外走，会以为所有人都是这样的脾性。我青少年时期的记忆，总是充满暴戾的东西，尤其1990年前后，我读初中那一段时间，经常被同班同学欺负，几乎每天都能看见有人打架。下晚自习回家，一个人独自上路大概率会被人挑衅甚至挨打。那时候，每天过得惊心动魄，久而久之，形成我一些暗黑的记忆，也成为我性格里不好的成分。当然，随着年龄增长，许多东西大为改观。许多人像是都能忘记曾经的压抑、痛苦还有各种不体面，忘记我们曾经是这样长大的，但我记得真切，所以小说里时常还能蹦出这种恶狠狠的态度。

**文化艺术报**：《秘要》这本书是以普通人为切入点讲述的一个江湖，您说《秘要》仅仅是为了怀念武侠小说，武侠小说对您有怎样的影响？

**田　耳**：武侠肯定是一段时间里面读得最多的东西，大概小学高年级一直到高中吧，看得极多，金庸全看，古龙作品能借到的也都看，所以初中时候，我憋不住写起了武侠小说。写完父亲帮我寄出去，他刚好认识一位杂志主编。后来那位主编告诫，现在写这样的东西发表不了，那以后才意识到必须改弦更张，也认真看起文学杂志来，杂志里哪还找得着武侠的影子。再往后，看武侠小说渐渐失去了兴趣，阅读范围也得以扩展。家中藏的武侠小说不少，现在偶尔也想重拾其中一些经典作品，再读一读，发现完全读不了。就连金庸，也完全难以重读，武侠毕竟只是特定时间阶段的读物。

**文化艺术报**：您出生、生活在县城，却写了像《韩先让的村庄》等不少乡村题材的小说，您的乡村经验来自哪里？

**田　耳**：我爷爷奶奶一直生活在乡村，名为都罗寨，距离凤凰县城二十里地。小时候也没有旅游一说，暑假寒假父亲就把我送到乡下，跟爷爷奶奶过，起初还是步行去那里。我五六岁时，放假就被父亲送去老家，跋山涉水，单趟要走一整天。我在乡下待的时间不短，经常是整个暑假，所以放牛，还有一些农活，我都接触过。我居家写作那一阵，也就是二零零几年吧，凤凰县搞起旅游，我的一些堂兄弟在都罗寨因陋就简搞起了乡村旅游，简陋到不可想象，但那几年竟也奇迹般赚着了钱。那一阵我又经常下乡，给他们帮忙，比如撰写旅游文案，甚至创编山歌歌词。只是，乡村旅游只搞了几年，不光都罗寨，周围很多项目到2010年左右基本都停滞或者倒闭了，而乡村则更显凋敝。

**文化艺术报**：到广西大学做驻校作家，会不会影响您的写作？有没有教学任务？

**田　耳**：起初是说来这里做驻校作家，来了以后发现根本没有这个岗。我刚来的时候，是到新闻传播学院做一个杂志的编辑，后又调到艺术学院戏影系充当老师，教学生怎么编故事。我每年秋季开学给研一的学生上课，一学期六十四节，春季开学没课。

所以我每年写作半年，再讲半年课，感觉这样的节奏非常适合自己。再说，跟学生互动，教他们如何编故事，某种程度上也是自我教育。我总是在下半年完成小说构思，来年上半年着手去写。我似乎越来越适应这样的时间安排，也享受校园生活。广西大学面积较大，至少抵半个凤凰县城，来这里后，我经常感觉像是隐居。

**文化艺术报**：看过您一篇文章《我的大学》，您文字里氤氲的江湖气，也是在"我的大学"里塑型而成，大学生活对您的写作有何影响？

**田　耳**：我当年读的学校纪律弛废，我和几个同学一直在校外租房。一百来块钱租来三间平房，院里有一块菜地，我们在那儿种菜，还商量着要不要养一头猪。每天晚上，大家喝酒吹牛，我听他们讲各自经历。我最喜欢冬天，烧起炭火，大家围炉夜话。最大的痛苦，就是生活费一直捉襟见肘，花钱必须反复算计，没法依着性情买来好酒好菜。现在每个人只跟自己的手机交流，被人请去吃饭都像是一种负担，那种围炉夜话的生活，早已一去不返。所以，我经常怀念老是吃不饱的年纪，也想要穿越到那个时候……最好把现在赚到的钱带到物力维艰的年代，买来好酒菜，邀更多的人围炉夜话，给我讲故事，讲各自经历。

**文化艺术报**：您写过一篇文章《我一家"酒鬼"》，文章很有趣，您还会勾调属于您自己独特风味的馥郁美酒，似乎湖南的作家都能喝酒，您小说里的人物也好喝酒，喝酒是湘西人的气质吗？

**田　耳**：我其实酒量很小，一喝就醉，给人不好的印象，但这么多年改不了了。只有弋舟兄夸过我，我经常喝得一塌糊涂，但到这把年纪也没出啥事，没掉什么朋友，也算是一种成功。说是夸，分明也是提醒，现在慢慢少喝。我父亲学化学，他认为酒是一种特殊的药剂，既让人兴奋又让人麻木。我感觉，男人正好借此展示自己的控制力，所以酒量大，久喝不醉是一种特殊的魅力，能让旁人直观地产生敬畏。全国人民都有各自不同的喝酒习惯，湘西人未必比别的地方的人更能喝。我来广西以后，感觉广西人也是特别能喝，经常从晚七点喝到十二点。至于勾调，那是我们在酒鬼酒厂访问时候做的一个游戏，厂方会讲解白酒的基本勾调技术，然后让我们上手操作。事实上，我们不可能比专业的技师勾调得更好。

**文化艺术报**：您最初的阅读体验是哪些？喜欢文学是从您定义的读"天书"开始的吗？

**田　耳**：我最初的阅读是从童话开始，最先喜欢上的作家是郑渊洁，他的文字有一种魔力，还有一种自由不羁的态度，不古板，不说教，总让人在情节上还有认知上得来意外。因为喜欢上郑渊洁，还有张天翼的两三部童话作品，老师推荐国内别的童话作家，我几乎都没能看进去。小学四年级，从一部《射雕英雄传》开始，迷上了武侠。读金庸的小说，甚至会有快感，往后再也不曾有过了。高中开始看严肃文学，最初接触的大概是张贤亮、王朔、史铁生、阿城、尤凤伟等国内作家，后面是以外国文学为主，阅读的范围得以展开，喜欢的作家也越来越多。

**文化艺术报**：很多作家喜欢藏书，您有藏书的嗜好吗？

**田　耳**：淘书、读书、写书，几乎就是我生活的全部内容。我是个超级宅男，家里办公室都堆满了书，没有地方了，甚至还想淘一套房子专门装书。我在老家的自建房里有四五间书房，在南宁也有几间屋子装书，总的藏书量应不低于四万册。

**文化艺术报**：作家一般不喜欢推介同行，对青年作家双雪涛的中篇小说《平原上的摩西》，您却不遗余力地推介。双雪涛之外，您也推介过不少同辈作家，您说过"我是一个被命运决定性格的人"，可否说说您自己？

**田　耳**：我觉得一个写作者首先是读者，阅读是一种真正的享受，也只有高质量的阅读，才能引领自己的写作持续深入。所以，我看到真正喜欢的作品，总是忍不住给朋友推荐，其实很多朋友都有这样的习惯，我们互相推荐，就在去年，张楚写的长篇《云落图》，作家走走就极力推荐给我看。我说的"被命运决定性格"，是只有自己知道，当我获奖，拥有工作，逐渐在生活中安稳，再回顾往昔，对比年轻时候的样子，真的像是变了个人。如果我没获奖，写作不成功，我估计自己会是完全不一样的那个人。当然，到底怎样，我是没法设想的，人生只一次，容不得假设。

**文化艺术报**：对青年作家，您有什么话要说吗？

田　耳：没有。

[ 鬼 子 ]

小说的创作格局又回到了故事的轨道上

写文学就要搂紧一点,再紧一点。

鬼子 2024.5.南宁

## 鬼　子

　　广西罗城人，毕业于西北大学中文系。主要作品有小说"瓦城三部曲"《瓦城上空的麦田》《上午打瞌睡的女孩》《被雨淋湿的河》，长篇小说《一根水做的绳子》《买话》等。曾获1997年《小说选刊》优秀中篇小说奖、2001—2002年双年度《小说选刊》优秀中篇小说奖、1999年《人民文学》优秀中篇小说奖、2007年百花文学奖、第二届鲁迅文学奖中篇小说奖等等。

**文化艺术报**：2024年4月，您历时十八年精心打磨的长篇小说《买话》，由人民文学出版社重磅出版。这部用十八年时间精心打磨的新作品，是一本怎样的书？

**鬼　　子**：买话，首先让人想到的，就是话为什么要用买，是什么人要买话。也就是说，故事里的买话，跟某一个人有关。这个人叫刘耳。刘耳是一个从农村走进了城市的人，而且混得不错。有一天，因为一种逃不掉的内心恐惧和孤独，他回到了村里，但村里人却不理他，这让他更加孤独，他想知道村里人为什么不理他，只好通过跟一个小孩买话来企图知道真相。这是一个看似荒诞的故事，然而却是一个很真实的故事，真实得让你扎心。如果你是从农村走出来的，或者你的父辈是从农村走出来的，刘耳的遭遇也许就是你和你父辈某一天的遭遇，你想逃都逃不掉。因为，不管你以什么方式离开了你的故乡，但在你故乡人的心目中，你永远是他们的亲人，他们有了难处，他们解决不了了，他们就会找你，因为在他们的眼里，你活得比他们谁都好，你要是一而再，再而三地不肯帮助他们，他们就会在他们的记忆里，不再把你当成村里的人。那等你回到村里的时候，很多意想不到的故事就会发生了。也可以说，这是一个有关离乡人和故乡人如何重建血脉的故事。

**文化艺术报**：您的小说名篇《被雨淋湿的河》《瓦城上空的麦田》等写的是底层小人物的挣扎与煎熬，聚焦底层社会小人物的生存与欲望的较量，书写底层社会小人物肉体与灵魂的苦难，是您早期小说创作的特色。在《买话》里，您似乎不再为苦难赋形，而是把它们化在每一个人物、每一个细节里？

**鬼　　子**：我不太喜欢回答这样的问题。当然，主要是不擅长回答这样的问题。或者说，在我的脑子里，一直没有形成这样的思维习惯。

一个作家最好的形象，就是千方百计地写出你理想中的那个作品，而不是在写出来之后又千方百计地去告诉别人我是怎么写出这个作品的，因为这个作品你要是真的写得好，那个好已经被你写在那个作品里了，你就让喜欢你的读者到你写的作品里去寻找就好了。好的小说，往往都不是一加一等于二等于三的小说，不同的读者有不同的读法，也许能读等于三，也许等于四等于五等于七等于九，也许更多。如果作家自己站出来，说他的小说是一加一等于四，在我看来这是一件很无聊的事情。虽然我现在好像就在做这件事情，但我依然不喜欢。别的作家这样做我也不喜欢。我只喜欢看作品。作品写得好不好，闻一闻就闻出来了，哪里还用去看一个作家在他的作品外边去告诉别人这小说是怎么样怎么样的一个。我觉得很多余，有时还把好事说成了坏事。

**文化艺术报**：您的作品书写了很多底层小人物的苦难，这是否和您的经历有关？您是如何理解苦难的？

**鬼　子**：这是肯定的。我在别的地方也曾回答过很多次。一个作家的写作，肯定来自他的生活环境和生活经历，当然也有后天的改造，也就是学习。尤其是像我这样的人。我生在农村，我当过农民。我的生活环境从小就偏重于苦难，所以苦难也就自然地成了我理解世界的一道门、一个通道。别的门我也进不去。事实上，我也看不到别的门。我的这个门，就是这个苦难之门。但仅仅叙述苦难是不够的，那样就会跟很多卖菜的老太太都差不多，弄不好那些卖菜的老太太比作家说得更加入味，连油盐都不用加，因为从她们嘴里说出来的苦难都是原汁原味的。作家必须有作家对待苦难的眼光，也就是自己的眼光。你得学会跟你叙述的苦难进行对话，不管是肉体的还是精神上的。这种对话应该是同床共枕式的，是体贴式的。或者说，重要的是你对苦难的思考和呈现苦难的个人方式。《买话》这个小说，就是做了这样的努力。

**文化艺术报**：作家李洱说："鬼子的小说从来都以耐读著称。他以精心编织的故事来表达现实的荒诞，以明白晓畅的语言来呈现人生的艰难，以持续经年的写作来给时代赋形。他最新的长篇小说《买话》，完整地实现了自己的写作理想。"可否谈谈您的写作理想？

**鬼　子**：我相信所有的作家都有自己的写作理想，只是因为思维方式和叙述方式的不同，产生的结果不一样而已。我的理想就是一部比一部更好一点就好了，中国的好作家太多，我们不好跟别人比，也比不了，但把自己的小说写得跟别人的不一样，或者叫作独一无二，是可以努力的，其实也是很难的，也就因为难，才值得不停地努力。《买话》这个小说折磨了我十八年，至少还是有着这么一点理想的，如果没有这一点理想，说真话，早就放弃了。

**文化艺术报**：成名之前，您似乎经历过许多磨难，考上西北大学研究生班，后因生计艰难而弃学。您个人经历和个人生活，一直没有进入您的作品？

**鬼　子**：还真的没有。可能是脑子里储存的"苦难"比较多，只要认真地想一想，你就会觉得，你那点苦难和大众的苦难比起来，根本就算不上什么，或者说，你的苦难只是提供了你了解和理解他人苦难的一个台阶而已，就像洪水来的时候，你和很多木头同时漂在了一条大河里，而你，只是漂流物中的一片树叶，顶多也就一根树枝。

**文化艺术报**：这些年，中国小说界乃至世界小说界的创作格局又回到了写故事的轨道上。在您看来，小说的灵魂是故事还是作品的气象？

**鬼　　子**：这个我没有用心想过，小说的故事和作品的气象都很重要吧。作品的气象似乎是给文坛的，但对读者而言，故事应该是最主要的吸引力，尤其是故事的陌生化，否则我为什么要读你的小说。现在小说的同质化比较严重，这也算是小说没落的原因之一吧。《买话》这个小说，我就是因为一直没有找到一个好的能让人感到既熟悉而又陌生的故事，才被折磨了十八年的。十八年前我就开始了这个小说的创作。也是写了二十万字。写完了觉得没有写好，就放下了。没有写好的那种感觉，就像要过年了，你的希望是要杀一头大肥猪，结果你养的猪却没有长大。后来，又换了几个故事，也都没有如意。就只能一直地放着，也就是一直地被折磨着。一直到了2023年，我因为回老家参加了一个葬礼，就是我的大姐走了。我们家有很多小孩，我是最小的。我大姐是最大的，也是我们家唯一的女孩。那几天，来给我大姐送葬的人很多，什么人都有，有村上的也有镇上的还有城里的。因为我大姐的小孩也很多，小孩多的人家，人脉关系自然也就不同常人。不知为什么，就因为那些来来往往的人脸，我的脑子突然就灵光了，那种灵光是莫名其妙的，但似乎也是必然的，必然的原因是你一直没有放弃一直挂在心上的那个小说。就像是我原来每一次点燃火柴的时候都扔进了水里，而这一次却不同了，这一次是满地都流淌着汽油，我把点燃的火柴一扔，就燃起了满天的大火。回家后，因为兴奋，我把留了几十年的长发一剪，就开始了这个小说的重写。

重写的只是故事，一个让人熟悉而又陌生的故事。小说的主人，还是这个人。这个人现在叫作刘耳，十八年前我叫他刘二，作为人名，也没有什么问题，我当时的心思主要是放在他的身心之上。因为刘二是从村里走出去的一个人，这个人的身上其实代表的是一群人，是一个群体。在我们国家，这是很庞大的一个群体，这个群体的后来者还会源源不断，会没完没了。如果说，他们是在故乡的土地上长大的一棵棵树，因为长大了，成（材）才了，城里把他们一个个地拿走了，拿去当建设城市的材料去了，但他们的根，还在不在故乡呢？这是一个好像很简单的问题，其实又是一个很复杂很沉重的问题。你的语音、你的饮食记忆虽然都还是故乡的，但是很多人，除了清明节，基本上和故乡都没有什么血脉上的关系了。但是，对你的故乡人来说，你却永远是他们的亲人，他们有了难处，他们解决不了了，他们就会想到你，就会去找你。找你帮帮他们。他们总觉得你肯定比他们活得好。因为他们确实比你活得更艰难，农村嘛，生活资源毕竟是有限的。如果他们找你的时候，你一而再，再而三地不帮助他们，不把他们当成你的亲人，某一天你回到村里的时候，他们为什么要拿自己的热脸去贴你的冷屁股呢？你的故乡是有记忆的。你如果想知道你的故乡在记忆中想对你说些什么，你真的就得好好地听一听。所以重写的时候，我就把刘二改成刘耳了。

**文化艺术报**：您曾经提出阅读是小说创作的基石，您是如何读书的？

**鬼　子**：对我来说，阅读就是一种积累，这话应该被千万人说过。我以前在农村，根本谈不上阅读，就是想读也没有，偶尔碰上，那就碰上什么读什么。后来进了城，自然也就有了读书的机会，但忙于生计，也是很少读的，也读不进去。我真正的阅读，是1995年，我在别的文章里也写过。我1995年的阅读其实就是为了写作。写作又似乎是我唯一可以努力的生活方式。所以我的阅读就是为了如何写作。说起来好像有点绕，但道理却是直溜溜的。我的目的就是在阅读里寻找出路，如果没有阅读，我的写作，估计也是暗无天日的。很多写作者的写作，一直像跳广场舞的那些大妈一样，热闹虽然也算热闹，常常也跳得汗流浃背，但结果呢，结果就是那样的结果。究其原因也许很多，但有一个原因是显而易见的，那就是不怎么好好读书，或者说，没有认真地读一些好书，这是从他们作品里看三五行就看得出来的。当然了，也许有些不怎么读书的人，也能写出一些不错的作品，那是属于天才，可天才毕竟是少数。反正我不是。我是因为写作而认真读书的。

**文化艺术报**：1984年，您发表了小说处女作《妈妈和她的衣袖》，从此走上了创作之路，但是，这中间有很多年，您没有写作，直到1996年，您重新开始写作，写出了《瓦城上空的麦田》《上午打瞌睡的女孩》《被雨淋湿的河》《农村弟弟》这些您最重要的作品。这期间发生了什么，为何会中止写作那么多年？

**鬼　子**：1984年的那个小说，是随性写的，准确地说，根本没有任何的写作准备。那个小说出来后，我的工作虽然得到了改善，但写作真的是个"体力活"，因为体力不支，所以就没有写下去。1996年的回头写作，就是得益于1995年的"恶补"。这个恶补，让我获得了新生。于是就写出了《瓦城上空的麦田》《上午打瞌睡的女孩》《被雨淋湿的河》等等这些对我来说很重要的作品。其实随后我还有一些小说，我觉得也是不错的，像《大年夜》《两个戴墨镜的男人》，还有《一根水做的绳子》，但都被上边的"瓦城三部曲"给盖住了。一笑。

**文化艺术报**：您早年的一些谈话，多次提及您苦难的人生，这种苦难人生是物质的还是精神层面的？

**鬼　子**：是物质的，也是精神的。在20世纪70年代，有一段时间因为无米下锅，整天吃发霉的木薯，一家人差点早早地去了另外一个世界，那样的日子叫人终生难忘，想起来都不寒而栗。精神上的折磨也是几乎相同的。好在一切都过去了。所以，我一直说，改革开放真的是一场伟大的革命。

**文化艺术报**：写作这么多年，文学给您带来了哪些改变？

**鬼　子**：给我带来的改变那真是太多了。文学让我一而再，再而三地改变了职业，原先的那些职业，你也不能说不好，因为很多很多人都在那么生活着，而且还要没完没了地干下去，只是对我而言不太合适而已，话说回来，如果不是因为文学的诱惑，我在原来那些职业里，也许也能千方百计地让自己活出一个人样来的。人的毛病，有时就是喜欢拿这个比较那个。其实只要心态好，吃喝拉撒不成问题，做什么都是可以的。平平安安就好。

**文化艺术报**：写作之外，您画画、写字，这些会不会影响您的创作，分散您的精力？

**鬼　子**：没有，而是让你找到了让自己安静的一种生活方式。不是说喜欢写字画画的人比较长寿吗？也许是有道理的，因为写字画画能让你突然安静下来，你要是不安静，你是写不了字画不了画的。我也说不清楚其中的缘由是什么，反正真的就是那么回事。但你去忙别的则不一定，你就是忙得满头大汗，你的心也无法安静下来。但写字和画画真的就可以。怪吧！

**文化艺术报**：您进入文坛以来，很少亮出自己仫佬族的身份，民族和地域在您的作品中也没有必然的联系。对少数民族身份的淡化，是否有着更深的文化内涵？

**鬼　子**：文化内涵不好说。不喜欢亮出这个少数民族身份原因很简单，你就这样想吧，如果一个少数民族出身的跑步运动员，他参加了奥运会，在比赛的时候，奥委会有没有可能因为他是少数民族身份，就可以提前起跑三五秒，如果没有，那你亮出你的少数民族身份干什么呢？

**文化艺术报**："瓦城"是您的文学地图，"瓦城三部曲"的影响力经久不衰，您期间多年不写作，您创立的"瓦城"文学地图，会不会荒废？

**鬼　子**：瓦城如果是一栋楼房，是我自己盖的，写或者不写，我都在里边一直住着。房子里只要有人一直住着，就很难被荒废。在人们的眼里，我好像丢荒了十八年，而事实上，《买话》的出版，让人们看到了我造的这栋房子其实一直都在，别人怎么看《买话》我不知道，但我自己知道，十八年里，我把这个房子打点得好像比以前更好了，这个更好，得感谢时间的历练和打磨。时光可以伤害一个人，同时也会成就一个人，说的也许就是这个道理。

**文化艺术报**：您是如何走上文学创作之路的？

**鬼　子**：这个前边好像说过一些了。我说说最早的那个小说吧，是在一个小镇上写的，当时我是小学老师，小说发表的时候我已经是中学老师了。小说的灵感也来得十分简单。有一天我到河边洗衣服，看见一只蜻蜓停在一片树叶上，很美，美在我从没见过那种花色的，就是什么颜色它的身上全有。我觉得很好看，伸手过去悄悄一捏，就捏住了它的尾巴。我想把它带回屋里，我几乎没有多想，就把它卷进了我的衣袖里。就在这时，我突然想起了村上的很多女人，她们在野外捉到蚂蚱的时候，都是这样卷在衣袖里带回家给她们家小孩的，这个衣袖随后就在我的脑子里飞起来了，比如擦汗的时候用的是衣袖，谈恋爱的时候拉的是衣袖，打架的时候扯的是衣袖，哭的时候抹泪的，也是衣袖……一个短篇小说就这样完成了，一边洗衣服就一边完成了。说起来是不是很简单，其实也是真的简单。这小说先是给《广西文学》，一个副主编给我退稿了。但我知道这个小说感觉是不错的，一气之下，我复写了好几份，同时投了好几家刊物，主要是心里急，不想等，等一家就是三个月，等一家又是三个月，哪里有那么多的三个月让你等呀！没想到竟然全部发表了。首先发的是南京的《青春》，当时《青春》名气大得很，那是一个处女作专号，《青春》一发，《小说选刊》随后一转，好像天突然就亮了！那种感觉就像是神助一样！

**文化艺术报**：您成长时期的仫佬族山寨还比较闭塞贫瘠，小时候都读些什么书？

**鬼　　子**：仫佬族并不封闭。如果说仫佬族是"闭塞"或者"贫瘠"，那只说明了一个问题，就是我们国家太大了，再加上仫佬族又是一个人口较少的少数民族，就自然而然地被当成了"闭塞贫瘠"，事实上，仫佬族是一个文明程度很高的少数民族。传说仫佬族的最早起源，是一批因战争流亡而来的北方军人。当时来了多少人，不知道，只知道他们来了以后就沿着河流，强居平地，并把当地的一些少数民族赶到了山里，只留下部分少数民族的女子，所以，这个民族最早的时候就叫作姆佬族，因为以母亲为家主。仫佬族是后来改的。本人小时候除了在学校读书，别的书也就是常规的小人书，主要是没钱买，看小人书也是经常偷点家里的玉米或者黄豆炒熟了去跟别人换的。

**文化艺术报**：您都受过哪些前辈作家的影响？

**鬼　　子**：我前边说了，我主要的阅读是在1995年，这个时候我是把很多小说混在一起读的，当时我在出版社工作，好书也多，所以很难说谁对我的影响最多。好书只要你认真读，总能读出与众不同的地方，那些与众不同的地方就是对我影响最大的地方。如果一定要说到某一个人，那肯定是鲁迅。我喜欢他的情怀，喜欢他的深刻，喜欢他的一刀命中。

**文化艺术报**：当年的西北大学作家班出了很多名人，您是其中之一。西北大学这段经历，对您有何意义？

**鬼　　子**：我在西北大学期间，主要是写"畅销小说"挣钱。我那个时候缺钱，因为学费一再拖欠，我曾收到学校的两次书面通知，嘴巴通知就不知道多少次了，说是如果再不交学费就要强制退学。我只好去写"畅销小说"了，那个时候也正好中国的地摊文学十分火爆。能让自己活下去，有时候是很重要的。所以，我经常对别人说，我在西北大学的日子是卖血的日子，就是这么个意思。但是，如果没有西北大学，也就没有了今天的鬼子。所以，只要有地方让我写简介，我首先写广西罗城，那是我的出生地，随后一句，写的就是毕业于西北大学中文系，因为西北大学是我的再生之地。

**文化艺术报**：您是比较早"触电"的作家，张艺谋导演的《幸福时光》，改编自莫言的小说《师傅越来越幽默》。您是电影《幸福时光》的编剧，做编剧和写小说有何不同？

**鬼　　子**：编剧是听导演的。写小说是听自己的。完全是两码事。

**文化艺术报**：电影《幸福时光》的编剧之后，有没有再做编剧？

**鬼　子**：之后也做了一些，但都没有最后落实。有的在讨论中讨论来讨论去最后就讨论没了，有的本子我参加了故事策划，但都是拿钱而已，没有挂名。影视的编剧，一般来说也是不出名的，挂和不挂其实都一样，关键是拿到钱就好了，而且那个钱往往比写小说要来得快、来得容易，也来得多得多，这里就不多说了。

**文化艺术报**：为何会起"鬼子"这样一个笔名，有没有故事？

**鬼　子**：我是少数民族，仫佬族。在我的老家广西罗城，谁都知道鬼子是什么意思。如果你听到一个大人把一个小孩叫作鬼子，那是在告诉你，那个小孩顶鬼的。鬼得让人讨厌，鬼得也招人喜欢。在我们那里，叫鬼子的人很多，我只是写作的鬼子而已。

**文化艺术报**：您写过一篇文章《我在漓江社偷了很多书》，那段时间，您不再写作，专心阅读？

**鬼　子**：对对对。拼命地读，在阅读中寻找出路。

**文化艺术报**：成为一个好作家，需要具备哪些条件？

**鬼　子**：不同的人需要具备不同的条件。因为人的思维习惯，也许是与生俱来的，来自他的生活环境和生活经历，当然也有后天的改造，也就是学习。比如像我这样的人。我的生活环境从小偏重于苦难，所以苦难也就自然地成了我理解世界的一道门，一个通道。但仅仅叙述苦难是不够的，那样很多卖菜的老太太都能做到。作为一个作家，我觉得你得学会跟你叙述的对象进行对话，不管他是谁。这种对话应该是同床共枕式的。《买话》这个小说，我就做了这样的努力。

**文化艺术报**：对年轻作家，您有没有话要说，特别是对作品发表难的年轻作家？

**鬼　子**：没什么特别的话，还是要多读书，多写，不要放弃，十八年里，我如果放弃了，也就没有现在的《买话》了。

葛水平

我的文字里有农业落地的声音

文字,织补服绽自出的生活。

葛水平

**葛水平**

1965年生，山西沁水人，著名作家。山西省文联主席，山西大学文学院教授，中宣部全国文化名家暨"四个一批"人才，享受国务院政府特殊津贴专家。曾出版多部诗集以及散文集《心灵的行走》，有中篇小说《甩鞭》《地气》《天殇》《狗狗狗》《喊山》等。其中，中篇小说《喊山》获第四届鲁迅文学奖。编剧作品有电视剧《盘龙卧虎高山顶》《平凡的世界》。

**文化艺术报**：2004年第11期《人民文学》杂志发表了您的中篇小说《喊山》，葛水平这个名字一下子进入公众视野。其实，在《喊山》发表之前，您已经写了《甩鞭》，是一个很有成绩的小说家了。

**葛水平**：那时刚开始写小说，谈不上很有成绩。因为当时的工作单位是戏剧研究院，我的职业是编剧，写小说有点偷偷摸摸，院长常点名批评我不务正业。成长的过程中人是很容易丢失的，有一份正经工作又不干正经事儿，叫人笑话。人是生活在物质之中，又伸延虚无的希望，被笑话是一面凛冽的镜子，让我时时克制自己的欲望。我得感谢我们山西的文学期刊《黄河》，当时的主编是张发老师，他一期刊发我两个中篇，也是特例。文学给了我声誉，其实一路走来，一个又一个安妥的无形的支撑更重要。包括批评后的努力和坚持，这好像也是一种必然。

**文化艺术报**：《喊山》发表后，我看到王安忆和张新颖在一次谈话中说起您，谈起现在的青年作家，你不知道他们是从哪里来的，很多人掩盖了他的历史，而一个好作品，总归会把个人的生命信息带来的。王安忆谈到您的时候，她特别怕您和那些作家一样了，她希望您和他们不一样。《喊山》的气质一直贯穿在您的创作中？

**葛水平**：一个庞杂而陌生的社会，我站在它的边缘审视与揣测的时候，陪伴我成长的是更多的普通大众，他们的人生承载着历史的物证。我从他们那里无可避免地触到了岁月的荆棘，他们是社会最好的修饰，苦难而深重。人与土地之间的关系多么单纯，经由肢体劳动，人可以拥有最基本需要的获得和大地持续永久的供养，可有些时候土地上劳动也是不牢靠的事。故乡那些任劳任怨的乡民，没有他们就没有我的现在，我抄袭了他们的人生经历成就了我的声名，我没有理由改变自己的文学气质。我们在大地上只活一生，更高的规律更应该服从最简单的道理，万物竟存，一条平和的路一定需要"感恩"的默契和应许，其实也将获得一种护佑和关照。

**文化艺术报**：和很多上了大学走出乡村的作家不同，上了大学走出乡村的人对故乡的回望和感情，往往是精神层面的，更多的也是自我慰藉或者自我原宥。故乡在您这里似乎不一样，您自己也说过，您文学的根，就在故乡，在民间。

**葛水平**：我是一个恋旧的人，也是一个有故乡的人。恋旧让一些快的东西不由自主慢下来。小说家李锐说过一句话："文学的存在理应证明生命的可贵，证明人所带给自己的种种桎梏的可悲，证明生命本该享有的幸福和自由。"在写作中享受生命的过程，是我崇尚的状态，而故乡是我的靠山，它装饰了日子来临时的梦境，让我记忆的种子一再发芽。一副笑脸，一声长叹，若干年后，在我所面对的现实已经消亡的今天，它们成为我的文字值得捡拾的柴薪。中国是农业大国，每个人不出三代脐带都连着乡村。以写作为媒，传达个人经验，个人经验千差万别，我的人情物理发生在乡村，我看到我的乡民用朴实的话说："钱都想，但世界上最想的还不是钱。"

乡民最想的是怀抱抚慰，是日子紧着一天过下去的人情事理。乡村是整个社会背景的缩影，乡村也是整个历史苦难最为深重的体现，社会的疲劳和营养不良，体现在乡村，是劳苦大众的苦苦挣扎。乡村活起来了，城市也就活了，乡村和城市是多种艺术技法，它可以与城市比喻、联想、对比、夸张，一个奇崛伟岸的社会，只有乡村才能具象地、多视角地、有声有色地展现在世界面前，并告诉世界这个国家的生机勃勃！

**文化艺术报**：批评家总是喜欢归类，他们指出您的写作与赵树理一样都散发着"山药蛋"特有的气息。您如何看待这个评价？

**葛水平**：赵树理的作品，在日常生活和严肃沉重题材领域他均保持着充沛的想象力。一个人的一生与成长地有关，乡村使他敏感地抓住了农民的感触，情感表述显得简单，那种简单常常出人意料。因为，简单的文字品格高。也许，许多作家并不欣赏他不加修饰的口语化写作，可有谁知他的心始终是沉迷在乡间炕头，轻松自如地写他眼中的乡间世界，他没有学会油滑和狡诈，面对频繁的政治运动，唯一没有被消磨掉、改变掉的恰恰是他庄稼人的性情。政治让许多人在追求一些实在的东西，而他只选择了至轻的纸和文字，并且得到声誉。赵树理具备一种闲笔写作的能力，他从不端架子，喘息的空间里有我阅读伸展的空间，那里藏着他的民间大幽默。我以为那是作家成功的关键。他对我的写作最大的影响是作家永远不敢背离自己的故乡。

我对各种说法不太关注，总觉得那是批评家的事。

**文化艺术报**：您笔下的乡村总是充满诗意。以前看过您一篇散文，写到家里的母猪生了小猪，母猪不给小猪喂奶，这时候，您父亲就坐在边上拉起了二胡，母猪被您父亲的二胡感染，给小猪喂奶了。这种诗意的场景，在您的小说里很多。这些诗意场景，是不是您的文学启蒙？

**葛水平**：我的文学启蒙是炕围画和盲人说书。乡下的一铺炕有时候能放下七八个人。每到冬天，家家户户都要给炕过年。先是剪羊毛擀毡，擀毡的主要工具是弹杖和一床木榧。弹杖用来反复均匀羊毛，如弹棉花的棉花客，弹杖被拉扯得嗡嗡嗡响，好听极了。擀毡需要豆面，豆面有黏性，羊毛和豆面掺和在一起，怕虫蛀常要熬一些花椒水搅拌在一起。木榧用来铺平羊毛，而主要的工序全是脚踩手揉。擀一领毡要用去两个汉子三天时间，铺一炕新毡等于给炕穿了一件新衣。炕靠墙的一面要画炕围子，故乡人也有叫"炕墙画"。各种"选段"的集锦式戏剧故事会"串"在炕墙上，一幅画就是一部戏说历史。民间是文化常盛之地，我庆幸出生在乡村，成长滋养我太多的除去感知对未来的全部艰辛，更多的是娱乐，盲人说："武松打虎，八百里英雄。硬把武二打虎弄成除害，俗大了。唯大英雄能本色，你真让他上山来打虎，他不一定肯，真英雄是不和畜生斗的。"说书人这话充满了意味，很诱人遐想。这样的情境在某个岁月最深处缠绕我，如缕如刻。人的生命启蒙都是在最通俗最普通的某个时候开始的，民间文化点醒了我，让我活得富足而温情。

**文化艺术报**：批评家陈福民说："葛水平小说有坚硬的质地，柔软的心灵。她是在生活、在小说叙述特别困难的地方敢于掘进的能啃硬骨头的一位作家。"写作中，您会不会时常跟自己较劲？

**葛水平**：人活着本来就是较劲，生和死、爱和恨、弃和得。人在社会中走潮一样，我们不能决定傍晚的空气像早晨一样清新，汹涌如潮的欲望中，各种腐败和丑恶蔓延滋生，那些道德的典型被政治扭曲变形，又再次被名利扭曲变形，一浪高过一浪地推翻与重建，让上下五千年的秩序风典七零八落。想活着不较劲不可能，文学作品从来都是疑问者与社会之间的牵连，人性中因了骨头和经脉的依偎，还升腾着一股过日子的不服气。我是农民后代，活着因为生存而生事，民间没有梦想家，见长的脾气越来越"驴"，计较得失方法简单，是乡下人的性子。乡下人的性子是充沛的雨水，山溪陡长，泥沙俱下，鱼龙混杂。正是这充沛的雨水，才使乡间漫山遍野的树木野草争相旺长，才使山沟土坡上的人家，彼此牢骚着，奔忙着，攀比着，争吵着，也富裕着。平淡行进的生活，让我去向不明，创作的价值还需要朴实的思想为支持，我必须坚强到成为一个顽强的人，然后，我才能进步。

**文化艺术报**：乡土题材一直是山西作家写作的优势，您的小说厚重、大气，有没有受到前辈作家的影响？

**葛水平**：受到影响的作家很多，比如沈从文、陈忠实、莫言、王安忆、阿来、苏童、毕飞宇、叶兆言等等。如果有一位作家的作品直接击中了我，那是《百年孤独》，作者马尔克斯可说是开启了中国作家徘徊于"现代派"期间的新的灵感，为中国作家提供了一种新的文学思路。但是，今天回望那个时代，我们应该承认，在接受马尔克斯时，更多的还是他"化腐朽为神奇"的"魔幻现实主义"的创作方法。事实上，马尔克斯的家国观念、反抗以及面对西方的反省等丰富性，并没有被那时的中国作家完全理解。

《百年孤独》，那种带有魔幻色彩的讲述乡土故事的方式对我也有启发，可以说那就是拉美的乡土文学。在欧美国家对陷入工业文明后的人生的失望之外，这个世界的文学当中，还有哪些是能给我们力量和希望的？在艺术形式感上，拉美作家受到原殖民国家文化的影响，所在国处于较低物质发展水平并由此导致的对待人的命运的神话感，这些都是组成拉美魔幻现实主义的一些基本要素。而我们的国家正在将整个世界发展的历史以极为浓缩的方式快速地加以实验，因此也可以说马尔克斯的艺术感觉对我的冲击更大，也更深刻。

**文化艺术报**：您的强项是中篇小说，您也写过几部长篇小说，像《裸地》《活水》等，在您看来，写作长篇小说最大的挑战是哪些？

**葛水平**：方向。传统宗法社会的衰亡，经历了曲折的生命忧伤的过程：欢快—忧郁—悲凉。既饱含着作家的乡土情结，又是宗教情感和哲学思想变化发展的结果，同时，也与社会变迁密切相关。我在写作过程中更多的是一种良心自觉，政权的触须侵入乡村，我试图从传统文化视角去解读自发的乡村社会，才知道社会多么没有方向。

乡土是一切现代文明的起源地，从这个意义上说，作家如实写作才是更具有历史意义的文学。

**文化艺术报**：您十二岁开始学戏，为何会从戏曲转向文学，那段从事戏曲工作的经历，对您的创作有何影响？

**葛水平**：成长给人的经历太多。说一件事吧，剧团做饭的师傅名叫宋栓好，有一只眼是玻璃花儿，这些都不妨碍他内心的善良。如果中午灶上吃肉包子，他总会多给我三个当夜戏结束后的干粮。那时候我们下乡演出打地铺，我把宋师傅送给我的夜宵放在枕边。夜戏结束后，不等卸妆，我把他给我的包子拿来在院子里烧热水的火上烤，我看到包子里涌出一股黑潮。等看清楚是蚂蚁从包子里逃生时，我一直盯着包子在火中烧黑，燃起火苗。我被火光晃花了眼睛，夜把我的伤心抬到了半空，火苗暗下来，我幽幽回到后台用卸妆油擦干净脸上油彩，两只眼睛里全是浓黑而空洞的暗夜，遥远的星星让我看不到未来。我的前路没有一个人指明方向，时间之外，岁月之外，我与所有的人共同享受落霞如嫣的黄昏，黄昏的意绪里心境却是如此不同。一个人曾经从事的工作无论爱恨都会影响到他的后来。我很感谢命运投给我这么一段经历，并且这一切都作用于我后来对世界的认知：上苍帮人也是帮那些努力的人。

**文化艺术报**：有人提出，一个好作家的作品质地在童年时期就确立了，可否谈谈您的童年生活，童年生活从哪些方面影响了您的创作？

**葛水平**：早年间过小年家家户户都要用麦秆编一只草马，草马是灶王爷的坐骑，马脖子上系铃铛，灶王爷走时，一咕嘟火烧了。腊月廿三要回天庭汇报工作，走前还要给灶王爷吃甜饭，好让他在玉皇大帝面前多说好听话，来年多给人间一些风调雨顺的日子。

大人们说有灵醒娃夜静时还能听到灶王爷叮叮当当的出行声。

打小记忆中灶王爷的画像上印有二十四节气，是用以指导农时的晴雨表。

小年的来历虽然年年讲，但孩子们是小和尚念经——有口无心，一边吃着饺子，一边追问灶王爷的来历。

"灶王爷爷本姓张，一年吃碗烂糊粥。"

小时候对神的理解很微妙，我一直认为灶神就是自己的一家之主：父亲母亲。一年劳作，年节所敬，敬完神也该敬敬自己了。一个人和他自己够不够近？一个人和他自己的距离够不够远？敬奉我们自己，一碗冷粥筷子插得周正，距离就来了。人和人的对抗在这里变得清晰和残酷起来，所有活着的生命中，或许只有灶神最清楚生命最本质的改变，从埋锅造饭始就该懂得节俭，主灶的人冷锅冷饭一口，而灶膛里的柴火升起来，无疑意味着日子是一天一天过下去。

一匹草马举在月影下，日出和日落的距离，看不见更容易想象，那是一种灿烂的意向，当仰起头时最灵醒的那个人是谁？少年时的梦境，在没有历史记载的时间里已经展现在时间中，世事万物的幻变，梦境永远停留在天空，每个人都微笑着，人类理想生活的最高境界正是产生幸福的笑靥。送灶王爷上天，所有人的微笑说明人们在迎接春节的到来，已经遗弃了一年的苦寒。

**文化艺术报**：您好像不太关注自然风物，也不热衷景物描述，是不是和您的生活经历有关？

**葛水平**：风景描写是小说叙事中的细部元素，作家写风景的过程，是与自然相拥、交融，实现叙述本体意义重构的过程，当然，在任何时候风景都是文学文本中无可替代的叙事要素。现在很多人写作丢掉了很多风景描述，这不仅意味着叙事的缺憾，风景描写也越来越退居于人物描写和语言描写的背后，把风景描写从背景中独立出来，让文本更有趣更明确是一个写作者景由情生的本领。

现实生活中，当我们特别地强调某个物象时，其周边的风景就被忽视了。鲁迅先生写的故事中，为什么有景物描写呢？是因为故事里人物的心情需要环境衬托，景物描写可以衬托社会环境，可以衬托人物心情，也可以更好地表现出故事的主旨。如《药》里面写坟地里的乌鸦，就是为了衬托夏四奶奶的悲凉心境和矛盾心理，《故乡》中写月下西瓜地和西瓜地里的猹，是为了衬托少年闰土的机智。

写景不是为了单纯写景，写景是为写人和主题服务的。风景描写推动情节展开，风景写作既是对作家在场、读者所看事物的再现，也是写作者主观感受的显现。景物是外在的，情感是内在的，正所谓"情动于物，言之以情"。

**文化艺术报**：您是从什么时候喜欢上文学的？小时候在乡村，有书可读吗？一个人大概真的有一个人命定的生活方式。

**葛水平**：赤贫的家庭背景墙上没有多余的书可读。

人一生的道路不是想出来的，是走出来的。这里的这个"走"不是一个简单的动词。我对人生最深的感悟是：所有一切经历过的都是自己的财富。我始终坚信，上苍救人也是救那些可以自救的人。作为我来说，一路走来，转换过多种角色，珍惜时间，珍惜生活，走过的每个细节都没有浪费掉，这对创作是极为有益的。

人常说：人在过日子。其实是日子在过人。天不会为每个人黑一次，也不会为每个人亮一次。黑与亮间留下了什么？我感觉就是热闹。作家有别于他人的就是在生命的空隙处，能记述自己的生活和周围的环境。生活经历自然就极为重要了。我对所有人世间的物事充满认知欲，比如我和说书人去聊天，和盗墓人做朋友，只是好奇，常被一种现象感动。我认同他们的手语和黑话，一个没有社会背景、家庭背景的人，追求一切的难度都很大，在这个貌似很简单的社会中，他们却很难复杂地呈现出来。我的存在和他们一样，是人就不可高出他人一等。从底层寻找一种民间语言，民间，那一片海洋我无法表达。一个女子坐在坟头朝着你笑，一眨眼之间你看到海棠开花了。民间语言鬼气十足。还有戏曲、鼓书、阴阳八卦等等。某个阅读，某个细节，在某些方面以鬼魅的方式呈现，让我的记忆宏阔、深邃、精疲力竭。没有规矩地乱开乱合的民间知识，是我明亮或者幽暗的知识河道。

**文化艺术报**：还能记得起来您的处女作吗？有没有被退过稿？

**葛水平**：太久远的事了，应该是一首诗歌。肯定是无数次被退稿，现在也有被退稿的时候。人世间哪有那么多顺势而行？在一个功利和人际关系充斥的空间，由于纯个人的审读，喜欢什么不喜欢什么都有道理在里面。

**文化艺术报**：写作之余，您也画画，多次举办过画展，您是从什么时候开始画画的，有没有跟过老师？

**葛水平**：没有，更多的是看老师们画。岁月如发黄的黑白色调，有些时候觉得人生很短，不想把自己的理想放大到多么神圣，就想喜欢什么就学点什么，我们在大地上毕竟只活一生。画画进入时，感觉并不沉重，水墨清清淡淡、丝丝缕缕地由心底生起，像一声轻轻的叹息，单色调更像是彩色作品的底子或者说是逝去日子的旁白。

时间的距离使追忆成为对现实感受的提炼，我在画案前，我在书桌前，我和爱好一起坐着天就黑了。写作和画画都是怀恋从前，都是玩儿的生活。人生是一条没有目的的长路，一个人停留在一件事上，事与人成了彼此的目的，互相以依恋的方式存在着，既神秘莫测，又难以抗拒，其使命就是介入你，改变你，重塑你，将不可理解的事情变成天经地义，如此就有了自己的成长历程。

活着，其实也是寻找自我、不断靠近或远离自己的过程。

**文化艺术报**：戏台是中国传统文化的缩影，每个在乡村长大的人对戏台都有着特殊的感情，戏台也是乡村孩子的艺术启蒙。您从小学戏，后来上戏校，在舞台上都扮演过哪些角色？

**葛水平**：一直是跑龙套。在戏校学习永远是"C组"，《姊妹易嫁》《白蛇传》中唱旦角，时间排序上从来没有轮到"C组"。

**文化艺术报**：您钟情音乐，也会拉二胡、弹古琴，音乐对您的创作有何帮助？

**葛水平**：喜欢音乐是因为我父亲活着时喜欢抓蛇做二胡，也拉二胡。

蛇是在惊蛰时节才从冬眠中醒来，在北方，二月二又叫龙抬头，亦称春龙节。在南方叫踏青节，古称挑菜节，与古代天文学对星辰运行的认识和农业节气有关。在故乡，惊蛰一过我的父亲就开始准备出山打蛇的工具，用蛇皮做二胡。

我极喜欢二胡的弦乐，二胡音色柔和，接近人声，可表现细腻、豪放的乐曲，同时可以伴奏、合奏、独奏。

"打蛇打七寸""打蛇打三寸"，都是说打蛇要命中要害。

蛇的三寸，是蛇的脊椎骨上最脆弱、最容易打断的地方。蛇的脊椎骨被打断以后，沟通神经中枢和身体其他部分的通道就被破坏。

蛇的七寸，是蛇的心脏所在，受到致命伤，也会必死无疑。

乐器和流出来的音乐都会护佑和关照我，让我过着另外一种完全不同的世俗生活。

**文化艺术报**：您爱书是出了名的，您的书房也被称为作家中的"最美书房"，您是从什么时候开始藏书的，您最喜欢收藏的都是哪些书？

**葛水平**：法国哲学家、文学家和政治评论家萨特，一生酷爱读书，在书中发展了自己丰富浪漫的想象。他说："我是在书堆中开始我的生活的，就像毫无疑问地也要在书堆结束我的生命一样。"

每一个人都有生命中最得意所在，书的充沛使一个人内心安稳。我的藏书有一万多册，其实大多数并没有读，只是喜欢买书，很杂，也很系统。我喜欢收藏志怪、神话、宗教和民间手作，当然还是文学作品偏多。

藏书是从有余钱买书开始的。

**文化艺术报**：您说过自己是被乡村遗弃在城市的孩子。现在还会有时间回老家吗？对今天乡村的变化，您有何感受？

**葛水平**：经常去乡下，去寺庙和古村落。常怀疑土地给人的合理性，它有一双看不见的手，移挪着它之上的人。那热闹，那生，那死，那再也拽不回来的从前。时间悄然流逝，倏忽间，时间带走了一切。

如同日与夜交替形成力量关系。

祖母说：皱纹上了脸的人离死亡就近了。

乡村不再是从前，也回不去从前了。许多物事已经消失，曾经的土路上有胶皮两轮大车的车辙，山梁上有我亲爱的村民穿大裆裤戴草帽荷锄下地的背影，河沟里沤麻上有蛙鸣，七八个星，两三点雨，如今，蛙鸣永远响在不朽的辞章里了。

**文化艺术报**：在小说创作之外，您也做编剧，像高建群《最后一个匈奴》、路遥《平凡的世界》，都产生了很大的影响。做编剧和自己写小说最大的挑战有哪些？

**葛水平**：都是体力活计。都是生存的一种方式。

**文化艺术报**：可否透露一下您近期的写作计划？

**葛水平**：写一部长篇《百姓》，写一部散文《守寺人》。

**文化艺术报**：现在的文学青年都存在着发表难的问题，可否结合您自己的成长，给文学青年打打气？

**葛水平**：上苍帮人一定是帮那些努力的人。

根脉 非虚构写作 文学陕军新生代

[白描]

吾乡吾土
我心我情
　　白描
　2024.3.7

## 白　描

作家、教授、文学教育家、书法家、玉文化学者。曾任鲁迅文学院常务副院长、中国玉文化研究会副会长兼玉雕专业委员会会长，现任中国作协作家书画院执行院长、中国玉文化研究会佛造像专业委员会会长，兼任中国传媒大学、对外经贸大学、延安大学等高校客座教授，陕西师范大学人文社会科学高等研究院驻院作家，广西"文化北海"建设高级顾问。作品曾获全国优秀报告文学奖，并多次获得十月文学奖、人民文学奖、大地文学奖、陕西"五个一工程"奖等奖项。著有《天下第一渠》《苍凉青春》《荒原情链》《秘境》《人兽》《恩怨》《被上帝咬过的苹果》《人·狗·石头》《飞凤家》《笔架山上的丹阳》等作品，文学论著有《论路遥的小说创作》《作家素质论》等，出版《课石山房墨存——白描书法作品集》。

**文化艺术报**：《天下第一渠》出版后，广受好评。著名批评家李敬泽称其是"一部可以留给后人的大书，其大眼光、大情怀、大气概，具有文化人类学意义"。这本书在您的创作中占据什么位置？

**白　描**：《天下第一渠》是一部关于家乡的纪实书写，是致敬家乡之作。家乡，在任何一位富有感情温度的作家心中，都会占据一个特殊地位，我在外地几十年，说对故乡魂牵梦萦，毫不过分。20世纪90年代，有一年咸阳市春晚邀请我回来，让现场作诗，必须嵌进"我爱咸阳"四字。我写的是："我哭我笑思乡梦，爱在故园未已情。咸与鼎新秦人志，阳春待来唱大风。"这首即兴小诗，可以看作一个在外游子对故乡的心灵告白。

《天下第一渠》写郑国渠及其后历代赓续的系列渠系。我从小在这条大渠边长大，它留给我很多记忆。很早就有写作郑国渠的念头，但这个题材，需要花费很大精力采访，也要搜集查阅大量历史典籍文献，过去在工作岗位，没有整段时间，退休后，时间有了，2016年郑国渠入选世界灌溉工程遗产，县上向我发出邀请，我就撂下手边正在做的其他事情，回到家乡全身心地投入郑国渠的写作。

一条大渠，不光养育了一方土地的人们，也为这一方土地的文化塑形，这是郑国渠在显见的物质贡献之外，在文化精神方面所做出的独特贡献。书里《天地化育》《耕稼人生》等章节，着重表现这一点，全书里也渗透着这一认识。我清醒地知道，这本书既是为一条大渠作传，也是为一方土地作传，更是为一个民族作传。我看重的，不仅在于郑国渠久远的历史，还在于它是一种文明、一方文化的渊薮，承接着久远的中华农业文明的最初曙光，催生出璀璨的农耕文化之花，哺育了一方土地上丰硕的物质果实和精神果实，塑造了一种特别的耕稼人生，饱含着世道沧桑与人生况味。解读这条大渠，实际上是解读关中大地的文化密码，进而探视一个民族的来路、现状以及去向，挖掘中华民族敬天敬地，热爱自然，崇尚造化为母，追求万类和谐的为人之道、处世之道。《天下第一渠》承载着我的经验认识、生命情感、美学理想，从这个意义上说，是我很看重的一本书。

**文化艺术报**：郑国渠就在您的家乡泾阳，您从小在渠边长大，这条渠纵贯两千多年。写《天下第一渠》，您都做了哪些准备？

**白　描**：早先看到郑国渠有关资料，收集了一部分，当进入写作计划之后，对这些资料进行了整理。2017年春我回到泾阳，大量实地考察、现场采访等待我去做，我先是驾车，沿泾河流域一路北行，到了泾河源头泾源县老龙潭和固原大湾镇，再到平凉、泾川等地。返回泾阳，后来又去了一趟长武、彬县、旬邑等地，考察先周文化遗址，这一带是周人先祖公刘活动的区域，公刘带领族人垦荒、筑屋、稼穑、制陶、尝试灌溉，泾河流域可以说是中华农耕文明的曙光最早升起的地方。泾阳境内仲山瓠口一带，不知跑了多少趟，踏勘包括郑国渠渠首在内的历代引泾渠首遗址。采访的人物有水利专家、地方文物工作者、地方志研究者、村民、乡村干部，总共不下二百人。还有历史文献和资料。我住在泾阳招待所，占用了相当于三个普通客房的大套间，一间当卧室，其余两间靠墙放了很多张桌子，堆满了书籍、文献、资料。《史记》《汉书》《战国策》《资治通鉴》是阅读重点，里边涉及秦国历史的有关记载都做了笔记，还做了一个秦统一六国的大事年表。这个准备，花去了小半年时间，这一切都做扎实了，写作起来就很顺手。

在泾阳我每天工作和生活很规律，早晨六点起床，熬一壶泾阳茯茶，喝茶、用点心之类垫巴垫巴，就开始写作。十点钟吃早餐，餐后不休息，接着写，一直写到下午四点。到了这个钟点就收工，我告诉自己必须打住，数十万字的工程相当于长跑，须得很好地掌控节奏和有效地分配体力。一天里的第二顿正餐去街上吃，寻找家乡的美食，便宜，可口，解馋。饭后回到招待所，在跑步机上跑四千米，浑身大汗，回到房间冲澡、换衣，然后是接待朋友的时间。家乡的朋友们很配合我的工作，白天没有什么紧事，一般不打扰我，来访都安排在晚饭后。晚上十点半上床。

《天下第一渠》，伏在案头的写作时间并不长，2017年4月着手采访，8月开始写作，2018年3月即完稿，一遍下来，几乎没有做啥大改动。

**文化艺术报**：写《天下第一渠》时，您有没有遇到写作的瓶颈？

**白　描**：当然有。写到宋代兴建丰利渠，我卡住了。丰利渠是郑国渠的后续工程，几上几下，多次起落，拖拖拉拉几十年，过程很曲折，但史书记载很简略。宋代经济富足，商业发达，文化繁荣，为什么修一条渠会大费周折，饱受折腾？一连几天我都对着电脑发呆，不知道怎么写。要是仅写建渠过程，不会如此作难，但工程背后那些东西，有关决策的背景，有关人的意志和朝代精神气质的东西，在我觉来，作为一部文学作品，不挖掘出这些东西是不行的。写不下去，干脆不写了，出去转转。去哪里？我叫朋友把我拉到泾河出山口，在丰利渠渠首遗址转悠。丰利渠渠首在历代引泾渠首遗址中是保存得最好的，在泾河岸上凿出的取水口，刀劈一样的崖壁，闸门的凹槽，赫然在目。我在一块大石头上坐下来，滔滔泾河在旁边流淌。我想到宋朝国家管理者的煞费苦心和劳动者的艰辛，想到一个王朝的命运，想到它的雄心和无奈，想到这个工程建设者的付出。我呆坐着，与一千多年前那个王朝对话，与那些建设者的亡灵对话，我觉得他们就在我身边，就在我头顶徘徊，就在这凝神遐想中，"富而不强"四个字跳入我脑海。宋代的国运，用这四个字概括是很准确的，于是书写"几起几落"，突然就找到了一个突破口，一条渠的命运，其实是和国运紧密联系在一起的，于是从大处着眼，从大背景着笔，将修渠的曲折和艰难完整地表现出来。

**文化艺术报**：您的家乡泾阳文化底蕴厚重，秦曾经在此建都，古代文化遗存很多。据我们所知，近年您一直做田野调查，您是有什么想法吗？

**白　描**：我的家乡陕西泾阳，是中华人民共和国大地原点所在地，是周秦汉唐京畿首辅，八大文化板块构成其丰厚的文化底蕴：历史文化、农耕文化、红色文化、秦商文化、水利文化、茯茶文化、书院文化、民俗文化。写完《天下第一渠》后，这几年大部分时间，我都驻守泾阳，阅读研究泾阳这本"大书"。当然，也不止是泾阳，泾阳周边地带如三原、礼泉、咸阳、淳化、富平、旬邑等，我都没少跑。正如您所说，我做了不少田野调查，仅田野调查笔记，已有六大本数十万字。已经零零散散写了一些文章，如《我的家乡在泾阳》《泾河一梦醉千年》《西北望是故乡》等。我的关注点不仅在于这块土地上的历史云烟和现实波澜，更想探究发掘我们中华民族的文化之根，即我们文化的"原点"，它的生发、样态、赓续，以及流变。如果要写下一本书，就写这个，想激醒人们守护中华文化的意识，让灿烂辉煌的中华文化生生不息、枝繁叶茂。

**文化艺术报**：在《天下第一渠》之前，您已经写了《苍凉青春》《被上帝咬过的苹果》《秘境》等非虚构作品，《苍凉青春》当年被拍成电视剧影响很大。您比较钟爱非虚构写作，这种文体今天也很受读者喜欢，您对当下的非虚构写作总体看法如何？

白　描：非虚构写作是一种文学的求真实践。现在的读者，已经厌倦了大量的粉饰、胡编乱造、远离生活真相、缺乏现实感的虚构作品，渴望看到"比虚构更精彩的现实"。这是一个世界性的文学阅读兴趣转向，以2015年诺贝尔文学奖颁给白俄罗斯女作家阿列克谢耶维奇为标志。非虚构写作可以追溯到新新闻主义写作，20世纪60年代新新闻主义在美国风靡一时，90年代重新兴起，在此基础上，出现了"创造性非虚构"写作概念和主张，之后非虚构写作得到快速发展，特别是进入网络时代，人们被淹没在信息的海洋中，这些信息林林总总、真真假假、虚虚实实、拉拉杂杂，人们被搞得眼花缭乱，很疲惫，人们渴望看到真相，于是非虚构写作就有了大众需求这个广泛的基础，而作家的创作实践又赋予非虚构写作以更丰富的内涵和合理的外延，于是非虚构写作迅速发展，成为网络碎片化时代一种富有特点的文学形式。非虚构作品，尊重书写的真实性和作家的诚实性原则，引领读者与社会深度接触，而文学因素的强化，如修辞、结构、人物刻画、场景描写、叙事技巧等等比较讲究，甚至对小说技法也有借用，由此构成其独有的阅读魅力。早先，非虚构作家并不被瑞典文学院重视，随着时代和文学的发展，他们选择的眼光也不得不转变。当下中国非虚构写作势头很好，前景广阔，但也存在一些值得研究的问题。南开大学在读博士生王淼新近写有一篇论文，评论我的非虚构写作，是从当下两种写作现象入手的："自《人民文学》推出'非虚构写作'栏目以来，学界对非虚构写作的内涵与外延就争议不断。至于非虚构写作的写作限度，则暂止于对人特别是底层人物生存境况的刻画。也有一些对社会事件的'宏大叙述'，不过这样的'宏大叙述'所呈现的不是叙述者的开阔视野与作品宏阔的境界，而是社会事件本身具有的某种重大属性。正因为如此，当前多数非虚构写作所呈现的'真实'有所限度，即以底层的、个体的、小人物的平凡苦难为'真实'，或者以典型事件所造成的重大社会影响为'真实'。事实上，'非虚构'的概念不应只限制在这些现有的框式里。"我在非虚构写作实践中的努力，王淼看得很清楚："相较于以上两类非虚构写作，白描的非虚构写作呈现异质性。他的非虚构写作以百科全书式的视野、主客相融的叙述姿态、宏大客观的历史自觉，聚焦大历史、大文化背景下的物、人、世相，在客观叙事之上，透视了历史与心灵的双重真实，指向了物我相融的大生态观，建构了问道求道的'明道'观，呈现了中国式现代化进程的众多侧面。一定意义上，白描的非虚构写作接续了中国古代'文以明道'的文化传统"，她进而强调："白描的'明道'之'道'，与宋儒倡导的'文以载道'之'道'不同，指向人道与天道。也正是在这个意义上，他的非虚构写作为当前非虚构写作开拓了新的进路。"我觉得，王淼之论，比较契合我的追求想法。生活本身丰富多彩。《苍凉青春》，我最初是想当作小说来写的，几位北京女知青，因为命运际遇，分别嫁给了陕北当地农民。为了能够最大限度地呈现女知青们真实的人生传奇，我放弃了耗时更短自由度更大的小说写作计划，决定采用纪实的笔法完成这部长篇非虚构作品。纪实，并非照搬生活，并非口述实录，不是不要艺术匠心，作为文学作品，一定要保证高质量的文学品质。为了写好、写"真"这部作品，我追踪采访她们的过往，跟踪她们的命运走向，仅这个过程，前后便用去了三年时间。用小说形式写出来，读者也许会认为她们的故事是编织虚构，这是我想避免的。真实生活里的戏剧性、传奇性，有时远超我们的想象。

**文化艺术报**：您的非虚构写作，表现手法很灵活，多种文体相互渗透，时而有阅读小说的快感，时而弥漫着散文的洒脱，时而有诗的韵致。文学评论家张宗涛说："在《天下第一渠》中，白描打通了'在场'与'离场'的界限，冲破了'客观'与'主观'的藩篱，解构了'大我'与'小我'的对立，突围了'纪实'与'想象'的壁垒，让宏观叙事与微观烛照两相辉映。其引人入胜的文本构建和荡气回肠的笔墨挥洒，表面看本真、率性、恣肆，内里却需要深厚的储备和举重若轻的能力，此正所谓大象无形，大音希声，它给纪实文学提供的一个全新的、富有创造性的范式，其贡献甚至超越了文本本身，给我国方兴未艾的'非虚构'写作提供了新的坐标。"看得出，对于文本意识的自觉和创新，您相当用心，请谈谈您在这方面的体会。

白　描：上海《文汇周刊》发表了一篇书评，开头就写道："这是一部散文？小说？评论？史书？志稿？游记？纪实？报告文学？或是工具书？是，非是，总之，很难依照现行文本范式来框定这部耐人寻味的作品，与许多概念化、理念或者模式化的写作有极大不同。"读者有这种阅读体验，我很欣慰。好的非虚构作品，必须具备艺术张力，调动多种手段写人记事。《史记》关于"望夷宫之变"的描写，读来像小说，像影视剧剧本。《史记》《资治通鉴》写李斯，从厕鼠仓鼠写起，末尾写李斯与儿子临刑前回想父子牵黄犬出上蔡东门逐狡兔的情景，在我们眼前就像是回闪的电影镜头。《汉书》写文帝劳军，到了周亚夫的细柳营，军士把守不得入，"军中闻将军令，不闻天子诏"，颇费周折进入后，又被告知车驾在军中不得驱驰，及到中军帐，才得见身披甲胄的周亚夫，而周亚夫并未下跪，仅对文帝行军礼。一连串情景描写，活脱脱勾画出文帝和周亚夫两人性格形象。这是历史，也是文学。你上边谈到张宗涛教授对《天下第一渠》的评价，其实他还有一段话，也是谈文本创新："白描先生的《天下第一渠》穿梭往返于历史和现实之间，在浩繁的文献卷帙与大量的田野调查中抽丝剥茧、寻本探源，以学者的严谨和诗人的激情，在多种文体之间游刃有余地潇洒走笔，突破了纪实文学的现有范式，构建出一种全新的表达格局，带给人以全新的阅读体验和审美冲击，从某种意义上，是对纪实文学文体的一次'破冰'和'打僵'。"无论我们把这种纪实文体叫作报告文学也好，叫作非虚构文学也好，两个元素同等重要：纪实和文学。读者常常诟病一些报告文学只有"报告"，没有"文学"，是存在这个弊病，作品不见艺术匠心，没有艺术创造，那就不是文学了。

**文化艺术报**：非虚构写作方兴未艾，但我们也看到当下的这类写作水平参差不齐，在一些人的潜意识里，有这么一种看法，非虚构写作较之写小说，要容易一些。对此您怎么看？

**白　描**：产生这种看法，有一定客观原因，起码有以下几种因素导致这种误解：第一，有些作者水平的确有限，好小说写不出来，转向非虚构写作，采访一下，拿来一堆材料，整理整理，加上一些文学色彩，这样一篇作品就算完成了。第二，文学额外承担宣传任务，奉命写作太多。一场大火，一场洪水，宣传部门要求记者报道，也请作家去写，歌颂英雄人物英雄事迹，结果拿出的都是披头散发的急就章。第三，追求宏大叙事。非虚构写作当然需要宏大叙事，关乎国家前途、民族命运、时代发展，以及一些引人注目的轰动性事件，作家拿起笔来表现，很正常，但不能仅仅把宝押在事件的重大性上，企图借助重大事件的影响制造作品的轰动效应，是一种投机的想法，借风出航，自己内力不够，掌控力不够，船不会航行太远。第四，评奖导向。国内当下很多大的文学奖项，在权衡选择上，题材占了很大分量，意识形态需要，是一根指挥棒，评奖没开始，那罗盘的指针就是确定好的。在非虚构写作评奖的选择上，甚至越来越呈现出题材决定论的倾向。这对作家创作影响很大。非虚构写作，经典作家已经给我们定了很高的标尺，早先梁启超的《戊戌政变记》、范长江的《中国的西北角》、新时期徐迟的《哥德巴赫猜想》、钱钢的《唐山大地震》，外国作家如伏契克的《绞刑架下的报告》、里德的《震撼世界的十天》，还有名气不大但我读后很是震撼的尼科尔斯的《穿越神秘的陕西》，这些作品带给人的阅读体验，是小说难以替代的，或者说是不具备的。断不可轻率地说小说写作难，非虚构写作容易，实际上向经典靠近，向经典努力，思想上艺术上达到理想高度，都不容易。

**文化艺术报**：《秘境》被认为是"开当代文化非虚构之先河"，您在中国玉器行业有关领导机构兼职，是因为得此之便，要让读者一窥玉器和玉市这个"秘境"吗？作品的题旨有没有更大的指向？

**白　描**：《秘境》实际上是借用玉器和玉文化，写对我们民族精神家园的守护。玉器以及玉文化，是中华文化的源头之一，说它是中华民族的元文化，也是站得住脚的。我们的上古先民，就爱玉、崇玉、用玉，认为玉器是沟通人与祖宗神灵天地万物最重要的媒介。夏商周三代把玉推到至高地位，与国家的典章制度融在一起，由此而产生的礼仪规范、精神信仰、民俗风习，构成世界民族之林中中华独有的玉文化体系。既然如此重要，问题来了：它的源头在哪里？它经过了怎样的发展流变？它与中华民族的价值观、道德、审美有着什么样的联系？它的现状和去向呈现什么状态？《秘境》就是要回答这些问题。而自古至今，中华玉文化所赋予美玉的人格化道德化含义，在精神与物质、理念与实践、信仰与功利之间，一直存在矛盾冲突，人们的理想主张和实际作为存在二重标准的矛盾，千百年来都存在，但到了眼下中国，玉器作为一种商品，除过"玉保平安""玉能消灾"之类浅薄的认识之外，更深更广的精神内涵荡然无存。这需要我们从当下中国人的价值观上进行反省，从民族精神的深层去寻找原因。在这一点上，著名文学评论家李敬泽看得很清楚，他说："《秘境》是非虚构作品，有趣的是，它的主题恰恰也是真与假。比玉还稀缺的真，遍地石头的假。由此，它揭示的不仅是玉器市场的秘境，也是生活与人心的秘境。我们为自己创造了一种建立在伪造之上的繁荣，虚构正在篡改和篡夺生活，人们一方面乐此不疲，一方面如履薄冰。白描以一个作家的敏锐和深思，为这个时代的复杂经验提供了有力的旁证。"

文化艺术报：《秘境》不仅具有极高的文学成就，同时也体现了深厚的学术造诣，获得了玉器行业专家的一致赞誉。中国工艺美术界泰斗、中国工艺美术学会副理事长唐克美说："多年来我们一直期待有这么一本书出现，表现中华玉文化的辉煌历史，记录中国玉器行业发展前进的脚步，探寻玉器市场的规律和隐秘，而且要有可读性，要让专家认可、让读者信服，这一切白描老师都做到了。"故宫博物院研究员曹静楼说："《秘境》的写作难度在于既要熟悉行业内情，又要具备深厚的专业学识修养，白描二者兼具，出手不凡，自显功力与高度。"您一直强调作家的素质和修养，作家陈建功评价《天下第一渠》："以我不完全的统计，本书内容涉及的学科有水利史和水利工程学、地理学、考古学、古代史、近现代史、经济学、地方志、贸易史、民俗学、民间文艺学、法律史、中西文化交流史等等诸多方面。特别要指出的是，这些丰厚积累的呈现，并不是'耳食之言'的'粘贴'，也不是'掉书袋'式的'炫酷'。'熔铸百家，自成一家'的自信，无疑使作家娓娓道来的讲述，拥有巨大的说服力。"您认为学养和知识，是作家素质中必不可少的因素吗？

白　描：民国时期有一批文人，既是大作家，也是大学问家，比如鲁迅、林语堂、叶圣陶、朱自清、钱锺书、沈从文等等。作家不一定都要通经史子集，都要会做学问，但有学问比没有学问好，学问多比学问少好，比如历史知识、古文底子、审美力的高下、眼界的宽广程度，都需要知识学问打底。我们统计一下《红楼梦》里的知识点，诗词、绘画、建筑、服饰、医药、饮食、习俗等等，无一不通，这让我们吃惊。可以设想，没有一个知识广博、综合素质很高的曹雪芹，就不会有《红楼梦》。

**文化艺术报**：您平时都读哪些书？

白　描：年轻时读文学书多一些，能抓来的都读，后来有了选择性，主要读经典作家的作品。除中国的名著外，特别喜爱的外国作家有雨果、托尔斯泰、屠格涅夫、马尔克斯、海明威、肖洛霍夫、艾特玛托夫等。工作后在大学教书，文学理论书是必须读的。后来哲学、宗教，还有一些杂书，都读。杂书很多人看不上眼，可是我觉得那些札记、野史、随笔、游记、小品文、闻见录之类，很有趣，很长知识。这些年侧重读历史和文化人类学方面的书籍。当读书成为一种生活习惯，你就会享受生活了。有副对联："一榻清风书叶舞，半窗明月墨花香"，想想这是多么惬意的一种境界。

**文化艺术报**：20世纪80年代，您三十二岁就当了《延河》杂志主编，是全国文学期刊主编中最年轻的。在您主编《延河》杂志期间，正是文学的高光时期。您当主编不久，《延河》杂志就发表了作家和谷的报告文学《市长张铁民》，这篇报告文学获得了中国作家协会1985—

1986年度全国优秀报告文学奖。1987年《延河》集中于6月号和7月号上推出了"陕西文学新军三十三人小说展览",集中展示了当时陕西小说创作的新生力量,他们当中,杨争光、叶广芩、吴克敬等至今还活跃在中国文坛。1988年,您的长篇小说《苍凉青春》出版,并引起广泛关注和评论。要是把精力全部放在创作上,您会有更好的成就,办刊占据和分散了您大量的精力,有没有遗憾?

白　描:说没有遗憾,不是事实,心里的纠结是避免不了的。但道路是自己选择的,肩上压了担子,就要把它挑起来,尽力而为,把事情做好,做到问心无愧。说到报告文学《市长张铁民》,那是我主持《延河》杂志伊始就定下的选题。张铁民出任西安市市长,做了很多事,很受老百姓欢迎,但也有不同声音,比如他力主翻修城墙,有人就说劳民伤财,各单位干部职工必须参加义务劳动,就有人大发牢骚。一位不谋私利甩开膀子真抓实干的官员,就是好官。经过物色挑选,我决定请和谷来写。最近看到和谷发在新媒体上我写给他的一封信,信写于1984年12月15日,信中说:"给文联党组的函已发出,为你请一段假。……还有什么困难,请对我讲,我们给你开辟方便。"还有一个报告文学选题,邀请孙皓晖写。那时《延河》经费很紧张,但我们还是为他支付了前往上海的差旅费,孙皓晖在上海采访了半个月,后来因为上海方面的某些原因,这篇作品没有写成。孙皓晖的家乡三原县也是郑国渠灌区,我就请他写郑国渠,这个任务他没有完成,却在若干年后拿出了皇皇巨著《大秦帝国》,郑国渠的写作最后落在我头上了。叶广芩、吴克敬的处女作都发表于《延河》,而且都是从自然来稿中发现的。吴克敬的短篇小说《井台上》,发表在我主持《延河》工作后的首期上,有意思的是,都要发稿了,还联系不上作者,不清楚吴克敬乃何许人,后来才知道那时他正在岐山县农村给人做木匠活。主持刊物工作,又担任陕西作协书记处书记，肯定对个人创作有影响，但有付出就有回报，当编辑的成就感，没有当过编辑的人很难体会到，在你手里推出一个新人，推出一篇好作品，内心都会涌出欣慰和喜悦。在陕西作协书记处我分管青年作家培养，看到大批青年作家往外冒，就像农民看见地里的庄稼蓬勃生长，所付出的辛劳和汗水，都化作一种价值认定，你会因此而骄傲。

**文化艺术报**：您很早就对陕西文学的发展有展望，也存有许多的担忧。在"陕西文学新军三十三人小说展览"的编者按中，您一连串地问道：陕西拥有一支中青年作家队伍，早已为人所瞩目。但是，在这批人身后，陕西文学的新生力量如何？后来，您调到京城工作，依然关心陕西文学的发展，在《陕西日报》发表文章直言陕西作家后继无人，引发广泛讨论。在您看来，陕西文学的现状有没有改变？

**白　描**：有改变。过去没有文学院，后来建立起来了；过去没有作家签约制，现在搞起来了；还有奖励机制、"百优计划"、精品工程扶持项目，许多工作都在急起直追，向前推进。我们也看到了文学陕军新生代的成长。但现在青年作家的成长环境，比不上当年陈忠实、路遥、贾平凹那样得天时之利，那时文学很热，作家写了一篇好作品，就会暴得大名，现在人们对文学的关注度，不可与当年同日而语。社会生活也发生了很大变化，那时人们求新求变，精神昂扬向上，而现在压在心头的是就业、生意、房贷、医疗、教育等一系列问题，而新媒体上的狂欢又给社会笼罩一层自我麻醉的轻浮之气，一个不得不承认的事实是，如今人们对"网红"的关注，远远超过对作家的关注。在我的视野里，陕西一些年轻作家是值得关注的，他们都有很不错的作品：周瑄璞的《多湾》《芬芳》，吴文莉的《叶落长安》《叶落大地》，弋舟的《所有路的尽头》《出警》，陈仓的《浮生》

《月光不是光》，范墩子的《抒情时代》，杜文娟的写西藏的报告文学，丁小龙致力于文本探索的中短篇小说，等等。这些作家和作品，应该得到更广泛的重视，赢得更大的声誉，可惜"时运不济"，影响基本囿于文学圈子里，让人多多少少生出委屈了他们的感觉。陕西文学现状，虽然有令人鼓舞的一面，但与一些兄弟省份对比看，具有大潜能、高素质、大气象的尖子人才，还是少，队伍也没有形成规模方阵，更缺乏当年"冲出潼关去"的雄心和锐气，不见"陕军东征"的威势和豪迈。一代人有一代人的使命，陕西文学前景如何，要看文学陕军新生代的发展情况了。希望他们有更大作为、更大出息。

沈念

写出信任的希望与灵魂

写出值得钦佩的道德勇气，写出信任的希望与灵魂。

沈念
2024年春

## 沈 念

湖南华容人,中国人民大学文学硕士,现任湖南省作家协会副主席、《湖南文学》主编。著有中短篇小说集《八分之一冰山》《灯火夜驰》《夜鸭停止呼叫》,散文集《大湖消息》《世间以深为海》《时间里的事物》等。历获鲁迅文学奖、《小说选刊》奖、十月文学奖、华语青年作家奖、高晓声文学奖、三毛散文奖、丰子恺散文奖、湖南省文学艺术奖·毛泽东文学奖等。

**文化艺术报**：您的很多重要作品都是以洞庭湖为背景，洞庭湖是您的文学地理还是精神领地？

**沈　念**：都是。我出生在洞庭湖畔，学习、成长、工作也都围绕着这里，直到三十五岁才离开。即使离开，依旧每年在重返。有一天我发现，我的写作其实一直就在处理洞庭湖这片河汊众多、江湖川流的土地上生长出来的地方性格、地方经验和地方故事。

**文化艺术报**：从您获得鲁迅文学奖的散文《大湖消息》到新近的中篇小说《渔火》，大湖凝聚了您哪些写作理想？

**沈　念**：从本质上说，我对湖的认知，是因为与那里的鸟兽虫鱼的相遇而打开的，也是与渔民、保护工作者和志愿者的相遇、相识、相知而加深的。多少次"归去来"的经历，既是回溯光阴往事，也是体察时代变迁。以前我们看到、听到的是人与水的斗争，人从水中的索取，今天的"退田还湖、生态修复、十年禁渔、守护一江碧水"，已经成为人的自觉与自省。水的内涵远比我们见到的模样要丰富、复杂。我带着敬畏、悲悯、体恤，沿着水的足迹寻访，见识了不同季节和生态下的大湖景致，在大湖人身上看到比湖更广阔的性情、心灵。我和他们一样，从水流之中获得力量。我写湖上的日月星辰、风霜雨雪，也写人的喜怒哀乐、悲欢离合。其实就是在写一个有情有义的水世界，写人对生活与自然的领悟，也是写我的生命体验和生命意识。

**文化艺术报**：《大湖消息》之前，您的小说创作已卓有成就，为何会转向散文写作《大湖消息》，能否谈谈写作《大湖消息》的初衷？

**沈　念**：每个作家都有自己最擅长的文体，或者说在外界被认为写得好的文体，所以才会有小说家、散文家、诗人之别。也有几种文体能兼顾的作家，但大家心中也只会突出出色的某一点。作为愿意挑战或写作题材与手法宽泛的作家来说，显然都想成为兼顾多文体的人。我也想尝试，或者说是挑战。

我在中国人民大学读书时的导师阎连科有次批评同学们没有野心，这种野心其实是指竞争之心、挑战之心。我写作之初，写过诗，后来放弃了，现在主要以小说和散文两种文体来写作，介入不同的题材。写什么和怎么写是作家在一直不断探寻和解决的问题，这两方面没有轻重、先后。它会考验你对文体的认知，考验你的生活、知识、思想、情感储备等。《大湖消息》是献给我故乡洞庭湖的一本书。这次创作的缘起，是2018年习近平总书记考察长江到了我的家乡岳阳，提出"守护一江碧水"的要求。2020年下半年，疫情稍有缓解，湖南省启动"青山碧水新湖南"的创作活动，我把写作提上日程，集中时间回访洞庭湖和长江，多数篇章是在2021年上半年里写完的。写了一年左右，也是写了很多年的湖区生活经历，是我在洞庭湖畔所有生活、情感积淀的一次"放血式"写作。

还有一个深层次的写作原因，2014年调到湖南省作家协会工作，又去中国人民大学求学三年再返回时，我的创作理念与年轻时发生了位移，目光更多专注到现实，也是有意识地专注到故乡洞庭湖区的人、物与命运。大湖之上的一切，让我对写作和生命有了一种新的理解。他们让这片广袤的大地变得深沉厚重，我也从注视中获得内心的洗涤。有时间我就会到湖区的乡村走动，特别是秋冬季节，湖水退去，洲滩横卧，世间寂然，仿佛走进一座埋藏着秘密的殿堂之中。殿堂非常阔大，我走入其中，变得充满激情、热血沸腾，有了叙说故乡的欲望。

**文化艺术报**：大湖对您的创作有何影响？

**沈　念**：因为写大湖，这些年我不断返回。从起初的懵懂无知，从直觉的对错判断，到一种浓郁的生态忧患意识弥漫心中，到以生态整体观来观照笔下的万物生命，如同一场心灵之旅，终在荒漠中找到甘泉。我突然抬头发现，当下写作者聚焦自然生态的目光和笔墨越来越多。多了是好事，但滥了就很糟糕。一个难题横亘眼前，面对兴衰变化、原始状态与人工修复，站在审美与人性的双重角度，孰重孰轻，又如何做到不偏不倚，就会成为写作的难度。遇到挑战难度的写作，其实是幸福的。我的疑虑被生态整体主义的理论创始人利奥波德解答，他在《沙乡年鉴》中谈到人与大地和谐相处时说："你不能只珍爱他的右手而砍掉他的左手。"于是，面对湖洲之上的生命，鸟不只是属于天空，鱼不只是属于流水，植物不只是属于洲滩，人不只是属于大地，它们所组成的生命有机系统，任何一个环节的塌陷和破坏，都可能导致系统的紊乱。我的书写视角是多维的，我的悲悯也是属于大地上所有事物的。

我没有想过要专注自然生态的书写，但我通过这次创作提升了对自然生态书写的领悟。写作中永远要处理好一生"所见"的问题。怎么看，是方法与路径的必经之路，也是问题与意识所在。比如说，我在湖洲上行走，我睁眼闭眼就能看到水的波澜四起，听到水的涛声起伏，水的呼吸所发出的声音，是液态的、战栗的、尖锐的，也是庞大的、粗粝的、莽撞的。我原来以为岸是水的疆界，但在行走中我懂得了水又是没有边界的，飞鸟、游鱼、奔豕、茂盛的植物、穿越湖区的人，都会把水带走，带到一个我未曾想到达的地方。我在湖区看到成千上万、种类繁多的鸟，鸟儿不为天空歌唱，但会为身旁的水流唱鸣。我仍然存有诸多疑难，直到梭罗告诉我："问题不在于你看见什么，而在于你怎么看和你是否真的看了。"那几千年积淀下来的人类中心主义思想观点、思维模式和认识角度，轻易不会发生位移，但我们必须像西西弗斯推动巨石，必须去撬动那些上了枷锁的观点——也许你不是在看自然物，而是在看人类自己的影子。

**文化艺术报**：《大湖消息》被批评家贴上了生态文学的标签，您认可这种说法吗？

**沈　念**：近些年，中国确实出现了一阵生态文学热，很多地方也都在组织生态文学论坛和创作活动。我并没有做太深入的研究，所有的写作都是面向世界面向生活，或多或少都会涉及生态。我的理解是，所有关于生态的元素和精神内涵，进入文学，归根到底落点还是在个体的人身上，在人活动的时空之中。人与自然之间的关系，永远是不可能均等地取与舍。从这个意义出发，每一位投身自然生态文学书写的写作者，必然要去直面欲望带来的责难，要去书写反思与自我拯救。而我就是要从水流、森林、草原、山野以及大地所有事物之中"创作"一个未来，那里有对大地上、人世间最坦诚的信任和依赖。每一种写作、每一部作品，都不可能是完美的，《大湖消息》亦如此。我在自然书写和人文呈现的过程中，展现了强烈的悲悯情怀，展现了人与自然作为共同的生命体的内在逻辑，引发当代人现实的和精神上的思考。我的本意并不单纯是写一部生态文学作品，而是朝一种更适合这一题材与写作对象表达的方向努力，至于达到怎样的程度，那是评论家研究的事，作者要做的只能是用心用情写好每一部能写好的作品。当下生态写作如何回应时代现实，也许《大湖消息》给出了有点意义和价值的答案。

**文化艺术报**：您在一篇创作谈中谈到南方写作的文化性格，这几年，很多南方作家都在重提南方气质的深邃繁复。您在洞庭湖边长大，是个地道的南方作家，您怎么理解地方性经验与个人文学创作之间的关系？

**沈　念**：我写水，写湖，写湖区万物，写散发出的许多气味，其中有一个重要的"鱼腥味"。这是一个地方写作者要守护和传承的，也是还需要继续挖掘和深耕的。也许写作者深挖精耕在一隅一地，不离不弃，可能一辈子白写了，但也许又生成了其他的意义。好作品的点睛之笔、气质不同之处恰恰就在于个人性，因为这种个人性（鱼腥味）是自然与地方性所滋养并生发（创造）出来的。大地是一张网，人永远只是网中的一根线，编织一张完整的生命之网是永恒的梦想。我们对待这张网的态度就是对待自己的态度。写作者真正地身心融入自然，才能知道抽取哪根线，才会找到线所在的具体位置，或者就是安心做一条线。

**文化艺术报**：相比于小说，散文是您更擅长的领域吗？结合您自己的创作经验，可否谈谈散文写作相比小说您有哪些优势？

**沈　念**：我在对自己体验感受深入的领域，会用散文表达多一些，需要打开更多想象空间的时候，会青睐小说的形式。所以说我在散文驾驭上的优势，还是在体验深切，因为深切的体验，更容易引起读者共情吧。

我早期写散文，开始是给报刊投稿，很快我就意识到要做一些散文创作的探索。中国是个散文大国，古人已经创造了许多辉煌的散文篇章，五四时期又达到了一个散文的高峰，并确立了现代散文的基本框架。我们依然还在仰望高峰和在框架之内进行写作，这几年有了突破边界的感觉。有人会讲说祖宗之法不可变，实际上文学史的更新就在于变化，任何的探索都会有失败，但你要创新就必须探索。

西方现代主义、现代派小说对我产生过很大影响，如果这种影响不疏导它，可能会变成一种干扰，但把它拎清晰了，就会帮写作者重构一种表达。当下语境下，我们的散文书写也应该进行现代叙述意义上的写作。如果说，依然按照过去的路子、话语系统，就会陷入一种传统、经典没法超越的境地。文学创作最重要的还是个人性的呈现，没有个人性的东西，就没法标识出你的创作特征，可能就是所有人在写同一本书，那你创作的意义和价值何在，这是我很警惕的。可以说，我在散文里的探索比小说要走得更远一些。

**文化艺术报**：《大湖消息》出版的同时您又出版了散文集《世间以深为海》，可否谈谈您对散文的理解？

**沈　念**：刚开始写散文，我在写作中形成的思维定式，是习惯由"我"引领读者历览世间、周游世界、感受人生冷暖，以至在后来的虚构叙事中，这个"我"依然被我强调，叙事结构和叙述口吻看得出清晰的影像，甚至变得自觉。我不敢说这种自觉是好的，但它是个人性很强的。它的形成，与写作者介入生活与写作的方式有着深刻而内在的关联。它与我对世界、生命的认知也是相互联通的，我看重的写作，并不是你去写什么，而是你在写作中所呈现的发生、发现和发展，是所写作的对象与个体精神空间之间的融合交织、患难与共。也许是因为你带着这样的要求，自然而然，叙述的结构和调性，就有了一定的风格，这种风格也就成为一种自觉吧。

一个时代有一个时代的文学，一种文体有一种文体的渐变与丰富。当下语境里，现代性叙事意义上的散文写作已经越来越为人所跟随、认定。如果依然按照过去的路子、话语系统，就会陷入一种传统、经典没法超越的境地，或者进入公共话语体制下，就失去了个人性。表达现代生活的复杂经验，说别人没说过的言语、感受、逻辑，才会有真正意义上个人性的呈现。没有个人性的东西，就没法标识出你的风格特征。对于读者而言，可能就是所有人在写同一本书。这样的创作是必须警惕的。

**文化艺术报**：怎样才能写出好的散文作品？

**沈　念**：无论是主题、题材的选择还是文体形式、艺术手法的运用，都是创作的重要元素，和谐统一，相得益彰，相辅相成，才是作品的最好呈现。这首先要求作家要熟悉生活，熟悉所写的对象，只有十分熟悉了，才能挖掘得深刻，表现得有力量，才能创造出有艺术魅力的新人物和文学样本。比如书写乡村，熟悉了乡村现实和变化，笔下的人物和生活才会栩栩如生；不回避活着之上的乡土现实，发出对乡村未来命运的思考声音，这样的作品才具有接地气、有温度、见深度的文学特征。现场有神明，总而言之，今天的写作者，深入火热的社会实践现场，在人群中找心灵感应，在现实中找鲜活的生活，加上富有艺术性的写作手法，作品也就有了筋骨，有了属于人最真实的喜怒哀乐和情感情怀，也才具备了好作品的基本品质。

**文化艺术报**：您是一个关注当下的作家，关注现实的写作源泉和动力来自哪里？

**沈　念**：这种源泉和动力，是在故乡，是地方性写作所带来的。我在洞庭湖畔生活了很多年，过去并没有深度思考我和湖和水的关系，人过中年，内心逐渐清澈，回望故乡，也是在归去来的过程中，突然有种醍醐灌顶的感觉。水给了这片土地灵性、厚重、声名，也给了人刁难、悲痛、漂泊，更是给了我写作的灵感和源泉。

**文化艺术报**：您是从什么时候喜欢文学的？

**沈　念**：青春期。我的青春期多是在图书阅览室度过的，因为有了阅读的陪伴和滋养，我的青春才充满了多样的声音和色彩，众声歌唱，五彩斑斓。突然有一天，我从阅读中领悟到一种更大的向往，开始像西西弗斯推石上山一样,锲而不舍地向一座座文学高原攀登。

我曾在洞庭湖边一所纺织厂子弟学校工作了十年,教语文,创办了文学社和校园刊物《太阳雨》。21世纪初的大型国企,文化氛围浓厚,单身青年宿舍住着许多文艺青年,青春的萌动,情感的迷茫,让年轻的我一头扎进文学里,逐渐开始创作。

**文化艺术报**:哪些前辈作家影响过您的写作?

**沈 念**:你的提问一下把我拉回到二十多年前,我参加工作后疯狂阅读的那段时光。那时我是一名小学老师,租居在一幢旧楼顶楼,老房子是工厂的那种"扁担房",二十平方米,却被划豆腐块似的整出卧室、餐厅和厨房,楼顶板非常单薄,丝毫不能阻挡太阳的炙烤。整个暑期,我就在无比酷热中读着博尔赫斯小说全集度过,身体内的水分以从没有过的速度往外奔跑。与博尔赫斯在酷热中相伴,是我至今为止有资可谈的一次阅读经历,我感受到自己像一只忙碌的蚂蚁,整日整夜地在他的世界里奔波,就像搬动着一个个强大于身体数倍的悬念,追逐着阅读中高潮带来的快乐。

我的阅读偏西方作家的作品,我的阅读史也是写作的成长史,那些西方经典作家像天上的星星一样照亮过我的暗夜。这个名单是很庞杂的,如果一定让我梳理,印象最深的是博尔赫斯、鲁尔福、马尔克斯、卡夫卡、福楼拜、福克纳、卡尔维诺等。现当代文学史上的作家也滋养过我,比如鲁迅、沈从文、废名、彭家煌、阎连科、余华、格非、韩少功、张炜等。阅读中有时带来的是雷电交加,让人深受打击,没有信心再去写作;有时是金光万丈,仿佛自己可以驾驭世界毁灭前的唯一挪亚方舟,就是在这种自信心的摧毁与重建中,我向着文学的来处一步步靠近。如果像剥笋叶一样地剥掉那件毛茸茸的外套,我的青春时光拥有过的美好,最后残留的核心,最激励我鼓足人生勇气的就是阅读。阅读像一条泾渭分明的河,划分了我的白天与黑夜;它又像一把锋利的手术刀,把体内的杂物剔除,让一个年轻的身体在阅读中成长。阅读是消弭我人生孤独的一种修为,现在不管遇到什么事,喜怒哀乐,只要回到书房里,我就立刻可以获得安宁。人过中年,已经非常真实地明白,一个人一生能做自己热爱的事,并享受做事过程中的欢欣和苦闷,就应该非常知足。

**文化艺术报**:媒体从业这段经历,对您的创作有何意义?

**沈　念**:从事过记者工作的人,我有一个认知,他们的视野和胸襟会更开阔。我不后悔记者生涯中的忙碌和写作上的停滞,也没想过主动逃离,但是当可以回归文学的机会降临眼前时,我毫不犹豫放弃了记者这份有光环的工作。一个人有自己的宿命,无论我身处何种环境,我的理念是坚持做好自己,相信一切都是最好的安排。很多故事不可能成为我的新闻作品,但成为我的文学。

**文化艺术报**:中国作家大都有长篇小说情结,您是否已经在写长篇小说?

**沈　念**:已经有长篇的计划,也在逐步实施中。写作是一辈子的事,所以我并不着急。洞庭湖是我的文学原乡,我希望能以小说的形式,创作一部好的长篇小说为它立传。

**文化艺术报**:对自己的创作您有何期待?

**沈　念**:当然是越写越好。这是一个写作者的抱负,但有时也是无奈。有的人出道即高峰,但有的人是酿酒,越陈越有味道。我写了二十多年，现在有意放缓节奏，有时间就在阅读和走访，想让自己的视野变得更辽阔些，认知能力变得更深远些。希望自己最好的作品永远是"下一部"。

**文化艺术报**：对青年作家，您有话要说吗？

**沈　念**：我回忆自己年轻时的经历，是懵懂的，是执拗的，也是顺其自然的。当经历过创作中的平淡、寂寞和收获后，如果让我再经历一次，依然希望是懵懂、执拗的，不希望是功利、走捷径的。为什么这样说呢？作家是时间里的人，也是改变时间的人。作家在这个时代里生活，就是在创造新的时代与生活的文学记忆。我的下乡经历、记者工作，不仅为我的写作，也为我的人生打开了一扇窗。我在这个窗口盼望，我们看着外面的日月星辰、风霜雨雪，看着走过的足迹和擦肩而过的众人面孔，愈加会从心底告诫自己，认真对待你笔下的文字和眼前的世界，写出岁月不居中的真善美，写出值得钦佩的道德勇气，写出可以信任的希望和灵魂。

另外，年轻人有创新精神，不要害怕失败，不要害怕不发表，因为文学的生命力在于创新，而不是守旧。文学创作必然要汲取传统中的精华部分，让其在心中生根发芽，长出独属自己的风格，更要不断地创新发展，站在传统的基础上，生成新的传统。树立对写作的正确认知，走对了路才能走得更远。

**文化艺术报**：湖南是文学大省，名家辈出，会不会有些压抑？

**沈　念**：我从没有过压抑感。每一个在湖南生活的作家，都应该说得益于这片厚土滋养，得益于文化的一种熏染。我是很幸运的，比我年长的作家们对我很关注，在我成长的过程中，或多或少给过鼓励、协助，我也是以他们为榜样和骄傲的。他们优秀的品质、优秀的作品，都刻在我心里，时刻提醒我要做好自己。我一直觉得，一个写作者身处任何环境，或者是一个人，该不该去比较呢，当然是需要的，最关键的是与自己的过去比，有没有变化，有没有进步，而不是与他人做肤浅的比较。所以与名家前辈在一起，我会虚心听取他们的交谈，从他们身上发掘值得我学习的东西，从不会比名气、比财富，更多的是汲取精神内涵中的养分。

**文化艺术报**：您的创作历程是怎样的，还记得您的处女作吗？

**沈　念**：我是十五六岁就开始模仿着写作，写诗，写小散文，第一次在当地晚报副刊发表了一篇五百字的短文《过去是否会再》，时间是2016年11月23日。对文学的兴趣起先不是特别明确，身边有一些比我写得好的同学，比我发表的也早，我也是被一种虚荣心鼓舞着，悄悄在写作上发力。我报名参加学校的青果文学社，我第一次参加活动是晚上，老师来得迟，我坐在一群年长的同学中，大家都在认真看书，或者是埋头疾书，我不擅长与人打交道，也没人与我说话。我就挑了一本杂志在看，居然打了个盹，后来是被身边的响声惊醒的，我们的指导老师来了。这些年过去，我就记得文学社叫吴穷的女社长和一个后来不知所终的诗人。诗人姓蓝，他当时就颇有诗人气质，一头蓬乱的头发，文学社的活动中，他喜欢朗诵自己的诗作。大概就是在这样的氛围里，我一点一点地埋下了文学的种子。从学校毕业走入社会，我进了一家厂矿学校当老师，这个工厂里有一座文化楼，二楼是阅览室，我那时经常去阅览室看书借书，玻璃柜里摆了很多新的文学刊物，我给许多杂志的投稿地址，就是从那里抄录下来的。当了十年老师后，我调去当地的党报做时政记者，一下变得忙碌起来，写作的时间和数量骤降。2014年是个写作的分水岭，调入湖南省作协创研室，算是又回归到了写作的大道上。2016年到中国人民大学创造性写作研究生班读书学习，与阎连科、梁鸿、张楚、孙频等师友在一起交流，对我写作上的启示和鼓励都很大。

**文化艺术报：**您有多年当记者的经历。毕飞宇说他在《南京日报》当记者的时候，跑的是法制线，他坦承自己不是个好记者，他老想着写小说，您是不是也这样？

**沈　念：**我没有，我现在一直对报社的八年经历很纠结，不知如何去评判。我当时调入报社时是想去副刊部，但社长安排我去新闻部，说多接触社会，锻炼一下。结果一干就成了当地有名的时政记者，中途除了自己跑新闻，还要编评论版，写社评。因为你在从事一份与文学没关联度的工作，所以必须先把这份工作干好。前不久有家刊物约我做了一个创作年表，在报社这几年的创作发表量是很小的，每年就一两个，而且作品质量也没什么可以言说的。我唯有每天深夜下班回去，在临睡前翻读一下书。有许多作家有过类似的记者从业经历，我记得作家须一瓜说过一句话：末条新闻，头条小说。我曾经自我调侃：我是写头条新闻，没有小说。

我是个敬业尽职的记者，但不能算好记者。记者身上应该拥有的对社会问题"扎针式""打破砂锅式"的品质我没有，但这段经历是我个人成长的一个重要阶段，它让我去经历纷纭的社会各个层面，认识到人的复杂性。应该说，记者生涯帮我完成着生命的成长，这种成长在后来的岁月里慢慢转为文学的生长。

文学界的妖娆异类

海男

在神秘的语言中我们相遇。

海男 2024.8.13

## 海　男

　　出生于20世纪60年代，中国当代著名作家，中国女性先锋作家代表人之一。现为云南师范大学特聘教授。曾获1996年刘丽安诗歌奖、中国新时期十大女诗人殊荣奖、2005年《诗歌报》年度诗人奖、2008年《诗歌月刊》实力派诗人奖、2009年第三届中国女性文学奖、2014年第六届鲁迅文学奖诗歌奖。作品有跨文本写作《男人传》《女人传》《身体传》《爱情传》等，长篇小说代表作《花纹》《夜生活》《马帮城》《私生活》，散文集《空中花园》《屏风中的声音》《我的魔法之旅》《请男人干杯》等，诗歌集《唇色》《虚构的玫瑰》《是什么在背后》等。

**文化艺术报**：您的作品体量非常大，出版了近一百本书，诗歌、散文、小说、绘画，都成就不俗。在诗人、小说家、画家和先前批评界提出的"最有争议的女性主义诗人"这些身份里，您最认可哪个？

**海　男**：我从十七岁就开始写作了，写作似乎就是我的命运，我关心的似乎就是语言的问题，它超过了外在给予自己的任何评价。写作当然是最长的，贯穿了我生命的大半辈子，而且一生都在写作，语言对于我来说，已经是随身携带的速度和呼吸，在这两者之间，写作的速度不慌不忙，因为只要不出门，每天都会写一些文字，这样才能安心。如果非要认可的话，我还是一个写作者，而我的诗歌、散文或小说似乎都是融为一体的。因为我一直认为，一个小说家，其语言中必然有诗歌般的倾向，而散文诗歌也同样，有叙事，也在趋近诗歌的元素。

**文化艺术报**：2024年第6期的《四川文学》杂志节选了您的最新长篇小说《鸢尾花开》，可否谈谈您最新创作的这部长篇？

**海　男**：这部长篇从20世纪80年代写到了现在，大都是我们这一代人所经历的时间穿越，从使用票据到进入智能化时代的日常生活的变换，几代人的成长和跨越时空的叙事，以及我们所面临的日常记忆的忘却和回忆。这部长篇将由人民文学出版社出版。

**文化艺术报**：您的诗集《忧伤的黑麂鹿》2014年获得第六届鲁迅文学奖诗歌奖，另外，您还创作了多部长篇小说，《梦书：西南联大》《青云街四号》《男人传》《县城》等等，您最先创作的是诗歌还是小说？

**海　男**：我十七岁开始写作时，发表的第一个作品，其实是短篇小说，之后，我开始了大量的诗歌训练和读书。那时候我在滇西小县城写作，之后，我前往北京参加第八届青春诗会，留下来在鲁迅文学院与北师大合办的第一届研究生班学习了两年，我再次开始了小说创作，那是20世纪80年代进入90年代的时间。所以，我的小说创作是与诗歌创作同步进行的。

**文化艺术报**：从诗歌转向小说创作，最大的难度在哪里？

**海　男**：练习诗歌创作时，其实，我阅读的大量书籍，都是小说、散文和哲学书，而且这些书都是在我十八岁到三十五岁之间开始阅读的，读书一直陪伴我的写作。诗歌写作训练对于写小说很重要，一个好的故事如果没有语言的结构，这样的小说创作，对于我来说是缺乏激情的。20世纪90年代，我曾经一口气写了十个短篇小说，后来全部刊发于《花城》杂志。20世纪90年代，是我写小说的时间，除了写中短篇，也在写长篇，而且在搞跨文本写作，比如《男人传》《女人传》《身体传》《乡村传》《香烟传》等，都是在20世纪90年代完成的，我认为20世纪80年代到90年代，真的是写作者最好的时代。那时候的出版业也非常繁荣，因为读纸质书的人很多。写小说，最大的难度就是写下去，尤其是写一部长篇小说，从开始到结束，需要无数时间的汇集，就像大山深处的一条条支流奔向一条大河的过程。语言，就是我的节令和春夏秋冬，作为来到尘世间的一个生命个体，在非常渺茫的时空中，能够不断觉知梦幻和闪电，对于我来说，是延续写作的一条洒满雨点和被阳光所轮回照耀之路。此刻，我又听见了河流召唤我载我回家前行的声音。

不同的命运，拥有不同的艰辛，没有一件事情是容易的。你的需求、所爱，付出的劳动艰辛主题不一样。写作就像在汪洋大海中远行，奔赴的是波涛和暗礁，碰撞的是美人鱼和海妖……在内陆之上，是河川峡谷盆地钢筋水泥，遇到的是小野兽、仙鹤、逸闻、善恶和白云朵朵。

许多事经不住时间的考验，就默默地消失了。当你想起来时，像一阵风卷起了帽子，你去追赶时，又遇见了另一些事、另一些人、另一种陌生和新奇。树上的鸟巢也变了，水的颜色不会变，水缸里的月亮不会变——到后来，唯有虚无经受住了时间的考验。这就是写作。

**文化艺术报**：您写过两部以碧色寨为背景的长篇小说，为什么对碧色寨这么痴迷？

**海　男**：多年以前，我因为与蒙自碧色寨的邂逅，完成了长篇小说《碧色寨之恋》，自此以后，这条铁路就长驻我心中。这些年里，在我往返于碧色寨的时光中，在这条铁路上我又遇到了更多驻守碧色寨的朋友们，也遇到了更多寻找这条铁路的旅行者，所以，新长篇《漫歌：碧色寨》又诞生了。我们的生命中有无数时光的召唤，来自偶然和必然。因为这是一条充满了神秘传奇的铁路，每次走在这条铁路上时，都会看见带着精神和灵魂的旅人。两部长篇有不同时代的穿越，寻找着漫漫时光篇章中永不落幕的舞台，每一代人都带着不同的生命和梦想在寻找；每一代人都有自己置身时代的背景和精神所向。

穿越时空隧道是我近些年关注的写作问题，也是我内心深处自始至终存在的追求。述说一代又一代人灵魂出窍时的迷茫，似乎比时间的历史渊源更为古老，因为它是从身体中遇见的一场又一场突如其来的叙事。在这个碎片化的时代，我的写作同样融入其中，逃离地球是不可能的。我们只有一个地球，所以，每个人在内心深处都有一个可以像孩子般一一抚摸并拥抱的地球仪。我们是光阴，也是过往云烟的一代又一代人。

**文化艺术报**：您的多部长篇中，您最满意哪一部？

**海　男**：下一部，未写出的那一部，等待我写出的另一部书，似乎就是我的明天，也是我书中的叙述。所有的写作和哲学问题都必须面对迷茫和明天，就像树荫陪伴着我们，有时候太阳暖洋洋的，你会显得慵懒，晒着太阳，看着一条蚯蚓在爬行。时间就这么过去。焦虑是艺术的潜质，一个写作者从出世到入世，再进入熔炼到静默和焦虑，再转化为语言，需要时空。所以，没有写出的那本书，也许是最好的。有时候，完成的作品不知不觉中就开始厌倦了，这似乎是我的本能，因为一颗荡动的心灵，总期待着新的语言表达。

**文化艺术报**：您曾经写过一篇文章，说"想写作，你得先有一份工作"，您是如何处理生活、职业与写作的关系的？

**海　男**：从年轻时就开始写作，首先要解决生存与写作的关系。读弗吉尼亚·伍尔芙时，她早就知道了女人如果要写作，必然要有一间自己的房子和固定的薪水。所以，我总是老老实实地上班，之后，再写作。当然，我在办公室也同样可以写作。后来，不再上班了，仍然按照原有的规则早早起床，这是一个必须培养的习惯，公鸡叫醒了我，树上的鸟儿们叫醒了我，我潜在的身体中的铃声也同时叫醒了我。所以，写作的大部分时间就是从早上开始的，这时候的我，好像很容易进入从一句语言表达以后的另一句语言，对于我来说，所谓的灵魂必须从一句语言开始，写到第三句就开始接受了上苍的安排。我不在乎什么灵感，生活在语言中的人，大概已经习惯了去语言中生活。这时候，是我的身体需要语言，进入这个阶段，写作就成了日常，就像人在太阳升起后接受的最公正的生活状态，每个人都在不断的重复中去生活。

**文化艺术报**：您很年轻的时候就以诗歌成名，荣获过很多诗歌大奖，1996年刘丽安诗歌奖、2005年《诗歌报》年度诗人奖、2008年《诗歌月刊》实力派诗人奖、2014年第六届鲁迅文学奖诗歌奖，2023年，您还获得了杨升庵诗歌奖。今天，人们对诗歌的评判分歧很大，您是如何区分诗歌的优劣的？

**海　男**：好的诗歌写作，一定是从灵魂开始的。所谓灵魂，是一个人身体中与生俱来的，以及后天培植的修养。就像火烈鸟飞到了水边，经历了漫长的飞翔期以后，它们栖息处碧绿的苇草、蓝色的水浪都是迎接它们的背景。一个生命降生以后的命运，不同的方向感所感知的精神所向，都是灵魂中的一部分。仅仅用身体写作还不够，还需要灵魂。两者之间有存在的秘密，有告别的仪式，有彼此相爱的时间，好的诗歌，必然有自己独立的美学和态度，有亲身经历的无论是幻想中的，还是来自现实中的煎熬和熔炼。一个没有经历过艰辛探索的人，很难想象会写出感动人的诗歌。

**文化艺术报**：您在滇西永胜的时候就开始写诗，您是怎样喜欢上文学的？

**海　男**：从十岁就开始阅读，在学校上数理化时，我将长篇小说放在课本下面，贪婪地想读书，读课外书，几乎成了那个年龄段中最重要的事情。那时候的书有苏联小说，有中国作家的小说，每本书都像皱巴巴的羊皮卷书，书，对于我来说，要比现实更有诱惑力，所以，我的写作源于早年的阅读，而且寻找纸质书的过程，在今天看来，也可以写一部长篇小说。那些来历不明的书，总会在各种场景与我相遇，借书的过程总有来自现实的人或世态，我的阅读不仅在纸上，而且还会大段大段抄写喜欢的段落，这对于十六岁以后开始写作的我来说，确实是一个故事和开头。如果没有大量的阅读，就不可能有我的写作。

**文化艺术报**：童年的经验对作家的成长非常重要，您的童年是怎样的？

**海　男**：在滇西小县城，我的母亲是一位农艺师，我们的童年生活几乎都是跟随母亲长久地住在小镇上，那周围是一片洪武年代屯边时留下的田野农耕地，无数阡陌路上的朴素的生活，保持纯自然的原生态生活。在一个贫瘠而无工业污染的小世界里，我们同那个时代的人事物语在一起成长和生活，这应该是我人生中最幸福无忧的时光。每到假期，我就会跟上母亲的节奏，跟着戴一顶麦秸色宽边草帽的母亲出入村庄，去看她亲自指导的栽桑养蚕的世界，每天来回几十公里，看到的野花和各种昆虫，足够我一生去享受并回忆。与此同时，小镇上的生活，完全是一个充满了安宁和人性的时空之地，我的童年虽然迎着光和蝴蝶在成长，却也开始敏感地接受了世态的变幻无穷。

**文化艺术报**：您的母亲是农艺师，她会指导您的阅读吗？

**海　男**：母亲是一位杰出的农艺师，她总是早出晚归，但她给予我们的是燃灯的油，那时候经常停电，她虽然无法指导我的阅读，但她本身对于我来说，就是一本书。母亲对我的影响很大，她会告诉我每一个节令的变化意味着什么，她也会从村庄给我们带回新奇的植物，亲手栽在小院里。同时，母亲接触的人或事，在今天看来，如果汇集起来，都是一座小小的自然博物馆。这些都是我的阅读，是走在大地上的母亲带给我们的自然之书。母亲就是从小走在我身边的词根，她的良善认知犹如尘埃深处生长的庄稼植物，是母亲教会我做油灯，往油灯中加油，也是母亲教会了我往小院里栽树和蔬菜水果，更为重要的是母亲一生勤俭持家的风尚、将好东西给予他人的习惯，是对我一生的引领。除此外，母亲每天都会往笔记本上记事，她记下的是日常生活的每一个层面，看见母亲安静地坐在一隅，用钢笔往笔记本上记事时，我会好奇地站在她肩后，母亲有一头浓密乌黑的短发，母亲写字很认真……也许就是从那一刻开始我喜欢上了纸质笔记本，从那以后，就喜欢上了在笔记本上写字，写诗歌长篇，并留下了很多手稿。

**文化艺术报**：还记得您最早发表的作品吗？有没有经历不断被退稿的折磨？

**海　男**：最早写出的作品，起初写在笔记本和信笺纸上，都是悄悄地写，害怕被别人看见，似乎我从开始写作时，就已经意识到了，写作是一个人的事情，跟别人没有任何关系。所以，我会拉上窗帘，在隐晦的光线中写出文字。后来，终于在百货店买回了稿纸，便抄写下来，装在牛皮纸信封中，忐忑不安地走进县邮政所。哦，看见邮戳盖在信封上时，内心就充满了期待。于是，生活中就有了邮差骑着自行车来的叫唤声，如果收到退稿，里边会有一封编辑手写的信，如果信封是薄薄的，说明你的作品就会被采用了。总之，自从寄稿后，也同时订了不少文学刊物，作品被采用时，必然是我欢喜的时刻，当然，也有不断的退稿，但退稿的沮丧很快也会过去的。

**文化艺术报**：在您现在的位置，回过头看，您认为诗人要写好诗歌，应该具备哪些条件？

**海　男**：一个作家和诗人要持久地写作，对我而言有三要素。其一，永不丧失对虚幻力量的追索和践行，一个空想者，只会让一朵云从眼皮底下消失，只有跟随云去变幻，才会寻找到广大的云絮和神秘的踪迹。其二，永不丧失享受孤独并与此生活在语言中的能力。一个迷失在语言深处的写作者，才会融入你的时代、你身后的历史和未来的时空。

其三，永不丧失对一个人内心世界的追究和熔炼魔法的时间历程，所有的作品都需要写作者历尽人生的磨难，才能抵达你的长夜和光芒。

**文化艺术报**：在成长的经历中，哪些前辈对您产生过重要影响？

**海　男**：阅读贯穿一生，这就是对我训练语言表达，以及人生修为的最大影响，中国的古典文学除了诗词外，还有《山海经》《东周列国志》等，对我影响很大。早年跑步时，每天早晨背一首古诗词，边走边背诵，犹如打开了山水间的音韵，这也是一种最早的对于传统文学的学习。世界文学对于我来说，是一个不断学习的过程，从现实主义作品到意识流后现代派作品，一边读书一边写作，也是我的习惯。读书让我知道了世界上那些遥远的国度上所发生的故事，也让我在研习中不断地获得自己写作的方向和风格。

**文化艺术报**：听朋友说您藏书丰富，您的阅读有何偏好？

**海　男**：是啊，从小县城的20世纪80年代站在新华书店排队买书，那时候的风尚中飘忽着浓郁的书香味，人们沉滞了漫长时光的阅读史开始复苏。那年我十六岁，站在人群中排队买书，从那时候开始，我的阅读和藏书就开始了，开始时偏爱读小说、诗歌，后来，慢慢地喜欢上了人文自然的书籍。在云南行走时，每到一地，都喜欢收藏文史类书籍……而且，我总是反复地收藏喜欢的作家在不同时间再版的书籍，我喜欢新的书籍中散发出的香味，同时也会从书架上取下过去时代被我阅读时留下痕迹的书，在旧书中也经常会跑出一只美丽的蝴蝶标本……在有书的世界中生活写作，灵魂不会枯萎或腐朽。

**文化艺术报**：您曾经说："阅读外国作家的作品像是一道轮轴，贯穿在我生命的起伏荡漾之中……"阅读外国作家的作品，给您带来了哪些变化？

海　男：外国文学是多方面的，比如，我是在20世纪80年代行走黄河时，在宁夏的书店中第一次买下了《百年孤独》，坐在黄河岸边的沙滩上翻开书时，我的心跳比往常更剧烈，《百年孤独》的开头，就像是我突然间发现了世界的奇迹般的语言，从那时候开始，我的写作开始了沉思和寻找汉语写作的源头；我是在鲁迅文学院研究生班时，开始阅读博尔赫斯、昆德拉、杜拉斯、艾略特、本雅明和加缪的……那时候，我已经开始写中篇小说。回到云南后的20世纪90年代初期，我开始读完了七卷本的《追忆逝水年华》，同时，我在第一时间中，总是会读到云南人民出版社出版的拉丁美洲文学……后来，我又开始读卡夫卡、弗吉尼亚·伍尔芙的全部作品，我还喜欢上了尤瑟纳尔的小说，20世纪90年代我开始尝试着文体结构和语言的变化。写作，所经历的这条道路，需要寂静和孤独，更需要守卫时间的流逝，每一段时空的变幻，都会留下不同时代的作品，也需要面对更陌生的语境。

**文化艺术报**：旅行对您似乎和写作一样重要，您总是沿云南地貌旅行，是自驾出行还是随意旅行？

海　男：每一个写作者的身前身后都有自己的板块，无论我置身何处，只有回到云南时，我的脚跟才会真正落地。其实，从我是一个婴儿时，我就已经开始了一个人的行走。小时候，是在母亲的护佑下移步，从移步到奔跑出去，意识中已经长出了翅膀，人没有羽毛，翅膀是造物主安排的。因为人是在大地上行走的动物，每一次出门都是预谋过的或突如其来的。我喜欢去没有旅游者的地方，或者说是还没有变成网红区的地域，这样的行走更私人化，也更有一个人深度的体验过程。

文化艺术报：您还有一个身份是云南师范大学的特聘教授，需要给学生上课吗，是带研究生还是本科生？另外，您还有书画院，好像都在红河州？

海　男：不需要上课，更多时间是在工作室与同学们交流写作和人生，喜欢大学校园年轻人的状态，跟大学生们在一起，总会充满希望和活力。我们这一代丧失的东西，都会在年轻人身上呈现。除此外，我有两个书画院都在红河州的蒙自碧色寨，一座在百年滇越铁路火车站的遗址里，另一座在弥勒西三镇法依哨的村庄里，我会用不同的时间，去驻守两座完全不相同的书画院，在里边写作绘画。

文化艺术报：在长期写作中，您是如何保持持续的动力和旺盛的创作欲望的？

海　男：当写作成了你生命中的习惯和维持生命的需要时，写作就会从昨天绵延到今天，也会从今天面向未来而去。活着，是一个体现具体事物的现象，我们为之活下去，为了忘却悲伤而活下去，必将用某种生活填写岁月的痕迹。为了虚无主义而活下去，是在用虚无战胜对于现实的厌倦。语言中存在的广大空间，就是从现实到虚无缥缈的历程，这是一个无限的时间故事。写作，让我不间断地保持着阅读的习惯，也同时保持着与外在事物的联系。那些丰饶的作品和传奇者的生活，永远沉醉在滚滚不息的浪潮中，伴随着波涛激流、阴晴圆缺和内心之锦绣，被不朽的历史和深情的歌声所拥抱，从不会消失音讯和历史的尘埃。

除了写作时的焦虑，还需要那些炽热的光线走进房间，在阳光涌进窗口时进入房间，写作会更有希望的尽头。其实尽头永远是遥远的，也是无法抵达的。当阴雨绵绵时，写作更具有阴晦天气中更好的穿透力。每天早晨醒来，就期待着语言降临，这是我活下去的现实。

**文化艺术报**：您是从2014年开始画画的，其间举办了多次画展。对画画的喜爱，是从何时开始的？

**海　男**：其实，我从幼年时代就开始了研习色彩，这并不意味着我要绘画。云南大地就是一个个天然的调色板。当成片成片的野花绽放时，我站在路边或山野，我天生就是一个自然主义者，每次看见花，就想走近它们；闻到香味时，身体已经开始收藏记忆；触摸花枝时，已经在无意间观测到了花的颜色和层次。山水就在眼前，我去过北方广大的平原，对于我来说，我更适合生活在大西南的小小盆地，出门就是山，身边就是水域。所以，云南的千山万水教会了我色彩，直到2014年我才真正地在画布上开始涂鸦……如今，几年过去了，这几天又在筹备着一场个人诗画展。办展览，遇见一些陌生人的审美，让我会反省自我的诗画旅程。

**文化艺术报**：黄玲教授曾经写过您的传记《妖娆异类——海男评传》，这本专著为读者进入您的文学世界打开了一扇门，您自己有没有写自传的计划？

**海　男**：我想，我会在进入七十多岁以后的某一天，开始写一部属于我自己的自传书。那时候，所有历经的故事都已经越来越枯萎，只有在这样的时间中，我才会有勇气坦言人世间，我所经历的爱和疼痛、写作和光阴的故事。那时候，我已经到了站在落日余晖中，清晰可见自我历程的年龄，只有那一天的降临，我会写好我的自传，而我的自传，本身就是一部一个人的时间史。是的，有时候就幻想那个垂垂老去的我，坐在一把旧椅子上缓慢地写着从前的故事。我相信，我一定会活到写自传的年龄，也一定会写出我想写的一个人的苍茫时光。

**文化艺术报**：后面您还有哪些写作计划，可以透露吗？

**海　男**：正在写的有长篇小说《青春期》，还有长诗《从梦幻到闪电》《去看灯塔的路上》，未来不可知……但我希望只要生命存在，我会写到九十岁，这也是我跟林白约定的写作时光。时间之书，越往后，会更艰辛，但这正是写作者所享受的孤独和快乐，尽管快乐瞬息即逝，然而，继续写下去吧！我很少抵触这个世间的许多宿命，就像写作在哆嗦中，延续着你心灵中那些剪不断的琐事。写作，就是生活在无尽的琐碎中，用琐碎来记录生活，就像在白色泡沫中可以洗干净碗筷和衣物，在白色泡沫中可能抵达或出发。

# 王十月

## 我要做打工者的灵魂摆渡人

赠

政文化艺术报的读者

致敬西西弗 也致敬自己

二〇二三年秋于十月

## 王十月

　　1972年生于湖北荆州农村,初中毕业后务农、打工,2000年开始小说创作。主要作品有长篇小说《烦躁不安》《31区》《活物》《无碑》《米岛》《收脚印的人》《如果末日无期》《不舍昼夜》,中短篇小说集、散文集《国家订单》《我们的罪》《父与子的战争》等数十种。获第五届鲁迅文学奖中篇小说奖、人民文学奖、《小说选刊》年度中篇小说奖、百花文学奖等。有作品译成英、俄、意、日、西班牙、蒙古语等多种语言出版、发表。

**文化艺术报**：您最新出版的长篇小说《不舍昼夜》，浓缩了近半个世纪的中国社会变迁和个体命运的跌宕起伏，近五十年的时间跨度，正好和您的成长周期吻合，这是有意为之吗？

**王十月**：的确是有意为之，包括书中主人公名叫王端午，也是为了让读者联想到王十月。小说虽是虚构，却要让读者相信你所写之真实性，就算是魔幻现实主义，也要让读者觉得可信，我有意让读者将这部书当我的自传来看，这样会增加读者阅读时的认同感。选取这五十年，是因这五十年与我的生命高度重叠，如此写来，会保证个体生命史和时代进程的吻合度，减少出现硬伤的可能性，也更贴合人物。

**文化艺术报**：《不舍昼夜》中有没有您自己的影子？

**王十月**：要说真实事件，有那么两三桩，比如初到广东时被卖猪仔，比如初中毕业后去割芦苇，还有小时生病，是我实在的生活，除此再无其他。但这部书，又可以说全是我的影子，因为王端午的内心就是我的内心，他的成长、他的困惑、他的理想主义、他的溃败与坚持、他内心的美好与丑陋……因此也可以说，这部书是我的心灵史。

**文化艺术报**：您谈到《不舍昼夜》时说："这部书就像一把锐利的手术刀，精准地剖析着人性的复杂与多面。我希望读者在阅读的过程中，能够感受到那种直击心灵的震撼。"可见这部长篇在您心中的位置。可否谈谈创作这部长篇的初衷？

**王十月**：这部书，对于我个人而言自是至关重要的，是我必须要写的，而且必须要面对的一本书，无论它于读者有无意义，它是我赤诚面对自我灵魂拷问的一部书。事实上，这一主旨，我思之已久，且之前也在中篇小说比如《人罪》中有所涉及，到长篇小说《收脚印的人》，我做了第一次尝试，想坦诚面对自己，给灵魂来一次大清洁，但《收脚印的人》并没有处理好这一命题，主要原因，是我还是不够坦诚，有所回避。另外，《收脚印的人》将切口对准了收容遣送这一政策造成的后果，虽也指向了人心，但我总觉得不满意，因此我一直想着重写。就好比爬珠峰，第一次未能登顶，休整之后，我要再次征服它。因此这部书，可以看作是我对过往生活的一次集大成的思考与打包。正因如此，在写作之初，我就想到，越是复杂的主旨，越是要用简洁的形式，于是采取了个人史的书写策略。写成个人史，又有意让书写具有自传色彩，当然也有风险，容易被人误读，认为你当真是在写自传，认为你只是盯着自己写，显得不够宏大；或者说，认为小说要跳出小我写众生。但我有个基本的观念：我即众生，众生即我。如果作家连我都没研究透，何来研究众生？如果将我研究透了，推己及人，我即众生。因此我在题记中写了两句："我非我时谁是我？我是我时我是谁？"动笔写这部书，是因众所周知的原因，那段时间大家都居家办公，我又生病，意识到，我的生命随时会终结，有了想要为这一生留下一部赤诚之书、生命之书的想法。于是在病中开始了写作。

**文化艺术报**：作家鲍十说："《不舍昼夜》是一部具有现实主义底色，同时又运用了现代派文学技法的作品，最典型的例子就是王端午的脑袋里住着他的弟弟，实际上是两个人在这个世界上活动，有魔幻的色彩，也有超现实的色彩。"您是一个现实主义作家，这部长篇小说依然保留着您现实主义创作的底色？

**王十月**：这部书当然是现实主义的，但最终指向了超现实主义。也可以说，在写作之初我就计划好了，要用前面五章现实主义的铺垫，为第六章超现实主义的大爆炸来积蓄能量。但超现实主义只是方法论，最终指向的，依然是我们广阔的外部现实和幽深的内心现实。至于前面写到的王端午脑子里住着两个灵魂，我倒并不是以魔幻现实主义的手法在处理；在我这里，王中秋并不是鬼魂，他是王端午的另一重人格。在书中，王端午有多个名字，每个名字代表了一重人格；当然，最重要的是王端午和王中秋，还有醒宝、李文艳、王端、流浪大师。王端午每一次改名，都可看作是他多重人格中沉睡人格的觉醒，但到最后，他终于回归到了王端午。当然，我并没有极力去明写这些，如果明写，就成了一本书写多重人格争夺战的类型小说了，我不想让这种过于类型化的主旨遮蔽我真正想表达的内容，人格争压也不过是手段，因此我写得比较隐晦。如果写类型小说，倒是可以直接写六重人格争夺战，书名可以直接叫《六重人格》。正如谢有顺所言，我是现实主义者，我还是要回到现实主义的底色上来。

**文化艺术报**：《不舍昼夜》书中反复强调《西西弗神话》，为何会用加缪的《西西弗神话》，您是想从这个无意义的背景中建立自己的意义还是想表达您对生命的态度？

**王十月**：或者二者皆有之。我是深受存在主义影响的，之前的小说，这种倾向就比较明显，但我不是太自觉，随着写作的深入，我开始自觉接受存在主义的指引。人生本来无意义，人生的全部意义只是成为人，但人只有在死后才能确定自己这一世为人是否成为人。只要没死，这个人就有可能异化为兽。人生本来荒诞，如同不停推石头上山的西西弗，但西西弗最动人之处，不在于他一直坚持推石头上山，也不在于他希望有一天能将石头推上山；西西弗最动人之处在于，他明知石头将一次次落下，他明知这是徒劳的奋斗，但他依然激情满怀地将石头推向山顶。用存在主义的话说，是徒劳的奋斗和无用的激情；用中国古人的话说，就叫明知不可为而为之。知其不可为而不为之，是大多数人明智的选择，也是我们向来推崇的；知其不可为而为之，则是更高的境界，这样的人，更值得敬重。我到五十岁时，回望自己过去几十年，时时觉得，我之所以成为今天的我，到五十岁依旧不甘失败，正是因为，我的身上有西西弗的影子，认清了生活的真相之后依然热爱生活。推己及人，事实上，我们每个人身上，或多或少有西西弗的影子；用更朴实的话来说，大家都不认命。事实上，人生下来就在做一件事——走向死亡，而且注定只有一个结果——死掉。这样一想，一切皆是虚妄，但我们并不曾因此而失去活着的勇气。这就是我想要书写的。

**文化艺术报**：《不舍昼夜》展现近半个世纪的时间跨度，写作最大的挑战是哪些？

**王十月**：首先面临的挑战是身体，这几年身体本来不大好，这部书写到五万字，正逢2020年底，又病倒了。染病当天晚上，半夜高烧，迷迷糊糊起来想去卫生间，天旋地转，直挺挺倒在地上晕死过去，也不知晕倒了多久；苏醒过来，像从水里捞起来的，浑身全是冰凉的汗水。家人打120，说给登记，最快八小时才能到。这之后，身体就一直不好。但我只休息了三天就开始写作了，每天晚上写两三小时。以为自己会死，有了写遗书的心，写的时候，感觉有很多话想和这世界说，因此写得很松散，最多的一稿有四十九万字，恨不得将一生的感受都写进去。写完初稿，休息两个月，调理身体，开始修改。修改更难，我的计划，读者最好能在一天读完这部书，最多用上两天，我理想的篇幅，是二十万字左右。如何删，成了问题，往往是删一稿，删去十万字，加写五万字。这样前后大改了八稿，实在删不动了。好在我给很多读者试读，大家都在一到两天读完。前不久，新书首发，请了著名小说家鲍十。因首发之前书没出，他读的是电子版，他说他从下午读到第二天早上六点，一通宵读完，这让我很感动。另一个挑战，是如何处理个人和时代的关系，我想写个人的生命史、心灵史，写他生活的几十年的中国，但我又不想将注意力过多放在时代背景上，也不太想去写时代变迁这样的老话题，我很少去写这几十年间中国发生了什么，只偶尔在必要关节点点一下，我不想罗列这五十年的中国大事记，但我又想写出人和时代的关系。最难的，是我想着力的是心灵史，而心灵中的变化容易写得凌空虚蹈，如何化虚入实、化实入虚，是我格外用心的地方。当王中秋进入王端午的脑子里时起，我就知道，我找到了方法。而写到第六章，当王端午在流浪途中，身边出现鲁迅和加缪时，我几乎要仰天长啸了，这个超现实主义的华章一气呵成，也没分章节。后来《十月》的季亚娅主编说，读这一段，读到了一种江河奔涌的感觉。我要的就是这种感觉。

**文化艺术报**：批评家谢有顺谈到您的创作时说："他是现实主义者，但他身上间或焕发出来的理想主义精神，常常令我心生敬意；他也写自己的经验，但他的心事，通向的往往是这个时代'主要的真实'；他的文字因为贯注着一种理解他者的视角，以至他笔下的现实也就成了一部分人的精神荒原——这个荒原，没有王十月等人强有力的书写，很可能是永远隐匿的。"《不舍昼夜》正是从密室走向旷野，是文学重新发出直白的心声、重新面对现实发言的必要转型？

**王十月**：我一开始就站在旷野，这与我的经历有关。我不是书斋走出的写作者，甚至从未进入过密室，因此我算是野生型的写作者。我一直看重的是作家说出了什么。当然，中间有过一段时间，我创作了《如果末日无期》，这部小说被认为是科幻小说，但我是当现实主义小说写的，为了区别于科幻小说，我还在书中造了个命名，"未来现实主义"。从这个意义上来说,《不舍昼夜》可以称为我的回归,但不是转型。是短暂出走之后的回归。

**文化艺术报**:《不舍昼夜》和您的成名作《国家订单》比,发生了哪些改变?

**王十月**:《国家订单》写中国与世界的关系,是中国的一个小镇上的劳动者,与大洋彼岸的灾难事件之间的蝴蝶效应,是全球化的时代个体中国人的命运与世界的关系。而《不舍昼夜》更多关注的是心与世界的关系,是内部世界与外部世界的关系,反复追问的是人何以成为人的问题,是人该如何活这一生的根本问题。因此,可以这样说,《国家订单》是一个描写全球化的中国化的小说,而《不舍昼夜》真正做到了全球化。

**文化艺术报**:您的上一部长篇《如果末日无期》,将真实世界的记忆加载到虚拟世界,您将这本书称为"未来现实主义",您是如何理解"未来现实主义"的?

**王十月**:上面简单提到过,"未来现实主义"如同魔幻现实主义一样,在我看来,它们首先是现实主义,是立足我们脚下的大地和大地上发生的人与事的,是直面问题的。"未来现实主义"立足于科技发展可能会对我们的生活发生的改变,而基于此改变会造成怎样的现实冲击波。它不单纯是科学幻想,关注点也不是科技,而是人。我还拟将《米岛》《活物》《31区》这三部小说称为"巫鬼现实主义三部曲",这个"巫鬼现实主义"和魔幻现实主义又不一样,它立足的是我们楚人的巫鬼文化,但无论是"未来现实主义"还是"巫鬼现实主义",他们归根结底都是现实主义。如果不能在现实主义的背景下考量它们,就偏离了根本。

**文化艺术报**：您一直被定义为现实主义作家，2018年，却集中在《人民文学》《十月》等杂志发表了一批科幻小说，在人民文学出版社出版了长篇科幻小说《如果末日无期》。一个现实主义者，突然写起科幻小说，多少有些出人意料。您为什么会写科幻文学？

**王十月**：诚如上面所言，我并不认为我的《如果末日无期》是科幻小说，但出版方也好，评论者也好，媒体也好，都将其归于科幻文学，这种力量是巨大的，我也无法抵抗，于是在反复声明我的小说不是科幻小说无效之后，我也只好在科幻文学的话语体系内谈论《如果末日无期》，但在我心里，它就是现实主义。

**文化艺术报**：您一度被称为"打工文学"的代表作家，您是从什么时候喜欢上文学的？

**王十月**：喜欢文学比较早，早在十一二岁甚至更早，那时只是单纯爱读小说，放牛时读，晚上躲在被窝里读，没有文学概念，就是单纯爱看小说。那时除了看小说，也没有什么别的消闲。十五六岁时，写过一段时间格律诗，跟老先生学平平仄仄平平仄。出门打工后，在武汉时，遇到两个爱读书的老板，第一个老板是法国文学迷，推荐我读法国文学，因此知道了浪漫主义的雨果、现实主义的巴尔扎克和自然主义的左拉，其中又以左拉读得最系统。但当时依旧只是当闲书读，并没想过将来要写小说。到将近三十岁，在佛山打工，听说了打工作家的故事，心想我也可以成为打工作家，可以通过写作改变命运，于是就开始写，结果没费太多周折，写了一年不到，就进了当时在珠三角有着海量读者的《大鹏湾》杂志当编辑。

**文化艺术报**：您早年的梦想并不是当作家，而是当一名像齐白石那样的民间画家？

**王十月**：那时也不知齐白石何许人也。我叔叔会画画，给人画中堂，给婚床镜子背面画画。那时新人结婚，用一种我们叫宁波床的婚床，上面有数十面大大小小的镜子，镜子背后画上花鸟虫鱼，再刷上一层背漆。我当时想学这个，叔叔说这个没出息，已经没人再用宁波床了，用六弯床，六弯床上没有镜子。结果看到石首群艺馆王子君老师的招生启事，成为他的学生，学素描和工笔，也算是打了一点点基础。素描只学了石膏几何体，然后画水果、茶壶之类的静物，没学画人头像。工笔就画花鸟，我创作了一幅《小园豆花》，参加了石首市第六届青年美展，那年我十六岁。后来出门打工，在武汉时，老板傅泽南是大画家，经理是老板的同学，也是画家，我的工作就是在丝绸上画牡丹、画荷花、画兰草、画月季。

**文化艺术报**：您自幼热爱绘画和文学，但由于家庭贫困没有机会读书。打工岁月里，您是如何读书的？

**王十月**：我初中毕业不再上学，不是因为家贫，那时已经改革开放包产到户，家里供我上学没问题。我学习成绩不好，过于偏科，数学英语完全废了，没考上高中，想去复读来着，学校不收我，认为我太调皮，不是读书的料。可我又不想老老实实种田，后来兴起了打工潮，我就成为村里最早出来打工的那一批人之一。打工的时候挺无聊的，没别的娱乐，于是读书成了必然的选择。我是幸运的，遇到的几个老板都是读书人，前面说的教我读法国文学的老板傅泽南，他是85新潮时期美术界的风云人物、江苏新野性画派的主将，后来遇到一个老板叫徐远宁，是中国科学院武汉物理所的研究员，开了间小公司，我在他公司打工，他指导我读了很多科普类的书。

**文化艺术报**：为了生存，您一度做过建筑工、印刷工、手绘师等二十余种工作。打工时住集体宿舍还是自己在外面租房，那个时候您是如何写作的？

**王十月**：打工住集体宿舍，八人一间房，上下铺、铁架床，我都是睡上铺。为了方便管理，工厂宿舍晚上不熄灯，下班后就趴在床上写小说。在车间里也写，写在印刷试样的卡纸背面。写一篇草稿，然后抄到方格纸上。

**文化艺术报**：还记得您的处女作吗？有没有经历过退稿的折磨？

**王十月**：我写作比较顺，一开始并不写小说，给报纸写豆腐干。当时我在佛山南海下面的一个镇打工，《南海日报》每周六出一版"外来工"版，发表几篇五六百字的打工故事，我给这个报纸写稿，写一篇投一篇，连投了十几二十篇都没中。编辑周崇贤是著名打工作家，他的经历更传奇，小学毕业出来打工，十几岁写小说发在《作品》杂志，得了广东新人新作奖，二十多岁出了八卷本文集。他给我回信，说我写得老气横秋，于是我就变化了，写点有趣的小故事，后来就篇篇都能发。但我不满足于写小豆腐干，于是写小说，第一篇《大雪小雪》，其实有点学周崇贤的《那窗那雪那女孩》，当然故事没学，叙事语言学他，这篇小说两年后才发出来。第二篇小说叫《我是一只小小鸟》，投到《大鹏湾》就发了，这篇小说没学别人，就写自己熟悉的工厂故事。《大鹏湾》是内刊。我在正式出版物上发表第一篇小说的时间是2001年，是发在《作品》上的《出租屋里的磨刀声》，因此按现在流行的说法，那我发表的处女作算是《出租屋里的磨刀声》。

**文化艺术报**：《天涯》杂志2010年第1期刊发了您《我是我的陷阱》一文，在这篇文章里，您回顾自己在深圳打工和做"非法出版物"记者的生涯，这段生活经历对您的创作有何影响？

**王十月**：当然，这个"非法出版物"是打了引号的，这是官方出版的刊物，出版方是深圳市宝安区文化局，不过是内刊，没有刊号，一开始用准印证，后来租了内地杂志的刊号用，算是打擦边球。到2004年，擦边球没得打了，刊物被停了。这段当编辑的生活，让我跳出打工第一线来看待打工生活，我的视野一下子开阔了。加之身边也有了可以讨论文学的老师和朋友，这让我的创作和那些一直在工厂一线的打工作家有了很大不同，我可能会更加客观地审视我们的生活，如果说过去是站在工厂看世界，后来则是站在世界看工厂了。

**文化艺术报**：乡村和城市漂泊的经历，哪个对您的创作影响更大？

**王十月**：这个问题问得很好，我从前没有思考过，你这一问，我仔细想来，影响的侧重点不一样。我十六岁离开乡村，乡村经历，特别是巫鬼文化的影响，更多的是塑造了我写作中灵性的一面；城市的漂泊经历，更多的是为我的写作提供素材，完善我对世界的看法。如果没有乡村经历，我也许能写出《国家订单》这样的描写城市打工者生活的作品，但肯定写不出《白斑马》《寻根团》《不断说话》这样将巫鬼文化和打工生活结合的作品。或者可以这样说，我的艺术直觉源自童年生活的影响，而理性思考更多源自漂泊生活。漂泊生活决定了我经历什么、看到什么、感受什么、关注什么，特别是站在怎样的角度看问题，乡村生活决定了我怎样写。

**文化艺术报**：《国家订单》获得了鲁迅文学奖。获奖对您意味着什么，给您的创作、生活带来了哪些改变？

**王十月**：获奖对我来说是很重要的，首先是，像我这样低学历的打工作者，一直是被主流文学界轻视的，这个奖的肯定，让我获得了自信，也让我更加坚定了自己的艺术直觉和理性思考，对写作者来说，自信比黄金更重要。获奖之前，我已调入《作品》杂志当编辑，获奖肯定会让我在作协系统内拥有更大的自由度，也会站得更稳。后来当主编，也与此不无关系吧。毕竟，一个初中毕业生当《作品》这样的名刊主编，还是有相当大的阻力的，哪怕你再能干。但有了鲁奖获得者这个名头，就会顺利很多。

**文化艺术报**：因为创作成绩突出，您被引进《作品》杂志做了编辑。此前，您在一本比较著名的打工杂志《大鹏湾》做编辑。《作品》杂志是广东省作协的刊物。从编辑到主编您用了十二年时间，现在，《作品》杂志打上了您的烙印。做好一本文学杂志，最大的挑战在哪里？

**王十月**：我算是资深编辑了，迄今当了二十年编辑。文学期刊主编，过去可能是很风光的职业，在今天，可能就是风光有限而压力山大了。挑战是多方面的，一是文学期刊已经形成了几家独大的局面，话语权、影响力集中在有限的三四家刊物手中，作者也只认这些刊物；另外，作者、读者对我们这本刊物已经形成了较为固有的认知，如何打破这认知，是个难题，加之一些刊物的财政资金比我们充裕得多，有钱好办事，我们算是比上不足，比下有余，财政支持进不了一线，连前十都进不了。于是，我面对的，一是没有老本可吃，没有影响力可供我们挥霍；二是人才凋零，过去作协人才主要集中在杂志社，现在人才都调去作协机关了，想要进的人又进不来。好在，新媒体的蓬勃发展为我们提供了契机，当时传统期刊都不太重视新媒体，主要也不是不重视，是缺少这方面的人才，于是我提出了"内容经典化，传播大众化"的十字办刊方针，一方面设计好栏目，以主动策划替代等米下锅，二是尽最大的努力在新媒体发力。这些年，我们有很多过硬的栏目，比如《经典70后》《大匠来了》《网生代》《超新星大爆炸》《汉学世界》，这些栏目在全国文学期刊中都是独创的，另外我们热情拥抱新媒体。我对同事们说，我们要用三年时间，让文学界听到我们的声音；再用三年，让文学界正视我们的声音；再用三年，让我们的声音引领文学潮流。现在我们刚刚走完第一个三年，相信文学界已经听到了我们的声音。

**文化艺术报**：*看过您一个创作谈，您说经常怀念当时自由写作时的生活。和现在体制内的工作生活相比，有哪些得失？*

**王十月**：自由写作，当然最大的得就是自由，我可以自由安排自己的时间，自由安排自己的写作计划，不用将精力耗在无用的会议和累心的人事关系上。当然，在体制内，有一分稳定的工作、稳定的收入，自由写作最大的压力是生计。

**文化艺术报**：*您自己写作，作家朋友多，退朋友的稿，会不会有压力，有没有出现不愉快的事情？*

**王十月**：还好。成熟的作家都能理解，刊物自有刊物的取舍，我也同样要面临被拒稿子，我总不会因为稿子被拒而怪罪编辑。因此朋友们倒没有压力，如果朋友给我稿子我没发，他因此怪罪我，这样的朋友不交也罢。但来自领导的压力，是最头疼的，顶头上司稿子压下来，一而再，再而三地拒，拒得多了，在单位处境就比较艰难，领导觉得你在搞独立王国，你这杂志针插不进水泼不进。单位很多人都觉得我这人很强势，尤其在领导眼里，觉得你是个难搞的刺头，穿小鞋是难免的，小鞋穿多了，我要保护好自己，只好像受惊的刺猬一样，将刺都竖起来。要办好杂志，拒稿是日常工作，毕竟稿件采用率不到百分之一。我对同事们说，不好退的稿子，你们都推到我身上，就说是我退的就行。

**文化艺术报**：您女儿高中考上了中央美院附中，保送上了中央美院，她有没有写作？

**王十月**：我女儿从小爱画画，不写作。她很小的时候，我就对她说，你的未来你做主，但老爸有两言相告，一不要当作家，因为当作家太苦了，身苦，心更苦；二不要考公务员。她从小无拘无束长大，她读书时的央美附中又是个很自由的学校，像大学一样管理，她没有受过约束。现在毕业了，也没有去找工作，当自由艺术家。

**文化艺术报**：青年作者普遍有一个发表难的问题，作为一本文学杂志主编，您对青年作者有没有话说？

**王十月**：我们杂志一直很重视青年作者，可以说，当下势头比较好的90后作者，大多数早期的小说，是我们这里推出的。对年轻人，我们的态度是，扶上马、送一程，后面路怎么走靠他们自己。我不算个爹味浓的人，对青年作者，也就没有什么特别要说的话。如果一定要说，那就只有一个字：写。如果一定要在"写"字前加一个修饰，那就是：坚持写。

亲爱的人们让我内心激动

马金莲

文学拉近心与心的距离。

马金莲
2024.8.4
于西海固

## 马金莲

回族,宁夏西吉人。宁夏作家协会副主席,固原市文联副主席。先后发表作品五百余万字,部分作品被选载,有作品入选各种选本,三部作品译介到国外。出版有小说集《父亲的雪》《长河》《1987年的浆水和酸菜》等十六部,长篇小说《马兰花开》《数星星的孩子》《亲爱的人们》等五部。获《民族文学》年度奖、《小说选刊》奖、郁达夫小说奖、高晓声文学奖、华语青年作家奖、茅盾文学新人奖、中宣部"五个一工程"奖、全国少数民族文学骏马奖、鲁迅文学奖等奖项。

**文化艺术报**：看简历，方知您是80后，《1987年的浆水和酸菜》获得鲁迅文学奖也已多年。二十四年的写作经历，您也是"老"作家了。

**马金莲**：是啊，按代际划分，我属于80后。获第七届鲁迅文学奖是2018年，时间真是奔流不息永不止步。回头去想，已经是很久以前的事了。我们80后这一代际出生的人，算起来最小的也已经三十多岁了，也就是说，80后早就算不得年轻，已经集体迈入而立之年，成为中年人了。逝者如斯夫，没有人能留住时光，我觉得和时间对抗的唯一办法是努力活好眼下，在有生之年珍惜每一天时光，趁着年华尚好，还能拼搏，做好该做的事情。比如我自己，我处理好上班和生活，对每一位亲人好，能帮到他们的我就尽我所能地帮助，用慈悲心肠看待世间万事万物，用深沉的情感理解这个世界，坚持阅读，写好每一部作品，不盲从，不跟风，坦坦荡荡，心平气和，不断地提高写作水平，在写作中保持探索精神，争取把每一部作品写好。同时，接纳和欣赏新的文学人才的成长，致力于文学新人的培养，为家乡的文学事业做出应有的贡献。

**文化艺术报**：这么多年，您一直扎根西海固，书写变革中的家乡。您的家乡西海固，曾经被认为是"最不适合人类生存的地区之一"，您为何一直扎根西海固，书写西海固？

**马金莲**：西海固，这三个字对于我来说，有一种难以描述的复杂感受在里头，怎么形容这情形呢，西海固就像一位母亲，这母亲生养了我们，并哺育我们成长，但是她贫穷、封闭、落后，自然环境恶劣，生存条件艰难，所以曾经被联合国教科文组织考察后定义为"不适宜人类生存"的地区。但是，我们祖辈在这里生活，一代又一代绵延赓续着，土里埋着祖先，世上活着亲人，后辈们也在生机勃勃地出生和成长，这些，都是大地母亲的庇佑和哺育。面对这样的母亲，我们能抱怨吗？有理由嫌弃她的清贫落后吗？她跟世上所有的母亲一样，含辛茹苦地养育着我们，我们唯有怀着深深的感恩来凝望她，用更多的奋斗来回报她。

我在这里出生并长大，上的是本地的民族师范学校，结婚成家、工作都在本地，除了偶尔外出参加文学活动，我至今没有真正意义上离开过西海固这个地方，确实可以算是把根扎在这个地方。我很早就体会到了西海固贫穷落后带给我们的苦难，20世纪80年代中期我有记忆的时候，记得家里顿顿吃杂粮面，当然现在的杂粮面比较稀罕，吃它们属于调剂胃口，但是在我们那时候，杂粮面简直就是对胃口的考验，那时候的杂粮面磨得没有今天这么精细，比较粗糙，尤其莜麦面，这种寒性粮食总是带着厚厚的皮，做的饼子需要长时间嚼，开水锅里下出来的面疙瘩更是不好对付，每次下咽的时候嗓子里好像带着刺，所以那时候吃杂粮面吃得人很痛苦，不吃吧，饿，吃吧，不爱吃。记得我小叔叔小时候精瘦精瘦，细长的脖子撑着一个大大的脑袋，有那么几年吧，每天傍晚厨房里冒起炊烟的时候，他会支使我去厨房看看我妈在做啥饭。我噔噔噔去了，又噔噔噔返回，大声告诉他，是荞麦面搅团。小叔叔就叹一口气，然后表示他不吃晚饭。我又噔噔噔跑进厨房，告诉母亲如果你做搅团我叔叔就不吃。母亲一副早有预料的表情，说不吃就不吃，不吃就饿着。这样的记忆有很多，大概持续了好几年，那几年里，我的小叔叔确实不好好吃荞麦面搅团，宁愿饿着肚子睡觉。而只要做了莜麦面撕拨糊，我就拒绝吃，因为我觉得那一疙瘩一疙瘩的莜麦面做成的食物，下咽的时候扎得人嗓子眼疼。这些细节说明了什么，说明我们西海固那时候确实贫穷，吃一顿白面就是改善生活，食肉更是不敢想。当然，现在算是过去式了，现在的西海固跟全国一样，实现了脱贫，过上了小康日子。这些难忘的记忆，被我写进了《亲爱的人们》，贫寒境况下人们之间的关系似乎更亲近，大家抱团取暖，互相珍惜疼爱，就像马一山一家人那样。要怎么表现一个地方的大变化大变迁呢，要怎么展现西海固这个地方的百姓过上了好日子呢，我想正是通过吃穿住行这些最细微但关切百姓最实际的生活的日常行为来传达。所以，我对西海固这个地方，就像孩子对母亲，情感很复杂，既有苦难日子里的无奈，也有熬过苦难以后的感慨、喟叹，更有感恩、庆幸，总之是一言难尽。我写作的素材一直来源于西海固，根深扎在西海固，以后的写作还是要基于这片土地，离不开这片土地。

**文化艺术报**：西海固作为一个文学地理，最先出现在张承志的《心灵史》中。您就出生在西海固，您笔下的西海固和前辈作家张承志的西海固，有没有精神上的关联？

**马金莲**：西海固其实是一个人文意义上的称谓，你在地理地图上找不到，行政图上也没有。它具体指称宁夏固原市（以前是固原地区）下辖的片区，包括西吉、海原、固原、隆德、彭阳、泾源六个县，现在海原县划归中卫市管，这个称谓还是一直保留着，尤其提及文学的时候，大家更习惯用西海固这个名称。我属于西海固土生土长的一员，所以我对西海固的认识更多是家乡、故土这样的寓意，而张承志老师书写和界定的西海固，我认为既有家乡故土的意义，更多的是一种精神层面的高度。《心灵史》西海固作家几乎都读过，对于我来说，这本书有着精神高度上的启迪，文本对人道和心灵自由的肯定，像一盏灯照亮了我们的认识，让身在这片土地的我，能更加深刻地认识和反思这片土地。具体到写作当中，起到了启发作用。

**文化艺术报**：随着电视剧《山海情》的热播，西海固一度成了网红地，您笔下的西海固，和电视剧《山海情》里的西海固，为什么像是完全不同的西海固？

**马金莲**：这部剧中演绎的西海固就是我们一直生活的西海固，而我一直书写的西海固也是这个西海固，就是同一个地方，但是，电视剧的主题是移民搬迁，所以主要关注点只在于西海固曾经的贫穷落后，然后就是移民以后怎么在新的地方落脚扎根生存下去的问题，而我一直书写的，既有西海固的曾经，更关注它的变迁过程，和发展到今天的一个全新的面貌。

**文化艺术报**：西海固乡村的人和事，一直是您的写作方向？

**马金莲**：一直是。2010年之前，我一直生活在农村，其间有外出上学、在学校教书、在镇政府上班，但总的来说人没有离开农村。2010年我考入固原市，为了孩子上学方便，就在城里买了房，搬到固原市区，算是真正离开农村了，但为了写作，我经常下去做深扎，《孤独树》和《亲爱的人们》都是以前的生活积累加上后面的深扎所获，然后写出来的。

**文化艺术报**：您的最新长篇小说《亲爱的人们》，延续了您对家乡西海固地区二十四年的书写，这部近八十万字的长篇小说，和您以往的作品有何不同？

**马金莲**：《亲爱的人们》首先是一个字数上比较多的长篇小说，内容和艺术要求上，和以前的作品有很大的不同。内容上，我想对西海固的生活，尤其最近这四十年的生活，做一个全景式的回顾和总结，也就是说，从20世纪90年代到当下，西海固这片土地上的人们究竟是如何生活的，又怎么随着时代的脚步，往前努力的，通过作品里的主人公的具体生活，做了脉络清晰的展现。以前的作品也有过这种展现，但只是通过中短篇，或者比较短的长篇小说来展现，这次我像赌徒那样下了血本，将自己生命历程中所有的认识和感受都写了进去，书中的主人公祖祖、舍娃其实就是我自己的化身，我通过他们的角度，来表达我自己作为一个80后的个体，对西海固最真实的生活感受。在艺术方面，作品用长篇小说的应有要求来规范自己，尽管做得还不尽如人意，但我确实尽了最大努力。

**文化艺术报**：批评家卓今指出："《亲爱的人们》跟同类型的乡村题材相比，有两个核心，一个是'新'，一个是'变'。"她提出的"新"与"变"，体现在哪些地方？

**马金莲**：我也一直在关注当下的乡土题材长篇小说，我最大的感受就是作家们确实很用心很用力，确实贡献出了不少优秀的乡土题材长篇，同时我也发现了自己的优势，那就是我有着扎实的乡村生活经历。我这曾经的真正的农村人，对于以后不好说，但对于过去的四十多年，我敢说自己的感受是真实的，所以我写的话，跟别人不一样的地方就在于，我有底气写真正的农村真正的乡土，所以我的作品一出来，就带着新鲜泥土的味道，这是一个有真实农村生活经历的人在写，我是本土的，而不是外来的，表现在一部长篇里头，这大概就给人不一样的新的感受吧。"变"呢，因为扎实的乡村生活经历，我这成长的四十年，等于是亲身参与乡村变迁的一个过程，这四十年里，中国西部乡村的变化，哪怕是最细微的环节，我都有着切身感受，所以我知道应该抓住哪些线索去表现乡村这四十年的"变"。基于这一点，我可能抓住了乡村变迁中比较核心的脉络。

**文化艺术报**：《亲爱的人们》之前，您已经写过四部长篇小说。和您之前的四部长篇相比，《亲爱的人们》体量更大，近八十万字，写作这么一部大部头的小说，您都做了哪些准备？

**马金莲**：《亲爱的人们》之前我写的是《孤独树》，《孤独树》主要写了留守现象，为了写好它，我跑了不少地方做调查和采访，这个过程，让我看到了乡村当下最普遍的问题，我脑子里除了构思《孤独树》，同时也有更广阔的东西在积累。写完《孤独树》后，接着准备下一部作品的题材，写什么呢，那时候不明确，但肯定是乡村，所以我还是从方方面面继续关注着乡村，十年前我们村扇子湾要搬迁的时候，我开始关注移民搬迁，做了大量采访，积累了不少第一手资料，我开始写移民题材的长篇，后来发现这个方向不适合我，调整后确定为《亲爱的人们》。但前期那些采访是有用的，采访让我随时掌握着乡村的变化，在这样一个基础上，我开始写四十年来扎根在西海固这片土地上的人们的生活。要说还有什么准备，还真没有，因为我同时在上班，承担刊物的编辑工作，还得照顾家庭，写作基本上都是见缝插针挤时间在进行，好在身体还算年轻，还能支撑这样的高强度的劳动。

**文化艺术报**：今天的乡村已经变得模糊不清，乡村书写最大的挑战和难度在哪里？

**马金莲**：今天，写乡村的话，我感觉最大的挑战和难度，在于我离开了乡村。2010年进城以后，我在一步步远离乡村，这个我必须承认，就算我把大量的节假日和周末时间都用在了下乡采访上头，但这不能掩盖我离开乡村的事实，乡村的变化我随时都在关注掌握，但更多的是表面上的，至于人心深处的变迁，我还是有些隔阂了。尤其是我的母亲三年前最后一个办理移民手续离开乡村后，我感觉自己生活的根断了，我再去乡村，是以一个外来者的身份，而不是真正的乡村人的身份。这就是生活的悖论，离不开的时候努力想离开，现在离开了，却想回去，但又不能真正回去。之前积累的生活资源和最近的采访所得，只够支撑《亲爱的人们》这部长篇，但是下一部呢？接下来的写作，尤其是长篇小说，我将如何和乡村真正地链接，是我正在焦虑的事情，在工作、家庭和写作的需要之间，这得努力去平衡。我一直反对住在城里写农村，一方面享受着现代化的城市生活，一方面你怀念着乡村的袅袅炊烟鸡鸣狗叫，这是很假的，是隔靴搔痒，是对真正的乡村写作的伤害，这一点我一直都对自己有严苛的要求。

**文化艺术报**：您的作品主要是对20世纪农村生活的追忆，这和您的成长经历有关吗？有没有想过改变？

**马金莲**：和生活经历有很大的关系。我小时候受了不少苦，但是回头去看，我感激那片土地，感激生我养我的那个小山村。我曾在一片创作谈里写道："发展的落后使我们的世界好像一片净土，在这里我能够静下心，坚守清贫，用近于虔诚的精神书写文字。所以，我笔下的文字，具有发达城市文人难以渴求的纯粹和朴素，是一种原始的美、自然的美。所以更多的时候，我愿意一个人守着内心的宁静，打量着这片土地上生生不息的人与事，写下内心最真最美的文字。"

想过改变，而且这念头不止一次。事实上，我一直都在改变的努力当中。这个过程，也就是在文学艺术上不断探索和提高的过程。从最初的作品《掌灯猴》《碎媳妇》《长河》到今天的《亲爱的人们》，你会看到生活的气息一直那么浓，但我确实一直都在尝试超越自己。

**文化艺术报**：有批评家担忧，您会不会在乡土题材上耗尽您的生活经验，会不会重复自己，您自己有没有这方面的忧虑？

马金莲：这个担忧很有必要，前面我说过，很多作家写农村，其实是隔靴搔痒，或者说不是真正意义上的乡土，原因正在这里。不是他们没有乡村生活经历，不了解乡村，而是他们曾经有过乡村经历，但后来离开了乡村，人离开以后，对乡村的关注就少了，然后再写乡村的话，只能靠记忆和经验写，长期这样下来，只能越写越假，因为他们的经验耗尽了，只剩下假设和想象。我自己也面临着这样的问题，而我发现最好的解决办法就是深入乡村生活，不断地往下跑，去寻找，去捕捉，去"泡"，只有这样你才和生活保持着联系，你才没有和生活脱节，你的认识和作品才能保持有活力。

文化艺术报：《1987年的浆水和酸菜》获得鲁迅文学奖后，您的生活发生了哪些改变？

马金莲：我2018年获奖，2020年底到文联担任副主席，这确实是比较大的变化，至少我不用再负责繁杂的办公室工作，变得有一点清闲和自由了，这一点我很感恩组织的安排。

文化艺术报：2003年，您师范学校毕业后，回到了家乡，结婚生子。一个读过书的人回到家乡，从农村出去读书，毕业后回乡待业，和一直生活在家乡没有离开的人对故土的感情是完全不一样的。您是这个时候，开始写作的吗？

马金莲：我写作开始得更早，2000年，我十八岁，在固原民族师范读书，就开始写作了。2003年毕业后，一头扎进生活当中，开始了比较痛苦的挣扎，一直到2007年我才考上正式编制，算是有了一份稳定的工作。这几年当中，对于文学的坚持比较艰难，因为我首先要解决生活问题，写作成为其次，不过我没有放弃，断断续续地坚持了下来。

**文化艺术报**：您的前四部作品，都是儿童题材的长篇小说，为何会选择以儿童的视角来讲述故事，会不会和您是师范学校毕业有关？

**马金莲**：前面四部作品，《数星星的孩子》《小穆萨的飞翔》是儿童题材，《孤独树》也算吧，《马兰花开》不是。这些以儿童视角讲述的故事，应该和我在哪里毕业没有关系，而和我出身于一个叫扇子湾的小村庄有关，我在那里经历过一个难忘的成长过程，接触过很多童年的伙伴，后来写作的时候，这些经历成为最丰富的素材来源。

**文化艺术报**：可否谈谈您的家乡，您文学地理中的家乡和您的出生地？

**马金莲**：我出生在宁夏西吉县什字乡一个叫扇子湾的自然村。文学地理中的家乡更宽泛，就是人文意义上的西海固。

**文化艺术报**：您最早的文学启蒙来自哪里？

**马金莲**：来自家庭。我的父亲在乡文化站工作，他自己也爱好阅读，所以我从小接触的书比较多，那时候最盼望的是父亲上班快回来，给我借来新书，还有带回来他给我订阅的《儿童故事画报》。在这样的环境里，我阅读了不少书，可能就是那时候在心里埋下了文学的种子。还有一个启蒙来源是民间故事、传说等的熏陶。我小时候外奶奶、太爷爷、爷爷等都健在，奶奶更是一个讲故事的能手，漫漫长夜里，老人们用最朴素的方言土语，讲述着一个个生动有趣引人入胜的故事，有祖辈流传下来的，有听来的，还有的是讲述者亲身经历过的奇事、趣事。我都当作故事来听，常听得津津有味，沉溺其中。这些民间口耳相传的故事和人生经历，沉入我的童年记忆，深深地沉睡过去。直到有一天我写作的时候，我才发现这些其实早就融入我的生命感悟，再也难以分割。比如我小的时候，家里有好几位高龄老人，太爷爷，外奶奶，爷爷，奶奶，这些老人都是从岁月的坎坷中一步一步走过来的，他们经历了很多日月更迭和社会变迁，他们本身的经历就是一个个精彩的故事和一个个感人的传说。我的外奶奶尤其具有传奇色彩。我的奶奶又是个说古今的能手，我陪伴她的每一个夜晚，都是在她讲故事的氛围中入睡的。被这样的故事熏陶着，那些远去岁月里的故事和那种馨香的味道早就嵌入了我的记忆，后来当我开始写作的时候，自然想起了它们。而老一辈人身上具备的质朴和纯粹、对生活的热爱、对信仰的坚守，让今天浮躁的我们感到汗颜。所以我敬仰那些已经远逝的人，之所以写那些时光，就是为了表达一种敬意，也是对我们今天生活的一种对比和反思。

**文化艺术报**：还记得您发表的第一篇作品吗？其间经历过什么？

**马金莲**：我在固原民族师范的校刊《春花》上发表的第一篇作品叫《凤愿》，算是小小说吧。这是我刚进校门不久，看到学校举办征文比赛，我就写了这个小小说投稿，这个小作品得了当时的比赛一等奖，在《春花》上刊登出来，这是我的文字第一次变成铅字。但《春花》不是公开发行的刊物。我在公开发行的刊物发表作品也是2001年，当时《六盘山》发了我一首诗歌，那是一首很短的诗歌，也就三四句话，很稚嫩，现在想起来真是惭愧啊，那时候无知无畏，在根本不知道诗歌为何物的情况下，就那么傻乎乎地投稿了。接下来在李方老师的指导修改下先后有六篇小说在《六盘山》发表，其中2003年《六盘山》为我编发了一个小辑，李方老师还为我配写了一段评论。2003年我从师范毕业后来到乡下，辗转在中小学教书。由于种种因素，有段时间停止了写作。

2005年，在《黄河文学》编辑闻玉霞老师的鼓励下，我又拿起了笔，小说在《黄河文学》发表。之后发表的范围逐步扩大。

**文化艺术报**：小时候在农村，您是如何阅读的，有书可读吗？

**马金莲**：前面说过这个问题，有书读，我好像骨子里就喜欢阅读，一看到书就命都不顾了，就躲在我家的杏树下，或者房背后的一个窑洞门口，坐在门槛上，一头扎进书的世界，就完全忘我了，这是夏天的时候。到了冬天，大家都有睡懒觉的习惯，我常年患有鼻窦炎，头疼，不能睡懒觉，每天早早起来，然后在窗口看书。夜里大家睡了，我在煤油灯下看书，可能我的眼睛就是那时候近视的。在煤油灯下阅读，是一段让我很难忘的岁月，往往是看到精彩处，夜深了还不知道，等父母一觉睡起起夜的时候看到我窗口亮着灯，母亲就会提醒我早点睡。第二天鼻孔里有黑黑的油烟子，那是吸了煤油灯的烟造成的。现在回想起来，恰恰是那时候的阅读经历最难忘，简直可以用如饥似渴来形容。

**文化艺术报**：哪些前辈作家影响过您？

**马金莲**：西海固的文学前辈们几乎都影响过我，还有就是我当年能接触到的古今中外的名著的作者，都产生了影响吧，就算有时候不明显，但这影响是点滴的，是潜移默化的，是日积月累的。我喜欢的作品比较宽泛，传统纯文学经典著作也读，通俗文学作品比如武侠也看，还喜欢看《三体》《盗墓笔记》等类型小说，我觉得作家应该像 头吃草的牛，什么草都愿意尝试一下，试图从中获得一点相对庞杂的学识。相对来说，我更喜欢悲壮的有精神内涵有担当的文学作品。

**文化艺术报**：可否结合您的成长经历，给青年作者说说如何才能写出好的作品？

**马金莲**：我觉得对于文学，首先要热爱，要发自内心地喜欢，只有喜欢才能让人在众多选择中坚持选择文学，去读文学作品，读多了，就会有表达的欲望，这时候如果拿起笔尝试着去写，可能会写下文学作品的雏形来。但有个问题我们得正面认识，那就是写作要表达自己想表达的、最真实的情感，而不是像写命题作文那样，逼着自己写，挤出违心的文字，这样的文字没有真情实感，是缺乏灵魂的，是死的，没有打动人心的力量，也就没有存在的意义。为什么很多人喜欢写童年生活，或者写亲身经历的事情，一写起来就津津乐道，就是因为这里头有着个人最真实的切身感受的东西，也就是真情实感。

青年作者可以先从写自己的经历开始写，写着写着，不知不觉当中你就会得到提高。当然，还得不断地阅读，同时和别人交流，尤其和文学方面的朋友交流，或者拿出去发表，让专门的报刊编辑给你做指导，这样你才能看清楚自己的问题所在，也能及时得到解决。

总之，写作是个吃苦活儿，需要下大功夫，而且是持续去努力，需要长期的坚持，十年磨一剑，板凳坐得十年冷，只有经历过这样漫长的痛苦的努力过程，才能培养出良好的写作感觉，才能提高写作技巧，才能写出好作品。当然，个别文学天才除外。反正我不是天才，我的成绩都是后天刻苦得来的，这里头有着寒来暑往日复一日的汗水，有着不为人知的起早贪黑，更有着不可为外人道的艰辛。

陈仓

『浮生』，不再是短暂而虚幻的生活

生命的防腐方法
便是好一活着

癸卯冬 陈仓

# 陈 仓

小说家、诗人，陕西丹凤人。曾参加《诗刊》社第28届青春诗会。著有"陈仓进城"系列小说集八本，长篇小说《后土寺》《止痛药》《浮生》，长篇散文《预言家》《动物忧伤》，小说集《地下三尺》《上海别录》《再见白素贞》，散文集《月光不是光》，诗集《诗上海》《艾的门》《醒神》等二十余部。曾获第八届鲁迅文学奖、第三届三毛散文奖大奖、第八届冰心散文奖、《小说选刊》双年奖、第二届方志敏文学奖，多次入选中国小说学会年度中国好小说，多篇作品入选中文教材和外国高考试卷。

主持中国文化大家《上海访谈》栏目，已经专访或者约访作家、戏剧家和艺术家二百余位，执行主编出版"中国文化大家访谈录"丛书六卷。

**文化艺术报**：当年，您是在怎样的情形下离开故乡的，是为了生存还是文学梦想？

**陈　仓**：学校毕业后，我被分配到了秦岭山中，在"关门不锁寒溪水"的武关小镇那边任文化干事，后来遇到了伯乐，被调入了县城机关。我一个农民子弟，按说端了铁饭碗，吃了商品粮，当了国家干部，应该是非常荣耀的事情。我们那时候比较幸运，工作是国家分配的，房子也是分配的，所以没有任何压力，唯一需要考虑的就是理想。那时候还没有实行市场经济，所以大多数人的理想不是经商赚钱，而是从政或者写作。所以在县城，我们有一帮文人，整天吟诗作对，游山玩水。但是小城特别偏僻，特别落后，经常发不下来工资，所以很多年轻人对前途一片迷茫。有一年，商洛市搞了一次文学评奖，把一等奖评给了我，颁奖的那天晚上，有一位前辈说了一句话——小河里养不出大鱼。他说，要想当作家就得见世面，要像贾平凹那样去大地方闯闯。这句话像一道光，把我迷茫的人生犁开了一条缝隙。

过完春节，《延河》发了我一组诗，题目是《陕西女人》，我把刚刚收到的二百八十块稿费，从邮局取出来当成路费，翻过了秦岭山。刚刚出来的时候自然是为了文学理想，但是很快就发现，首要问题是生存，生存的问题是吃饭。在小城，你可以混日子，但是在外边不行，你必须不停地工作，这样下一顿才有饭吃。后来，有一位作家老师劝我，吃饭是第一位的，你都活不下去，还写什么写？你日子都过不好，写那些破文字有什么用？但是，我的想法不同，我觉得只要饿不死，只要还有一口气，就无法阻止我写下去。再说了，多好的社会啊，善人又那么多，怎么可能让一个人，而且是一个诗人饿死呢？我就是抱着"饿不死"的这么一种态度，一步一步地坚持下来的。说实话，睡过大街，不敢吃肉，饿过很多肚子，受过太多的屈辱，但是每次写出一篇好文章，真的比吃大鱼大肉要高兴。这样走着走着，天就突然亮了，地就突然宽了。

我常常感慨，很多人，比如同学，比如同事，比我有才，比我起点高，但是在文学的道路上走着走着，他们就不见了，有的经商去了，有的从政去了。他们虽然也很成功，但是我觉得一个人的成功，不在于当了多大官，赚了多少钱，而是自己有没有干自己喜欢的事情，有没有无限地接近自己的理想。从个人理想的角度来说，我对自己是比较满意的，没有为当初的选择而后悔。获得鲁迅文学奖后，受邀采风开会的机会多了，每次吃饭或者开会的时候，接待单位基本按照职位高低来排座次。我每次都会心平气和地坐在最下边，尽量朝着后边溜。因为，我现在唯一在乎的是写作，唯一看重的就是作品。所以今年年终总结的时候，我说了一句话：文字是我的命，其他一切皆为浮尘。

**文化艺术报**：贾平凹老师说"陈仓是把故乡背在脊背上到处跑的人"。您是怎么理解这句话的？

**陈　仓**："故乡"的"故"，我的理解就是"故去"。我的故乡在商洛市丹凤县塔尔坪，我家有三间大瓦房，房子里有一张床，我不仅是在那张床上出生的，而且我的母亲、哥哥、后妈、父亲，他们四个人先后在上边去世。也就是说，他们的灵魂是从那座房子里消逝的，是"出煞"和"回阳"的地方，这才是故乡的内涵所在。

现在是一个大迁徙的时代，农村人朝着县城迁徙，县城的人朝着大城市迁徙。即使是城里人，也因为各种各样的原因，比如动迁，比如为了工作，比如换了房子，都在不停地搬家。有时候想一想，农村人进城后，故乡衰败了，毕竟还有几间承载着生与死的房子一直在那里。像塔尔坪，我们家的房子已经空了，长年累月挂着一把大锁，但是故乡还在那里，只是回不去了而已。但是城市人就比较郁闷，他们的故乡可能是一条巷子，可能是一栋房子，但是随着城市不停地翻新建设，巷子和房子被拆掉了，故乡彻底不复存在了。他们所住的房子里，可能没有亲人的生或者死，也许会有生死，可能不是自己的亲人，而是前房东的亲人。

总之，不管是农村人还是城市人，大家都在漂泊着，所以也可以称之为漂泊时代。开始有一位老师给《浮生》起了个名字，叫《漂泊时代》，感觉特别贴切。随着不断的迁徙，我们似乎没有了故乡，其实不然，故乡是一个永远的存在。只不过，在这样一个漂泊时代，故乡像一件行李一样，被我们随身携带着而已。我离开故乡以后，到过西安，上过北京，下过广州，如今来到了上海，可以说是东南西北都跑遍了。从这个角度来说，我的脚步比别人疲惫，我的风尘比别人大，我流浪的地方比别人多，我的行李比别人重。所以，我的故乡就比别人重。别人可以把故乡提在手中，可以把故乡揣在怀里，但是我的故乡太重，我只能像码头工人搬运麻袋一样，把它扛在肩膀上。

2015年3月，在我写小说两年半之际，红旗出版社给我一次性出了八本书，叫"陈仓进城系列"，每本书的扉页上都打出了一句话"致我们回不去的故乡"。当时影响比较大，慢慢成了一个符号，咱们陕西的《华商报》就给我搞了一次研讨会。那次研讨会，《华商报》出面邀请了贾平凹老师。贾老师是我们的一棵大树，我当然是认识贾老师的，但是贾老师还不认识我。所以那次，是我第一次见到贾老师，也是贾老师第一次知道有个老乡叫陈仓。在研讨会上，播放了一段视频，了解到我漂泊的经历，贾老师特别感动，就说出了那句话——陈仓是把故乡背在脊背上到处跑的人。这句话特别形象，道出了我的生存状态：扛着重物，弯着腰，低着头，迈着沉重的脚步……

**文化艺术报**：我们赶紧来聊聊您的最新长篇小说《浮生》。《浮生》以媒体大变革为背景，以年轻媒体人买房安家为主线，第一次正面描写媒体人的生存现状。请问，为何选择媒体人来反映一代人的精神面貌？

**陈　仓**：媒体人是社会的神经末梢，是测试春江水暖的鸭子，所以从我们的生存状态，可以直接看出一代人的精神面貌，尤其能看出知识分子的社会良知。确切地说，写作只是我的业余生活，我正式的身份是媒体人，我的本职工作在报社。我在报社已经干了二十五六年。但是，我要申明，我绝对不是不务正业，我对媒体工作一直充满热情，对编辑记者充满了敬意。昨天，我还在和朋友说，我利用媒体人的身份积德行善，没有做过亏心的事情，而且顶住了各种各样的包括金钱的诱惑。

这和我写小说的目的一样，我的小说大都是为了传播善意。我最近发现，我在文学上的运气特别好，估计就是因为充满了善意，我的小说主人公，都是小人物，但他们都是善人。我觉得一个积德行善的人，他的命不会太差，起码能过得心安理得。每一本书写完之后，其实就像生下了一个孩子，一条脱离母体的活着的命，所以我的每本书的命都特别好。《月光不是光》大部分讲的是如何善待这片土地和自己的亲人，所以获得了鲁迅文学奖；《止痛药》以城乡两座静安寺为背景，讲的是城里人和农村人如何善待彼此的问题，所以获得了柳青文学奖；《浮生》也是靠着善意而活着的，小说里的陈小元和小叶是充满善意的，几个女人都是充满善意的，所以刚刚出来不久，就获得了两个奖项。无论什么宗教，追求的都是善，芸芸众生和诸神交流时使用的语言也是善，只要你行善，你就有通天的能量，就是人们常常说的运气。文学创作是一样的，也是一个修行的过程。

《浮生》里，写了传统媒体在生死存亡之间，两个记者坚守住了道德底线，面对金钱、美女、地位等各种诱惑，依然保持着一身正气，这是我们优秀传统媒体人的真实写照。传统媒体讲求的是关怀人和引导人，非常可惜的是，现在的新媒体，尤其是某些自媒体，为了赚取流量和获得利益，丧失了新闻传播的基本原则——真实、客观、公正。所以，已经偏离了媒体的社会责任，不仅无法引导人，说得严重一点，而是在误导人。不过，许多从传统媒体转型而来的新媒体，倒是继承了传统媒体的一些优点和优势，从业人员具有新闻理想，充满了人文关怀，守住了职业道德。

**文化艺术报**：《浮生》的主角是记者陈小元和护士脅小曼，他们先是一对恋人，后来为了获得购房资格而成了夫妻，他们都是从农村来到大都市上海打拼的年轻人。您决定创作这部作品，是因为什么样的契机呢？

**陈　仓**：我前边已经说了，我是一个媒体人，对记者的生存状态非常熟悉。写《浮生》的最早起因，可以追溯到十四年前。大家应该还记得2009年发生在上海的"楼倒倒"事件，那个小区的名字叫莲花河畔，已经建好的一栋住宅楼一瞬间就倒塌了，不幸的是压死了一个工人，幸运的是当时还没有正式入住。后来，北京有一位诗人安琪，受一家影视公司的委托，希望我能给他们写一个电视剧。我就以年轻人买房安家为题材，写了一个三十集的电视连续剧大纲，题目都起好了，叫《我的爱情我的楼》。但是，大纲发往北京以后，再也没有任何消息了。

也许是天意吧，不久之后，我认识的另一位诗人朋友，他突然打电话向我求救，说他们小区的房子有质量问题，希望媒体能够关注一下。为了了解情况，我专门去他们小区看了看，小区像个大公园一样优美，房子都很豪华，有独立的游泳池，有独立的电梯，院子里种的都是名贵花木，不过价格也非常贵，每套一千万至三千万不等，大部分人是通过银行按揭买的，每个月要还十几万的房贷。朋友专门召集了几位业主，向我讲述了他们维权的经历，听得我目瞪口呆，简直不敢相信都是真的。比如，有一位业主气愤不过，砸了开发商的沙盘，被抓了进去；比如，有一位老板为了讨说法，没有心情好好上班，导致公司倒闭，甚至闹得妻离子散。

他们给我提供的各种资料，整整装了一大纸箱，足足三十多斤。我翻了翻，非常气愤，毕竟记者出身，是有正义感的，于是就派了两位记者，去现场进行详细调查。这两位记者，特别优秀，而且更有正义感，也更有同情心，曾经写出了很多深度报道，运用记者的身份为老百姓解决了很多困难。但是，后来发生了一些意外，导致媒体人的身份没有起到作用。朋友就希望我换一种身份，以小说家的名义，把他们的遭遇写成小说。我实在太同情他们了，他们花费一生的心血，甚至几代人的努力，买下的房子竟然是那个样子。2013年春节，我就动了笔。胥小曼，柳红，胥海清，这些善良、漂亮、乐观的女主人公的名字，便是当时就取好了的。但是写到一万多字的时候，由于生活和工作太忙，也由于思考还不成熟，然后就放下了。

谁知道一放将近十年，直到2021年春节，我一口气就写了下来。没有想到，那些故事像是一坛子酒埋在心里，经过十年的发酵和储存，竟然更加香醇了。说实话，写着写着，竟然都写到梦里去了，我常常在梦里梦见他们。而且，直到现在，我总是恍惚地觉得，陈小元和胥小曼并不是虚构的，而是现实中真实存在的人，他们就是力图在城市安家的我们。反过来说，每个人在城市里安家的故事，拿出来都是值得书写的，尤其写到陈小元和胥小曼在经受各种打击之下，依然保持着初心和忠贞不渝的爱情，有时候不由自主地落起泪来，当然有时候也会会心一笑。小说写完了，十几年过去了，但是被称为"房子时代"的故事还在继续。我有点自信的是，你读着读着，也许就会与自己迎面相遇，为这个精神动荡或者漂泊时代而深深叹息。

**文化艺术报**：《浮生》为什么会选择写房子？写房子对于人的压迫，对于人性的扭曲，这是您在上海生活的真实体验吗？

**陈　仓**：《浮生》，全本三十六万字，分上部和下部，上部叫《亲爱的房子》，下部叫《亲爱的家》。"亲爱的"，在一般情况下是人和人之间的亲密称呼，如今用这三个字来称呼房子，想说明什么呢？说明房子在人的心目中，分量非常重，人和房子的关系，已经超过了人和人的关系。拿上海来说吧，每平方米五六万元的房子已经比较偏僻了，几个中心城区的房子均价都在十万以上，这么昂贵的房子，普通人是根本买不起的，更别说刚刚参加工作的年轻人。所以房子可以左右一个人的人生方向，也左右了很多人的价值观和婚姻观，甚至左右了一个社会的发展。我们见过各种各样的悲剧，官员因为房子贪污，夫妻因为房子反目成仇，恋人因为房子难成眷属，父子因为房子断绝关系。因为房子对簿公堂的更是多得数不胜数，毫不夸张地说，不仅仅在上海，许多悲剧和苦难，如果追根到底的话，在终点往往会看到房子的影子。房子关系到每一个人，牵扯社会的方方面面。

我在北京、上海和其他地方都有买房子的经历，但是我需要申明的是，我写的不是我的生活。相对于其他人而言，我是非常幸运的，因为我下手比较早，在房价大涨之前就已经买了房子，没有遭受太多房子对人的折磨。但是我写的故事和人物有现实基础，很多人，包括其他城市的人，都可以在小说中找到自己的影子。所以，我写的，不是哪一个人，不是哪一座城市，而是具有时代的普遍性。而且看上去不是什么国家大事，但是一旦具有普遍性，它就是一个生死攸关的大事，不仅关系到一个家庭的幸福，关系到一个城市的活力，甚至关系一个国家的安宁和未来。

像小说里所说的一样，房子就像瓶子，我们每个人就是一滴水，水装在瓶子里才会风平浪静。尤其在这样一个大移民时代，水不装在瓶子里，那是动荡不安的，社会怎么可能稳定呢？尤其是年轻人，怎么可能有心思去追求自己的理想呢？

**文化艺术报**：您在《浮生》的创作谈中说："我老实交代，是房子成就了小说家陈仓。"请问，房子是如何成就小说家陈仓的？

**陈　仓**：我开始到上海的时候和过去一样，也是漂浮着的。我把这种状态形容成"塑料袋"。不像风筝，还有一根线可以把控，塑料袋被吹上天以后，飘又飘不起来，落又落不下来，有一种命运无法把握的无力感。我的岳父去世以后，他的墓碑上刻着我的名字，被埋进了一家墓园的草地。这是我的名字第一次刻在这个城市的土地上。我以为这块刻着我名字的墓碑就是自己的根，扎了下去。因为马尔克斯在《百年孤独》里写到，当一个亲人埋在这片土地的时候，这片土地才算你的故乡。但是很快，我发现那扎下去的，仅仅是几根小草，仍然会随风飘摇。那么，怎么才算扎下了根呢？首先应该安定下来。怎么才能安定下来呢？必须要有自己的房子。我们这个时代，上海这个城市，已经与马尔克斯描写的马孔多不一样了，埋着的亲人不是自己的根，墓碑不是自己的根，房子才是自己的根。起码，房子扎在地上是稳当的，是可以抗击风雨的。上海的建筑按照七度设防而设计，是可以抗击地震的……

于是，我在一个大雨倾盆的下午，仅仅花费了两个小时，毫不犹豫地买了一套房子。我就告诉父亲，我的房子就是他的房子，我的家就是他的家，我在上海安了个家，他必须回家来看看，于是强行把父亲接到了上海。我把父亲到上海过年的事情，以日记的形式记了下来，后来起了个题目叫《父亲进城》，寄给了《花城》杂志，希望发在《家族记忆》栏目。后来发生了一个美丽的误会，《花城》发在了中篇小说头条。魔盒就此打开了，《小说选刊》《小说月报》《新华文摘》都转载了。我趁热打铁，2013年这一年，一口气又发表了几篇。比如，《女儿进城》发在《广州文艺》2013年第6期头条，再次被《小说选刊》第7期头条转载，获得广州文艺都市小说双年奖；《我想去西安》发在《花城》2013年第3期，被《小说月报》转载；《父亲的晚年生活》发在《小说界》2013年第11期头条，第三次被《小说选刊》第12期转载，《小说月报》《北京文学·中篇小说月报》同时转载；《上海不是滩》发在《江南》2013年第6期头条，《小说月报》2014年第2期头条转载。

我本来是一个小说中的小白，没有想到仅仅一年时间，堂而皇之成了所谓的小说家，正式开启了小说创作之路。我本来是一个写诗的，1994年，二十来岁的时候，在一年之中三次登上《星星》诗刊，获得了中国星星诗歌奖，还被评为"每期一星"，彩色照片发在了封三，从此就走上了诗坛，后来又参加了《诗刊》主办的青春诗会，所以我一直是以诗人自居的。2013年，一年之间，因为房子，因为安了个家，我就多了一个身份，糊里糊涂地成了小说家。所以说，如果不在城里买房子，如果不把父亲接进城里，我肯定是不会写小说的。

比较有趣的是，我因为房子开始写小说，现在又写了一部以房子为题材的小说。房子给我带来了特别好的运气，《浮生》在《十月·长篇小说》2023年第3期发表以后，《长篇小说选刊》《小说月报》纷纷转载，迅速受到社会的高度关注和读者的喜爱，而且入选了中国作家协会2022年重点扶持项目。2023年12月25日，中国小说学会年度中国好小说评选揭晓，我的《浮生》和陈彦的《星光与半棵树》、毕飞宇的《欢迎来到人间》、贾平凹的《河山传》、周瑄璞的《芬芳》，共同获得长篇小说奖,其中三位是茅盾文学奖得主。刚刚公布的第二届"新芒文学计划"评选,《浮生》又获得了二等奖,获得一等奖的是徐贵祥,他仍然是茅盾文学奖得主。我虽然和这些作家的差距还很大,但是《浮生》再一次强化了我的小说家身份。

**文化艺术报**:您的小说一直以关注进城人员的生存状况而见长,拥有庞大的读者群体。《浮生》依然保持着您催人泪下的风格,您觉得现实主义作品在今天是否仍然具有生命力?

**陈　仓**:有人说,现在的文学不景气,我觉得这里所说的,应该是指纯文学,或者说是传统意义上的文学。不景气的主要原因,有人归罪于时代本身,说是受到网络传播的冲击,比如大家都热衷于刷那些轻松愉快的短视频,没有耐心再去读一本正经的文学作品。其实不然,从娱乐的角度来讲,无论什么时代,人们都有很多选择,所以我们应该从文学自身找原因。这里就有一个可读性问题,我最近重读了一遍《人生》《黑骏马》《高山下的花环》,这些作品发表的那个年代没有网络,但是,即使现在,我们读起来也非常吸引人。

由此我个人觉得,文学作品和新闻作品一样,也有一个传播力的问题。没有传播力哪来的影响力呢?现在很多的文学作品,尤其是长篇小说,可读性有问题,让你根本读不下去。我们常常说,文学作品来源于现实而高于现实,高于现实的那一部分是什么?那就是思想性!读不下去,思想性从何体现呢?这就像借尸还魂一样,可读性是那具肉身,思想性是灵魂。没有肉身,灵魂根本无法附体。说到思想性,还有另外一个问题,现在的很多文学作品,把教育性等同于思想性,所以大量的作品都带着教育人的腔调。

文学作品不具备可读性的原因之一,是离现实生活太远,没有写到人的心里去。如果一本小说，几万言，几十万言，人家看了以后，没有笑过一次，也没有哭过一次，更没有灵光一闪，这样的小说连挠痒痒都达不到。我选择写房子，就因为人人都关心房子，房子是这个时代人们内心里的痛点也是亮点。《浮生》发表以后，很多读者告诉我，我写的似乎就是他们的经历。也有评论家认为，"浮生"一词在小说里，不再是"短暂而虚幻的人生"，而是竭力刻画一群勇敢漂泊、悬浮生长的人物形象，反映了大移民时代年轻一代的正义、良知和精神面貌，能够引起各类人群的强烈共鸣。

你说到现实主义作品的生命力，我又想到了路遥的《平凡的世界》。《平凡的世界》描写了改革开放初期农村的各种变化，几十年过去了，现在的农村已经不一样了，现在的读者对那种生活已经十分陌生，但是依然能够引起强烈的共鸣，这是什么原因呢？我觉得主要原因是作品中能给人提供一种面对苦难和命运的精神力量。比如孙少平，他女朋友田晓霞的父亲是省领导，他完全可以轻松利用这一背景改变命运，但是他并没有这样做，依然留在了煤矿上。这种抗争精神，是永远不会过时的，放在当下更具有积极意义。我经常说，我不喜欢那种负面情绪很重的作品，而喜欢那种充满热爱的作品，这种作品就像一束光一样，能够照亮人们前行的道路，给人们提供前行的动力和勇气。

人的生命力靠氧气、水和食物来维持，那么文学的生命力靠什么维持呢？我觉得就是靠着一种积极向上的精神，当然，善意、感人、鼓舞人，都是思想性的范畴，而思想性也是精神的范畴。任何一部经典作品，都是靠着精神的能量而行稳致远的。

**文化艺术报**：从《父亲进城》开始，您获了不少奖，散文集《月光不是光》获得第八届鲁迅文学奖，这是您至今最满意的文学奖吗？

陈　　仓：只能说是我获得的最高文学奖。我今年大大小小又获了不少奖，有人善意地提醒我，你鲁迅文学奖都获了，其他的文学奖就别那么在意。我的看法不同，每一次得到获奖消息，我都会转发。一是我十分高兴，二是转发是对别人的尊重。我觉得，任何一个奖发给我，那都是看得起我。比如，刚刚获了一个"新芒文学计划"二等奖。有人看到"新芒"两个字，估计以为那是一个"新人奖"。但是，一等奖是茅盾文学奖得主、中国作协副主席、中华文学基金会理事长徐贵祥。让我谈获奖感言的时候，我正好和徐贵祥老师一起，在哈尔滨的冰天雪地里，体验人们是如何把冰雪转化为火热的生活，于是，我在视频里明确表示，我喜欢"新芒"这个奖：一是新芒的新，表示新鲜的新；二是新芒的芒，表示锋芒的芒。文学作品就应该保持新鲜、保持锋芒。有新鲜感才会有感染力，有锋芒才能扎进火热的现实生活。

其实，对于文学奖，并没有满意不满意的。只能说，不管大奖小奖，我都是喜欢的。因为我在乎的不是大小，在乎的是对我的鼓励和给我的信心，以此为我聚焦能量来面对下一部作品。

**文化艺术报**：*写作之余，您还有什么爱好？*

陈　　仓：我没有其他什么爱好，我的爱好就是写作。再说了，我不会唱歌，不会打球，不会书画。在文艺特长方面，我其实就是一张白纸，也可以说是一个白痴。但是，我买过二胡、笛子、埙，总是看着它们在心里默默地歌唱；我买过大大小小的毛笔，闲的时候就在白纸上涂涂画画，管它写出来的是什么东西；我买过篮球足球排球，虽然我分不清它们，偶尔还是拿出来，在家里拍那么几下，拿到外边踢那么几脚，只要它能滚动能跳动就行了。我什么都不会，但是并不影响我的追求。所以，也可以说，我的爱好无处不在。我最爱的是生活，最爱的是这个世界，我经常告诉别人，我是一个特别热爱生活的人。比如，天晴我喜欢，下雨我喜欢，不阴不晴我也喜欢；比如，大树我喜欢，小草我喜欢，沙漠我也喜欢；比如，花开我喜欢，叶落我喜欢，枯藤老树昏鸦我也喜欢。所以，没有我不喜欢的生活。我常常坐在窗前，无所事事地看着窗外，听着麻雀叽叽喳喳地叫，发出由衷的感叹：生活真是太美了！

# 庞余亮

## 生活奖赏的都是有心人

《文化艺术报》的读者们：

请时刻保持树皮和蛙皮的潮湿！

庞余亮
2024.6.3.

**庞余亮**

　　1967年生，现居江苏靖江。著有长篇小说《薄荷》、《丑孩》、《有的人》、《小不点的大象课》、《神童左右左》（系列小说）、《看我七十三变》、《我们都爱丁大圣》，散文集《半个父亲在疼》《小先生》《小虫子》《小糊涂》《顽童驯师记》《纸上的忧伤》，小说集《为小弟请安》《擒贼记》《鼎红的小爱情》《你们遇上了好辰光》《出嫁时你哭不哭》，诗集《比目鱼》《报母亲大人书》《五种疲倦》，童话集《银镯子的秘密》《躲过九十九次暗杀的蚂蚁小朵》等。曾获第八届鲁迅文学奖、第七届柔刚诗歌年奖、第二届孙犁散文奖双年奖、第二届扬子江诗学奖、第十三届万松浦文学奖等。

**文化艺术报**：最新出版的散文集《小糊涂》，是您《小先生》《小虫子》"小先生三部曲"的收官之作，这本书对您意味着什么？

**庞余亮**：在新作《小糊涂》中，我再次回到了那个"第十个孩子"的童年，土地上的植物、小动物和野果们，都成了我这个泥孩子和饿孩子的启蒙课本。《小糊涂》定稿的那天，是2023年8月9日，那是我那年春天之后第一次上床睡觉的日子。为了写作《小糊涂》，我每天都泡在书房里，累了就躺在地板上，有了想法赶紧来到电脑前，真的像是在拼命。为什么这样拼命？因为我要把童年的那个小糊涂写出来啊。之所以是小糊涂，是因为当时觉得委屈啊。即使我是最小的孩子，小时候我也觉得我是世界中心，世界是围着我转的，那时候就有很多糊涂的想法。我是我们家第十个孩子，面临着"分家"，分一次家里东西就少一大批，最后就剩一间，我们家有姐姐，还有我，还有爸爸妈妈，姐姐要单独睡一个床，我实在没地方睡，正好有一个空的做粮食储藏的黄泥瓮，我实在没地方睡，就主动爬到那个里面睡，睡了整整两年。晚上爬进去，早上爬出来，有时候爬出来发现家里一个人也没有。也不知道过了多少天，我的感觉是家里面把我忘记了好多天，我才从里面出来，反正就是那个感觉。我从里面爬出来，家里一个人都没有，饭点过了也没有饭，什么都没有，我出来以后空空荡荡，我一看，我过了好多天吧？我睡了好多天吧？后来我发现，我离家两天了，家里人都不知道，为什么我是一个多余的孩子？写《小糊涂》，其实让我重新理解了母爱，母亲对于我的教育，其实是给我一个自我教育的大空间。写《小糊涂》，也是重新理解饥饿，当我捧着《小糊涂》第一本样书的时候，非常激动，我又回到那个时光，时光是不是可以倒流？真的可以倒流，在这本书当中，我回到那个家里面，我又从黄泥瓮爬出来了，还要用这本书告诉大家，我干了一件非常神奇的事情——写作。世界有多沧桑，童年就有多天真。

**文化艺术报**：《小糊涂》的笔触对准了您的成长经历，是您成年后对童年的深度访问，同时也是写给母亲和童年的一封长信？

**庞余亮**：因为我是最小的孩子，母亲唯一的倾诉对象就是我，所以我知道很多故事，我一直想写母亲跟我之间的童年故事，在那个贫困的家庭，饥饿和爱双重照耀下的那个童年。要回到过去当中，追溯自己，也完成自己一个最大的心愿，用这篇文字给我的母亲、给我的童年写一封长长的信。在童年，我真的是一个小糊涂，而母亲跟我之间的故事，母亲永远是一个明白人，我定名为"小糊涂"，希望读了《小糊涂》的孩子们都能明白母亲对于你的一颗爱心。《小糊涂》写到结尾处，我忆起了自己十六岁在扬州师范学院第一次读到洛夫的长诗《血的再版》，当时流着清涕在寒冬里抄了两天的六百行诗，我决定写下自己的"血的再版"——长诗《报母亲大人书》，作为全书的结尾。我边写边哭："妈妈，月光下喊你一声/老屋的瓦就落地一片/生活分崩离析/记忆无比清醒……/妈妈，因你收容过的九个月/我已是一个失眠的天才。"事实上，我们每个人都欠了童年、欠了母亲一封长长的信。

**文化艺术报**：批评家施战军说："庞余亮在《小糊涂》里，写的是自我成长与母爱的关系，而他在刻画母爱时，照顾的是众生万物的感受，他让自己的文字具有像草药般的浸润能力。"《小糊涂》写的是自我成长与母爱的关系？

**庞余亮**：我在写《小糊涂》的时候，抹杀了很多更残酷的东西，我想用另一种方式来写。比如我的生活中还有更饥饿的东西，我写的时候尽量往更明亮、温暖、爱的方向靠拢，因为读过这么多年书之后，书籍给我消化生活的力量。每当我静下来，尤其在我的书房里，书房也相当于我的黄泥瓮，我每次坐在书房里，童年所有细节都向我涌来，我还是那个住在黄泥瓮的孩子。但有一点是无法抹杀的，那就是母爱。那时，我总觉得家里人都不爱我，由于我们村庄是多水的村庄，经常有人掉到河里淹死，有一个小孩子掉到河里淹死了，母亲以为是我，从田野里狂奔回来，一看到我，就给了我一个带着泥巴的巴掌。从那个时刻起，我终于知道母亲心里还有我的位置，本来从小到大，我总觉得我在家里是多余的，那个细节，母亲那个下午的细节就温暖了我这么多年，我觉得我永远是那个藏在母亲子宫般的黄泥瓮里的孩子。本来，我生怕《小糊涂》的题材不算新鲜，但读者的反应是，有了母爱的照耀，文字特别有活力。这活力，其实就是母爱对于我们每个人的永恒灌溉。

**文化艺术报**：毕飞宇似乎对您关爱有加，记得他在回味《雨花》杂志编辑经历的时候说过一句话，他说他在《雨花》杂志当编辑最大的发现就是庞余亮。在《小糊涂》一书的研讨会上，他说："在生命非常卑贱的时候，人类可以从大自然里面拓展出许多东西来。这本《小糊涂》，与其说写了庞余亮的童年，不如说写了一个谦卑的生命和自然的关系，这也是这部书对于当下的意义。"童年遭受的饥饿和孤独，影响了您的一生？

**庞余亮**：在我的文学生命中，值得感谢的人很多，但有一个特别重要的人，那就是毕飞宇。当时他在《雨花》做编辑，编辑了我的小说处女作，一组三篇，还请了著名评论家王彬彬写了评论。这三篇小说的名字为《追逐》《黑夜里尖叫》《为小弟请安》。是1999年第4期《雨花》。有了这样的鼓励，我的文学之路才能走得坚定。《小糊涂》里的我真的是"生命非常卑贱"的时光，孤独，饥饿。这样的孤独和饥饿真的影响了我的一生。孤独真的是一只黄泥瓮，它是巨大的嘴巴，它也很饿，每天吞下我，每天再把饥饿的我吐出来。那个年代，我什么都吃，最难熬的是冬天的饥饿，夏天的饥饿好办，夏天有植物、有昆虫、有果实，冬天的饥饿很难，冬天母亲给我们每个人定的任务是一天两顿，早中午一顿，傍晚一顿，饿了怎么办？饿了就睡觉。没钱打肉吃，睡觉养精神。母亲说你睡觉就不饿了，其实睡觉的时候更饿。有了孤独和饥饿的底色，我的阅读和写作就有些贪食的特征。

**文化艺术报**：《小糊涂》被誉为一部深情的母爱之书，您心目中的母亲是怎样的一个人？

**庞余亮**：母亲一生很苦，出生十五个月就没了我外公，然后我外婆改嫁。母亲是在二外公和三外公家长大的。母亲与父亲一共生了十个孩子，这十个孩子都是自己给自己接生的。生我的时候是四十四岁，大出血，差点丢了命。这样的母亲，在贫穷和饥饿中，像老母鸡一样护佑子女的母亲，在我的心中特别了不起。她是我的永远的神，我的文字永远写不尽她的恩情。

**文化艺术报**："小先生"三部曲写的是您家乡的人和事，可否谈谈您的家乡江南水乡的故事？

**庞余亮**：我是江苏兴化人，这里是施耐庵的故乡，也是郑板桥的故乡，我多次去过这两位前辈的墓地，他们的墓地原先和我父母的墓地一样，都是美丽兴化的一抔土。他们的故事就像邻居家的故事。常常在纳凉的时候，老人们会绘声绘色地讲起他们的故事，说得就像亲眼见到的一样。我的叙事和抒情方式可能就和这样的童年经历有关。但我更加觉得，我的文学背景，是无穷无尽的水，还有油菜花。我是兴化千垛人，这几年，闻名全国的兴化油菜花海，就是我的出生地。所以，在《小先生》中，就有了一篇我很喜欢的，发生在油菜花地里的《跑吧，金兔子》。

**文化艺术报**：年少时，您家里不富裕，父母都不识字，有没有课外读物？

**庞余亮**：家里除了四本《毛泽东选集》，什么也没有。十一岁那年，我见到本村有个哥哥有本《青春之歌》，跟他软磨硬泡了三天，他才答应借我看两个小时。偏偏这时候，我母亲让我去给家里的猪打猪草，我当时就决定要违背一下母亲，不打猪草了，即使挨打也要把书看完。天下的母亲都是出色的侦察高手，为了防止母亲找到我，我在打谷场上找了一个草垛，扒开一个小洞，钻进去躲在里面，囫囵吞枣、连蒙带猜，把厚厚的《青春之歌》看完了。看完这本书的结果有三个，一是挨打了，二是全身都是草垛里虫子咬的斑点，三是我的身体既不疼也不痒，林道静和余永泽的故事让我战栗不已。书让我变成了另一个人，一个不再是我们村庄的人，一个远方的人。

**文化艺术报**：您开始喜欢文学是在扬州师院读书的时候吗？那个时期有没有作品发表？

**庞余亮**：1985年8月，我离开了拥有图书馆的扬州师范学院，那时我已经爱上了文学，也有一首抒情诗发表在我们院报上了，很幼稚。但真的很爱文学，毕业之前，一位老师告诉我，你还没有建立起自己的知识结构，要学会成长，就得逼着自己读书，给自己补上社会学、史学、哲学和心理学的知识，除此之外还得把目光投向亚洲文学、欧洲文学和美洲文学。因为我父母均是文盲，家里几乎没有藏书，乡村学校也没有藏书，因此到了乡村学校后，我把几乎所有的工资都用于购买书籍。这么多年来，我一直没有放弃阅读，在阅读中我学会了对我所爱的文学作品进行"拆解"和"组装"。就这样，在漫长的乡村学校的时光中，我完成了对各种体裁的自我训练，我不想辜负我面前的时间和生活，更不想辜负我热爱的文学。

**文化艺术报**：您早期以诗歌出名，写诗那个时期，您好像在教书？

**庞余亮**：我的文学创作应该从师范学院算起，但一直没有发表。教书的第三年，也就是1987年春天，《扬州日报》"梅岭"文学副刊发了我一个组诗，叫《拔节的季节》，那是我第一次发表作品。那天我正好二十岁。到了1988年，我的诗歌就先后在《诗刊》《解放军文艺》《青年文学》等刊大量发表了。那时候，中国青年出版社有本《青年诗选》，我进入了第二辑，海子、骆一禾和汪国真也是那一辑的。稿费很高，一百九十五元。而我自己特别喜欢的长篇小说《有的人》，是作家出版社2018年出版的，写的就是三个诗人的命运。在那本书里，可以找到我，以及和我同路的诗人。

**文化艺术报**：十五年乡村教师的经历，对您的创作有何影响？

**庞余亮**：每一种生活都是在重复，乡村的日子尤其缓慢，但这十五年缓慢而寂静的生活里，有着其他生活所没有的惊喜，比如在晨曦中打扫卫生的少年们，他们的影子和树木的影子"绘"在一起；比如学生散尽后，我独自站在合欢树下，合欢花散发出的香气；比如突然停电的晚间辅导课，孩子们很安静，而我在黑暗的教室里继续讲课。乡村的黑是最纯正的黑，乡村的静也是最纯正的静，天地间只剩下我的声音。后来电来了，光线在教室里炸裂开来，我突然发现孩子们的头发比停电前更黑更亮了，乌亮乌亮，像是刚刚洗过一般……故事多了，我决定记下来，记在我的备课笔记后面，就是只写每页的正面，反面空着，留下来速写学生和同事们的一个又一个小故事。在上课和记录中，我也在乡村学校完成了我的"第二次成长"。

我不会写说教的东西，我最想写的是如何与孩子们拢在一起，带着他们共同成长。所以《小先生》一共写了三方面内容：学生们的成长，老校长、总务主任和老教师们生活工作的经历以及他们的奉献，我十八岁到三十三岁的个人成长。我很期待《小先生》像那颗在乡村学校冬夜里靠煤油灯慢慢煮熟的鸡蛋，以此献给所有为乡村教育默默奉献的老师，献给一批批在乡村教育土地上成长起来的孩子。他们是我精神的背景，也是我人生永远的靠山。离开那所乡村学校的时候，我的好朋友、诗人孙昕晨送了我一句话：你听见寂静了吗？这句话我一直放在心上。这么多年过去了，我再也没有像在乡村学校里那样，能够奢侈地享受那乡村校园的空旷和寂静。也可以这么说，那十五年的乡村校园的空旷和寂静，还在继续"喂养"着越来越喜欢回忆的我。

**文化艺术报**：《小先生》取材于您的乡村教师经历。您是从何时开始写《小先生》的，写作这本书，最大的难度在哪里？

**庞余亮**：当时学校给我分的课很多，一周有十六节，当时没感到累，还觉得上课很好玩。原因还是野性而天真的孩子们，后来我在写备课笔记时，一般只写每一页的正面，空着反面，准备记下讲课中的新想法或备课中的不足，后来的确记下了那些，但也记下了孩子与同事们一个又一个小故事。后来我不做教师了，我想把所有的故事都带出来，但是一直没有找到写作的方向。我读苇岸的《大地上的事情》，苇岸跟万物平等的角度对我来说触动很大。我觉得为什么我不把我的角度往下埋，埋到最低点跟学生跟万物平等的地步，于是开始整理。开始整理的素材有五十多万字，写出来的第一稿是二十八万字，再后来我就反复修改。我有个很固执的念头，我一定要把握好素材，我当时直觉这个素材特别好，我一定要写好，要对得起它，所以又修改了十五年，直到最后的十二万字。有篇没有收录到《小先生》里的文章，叫《萤火虫的河流》，就是讲我陪着两位先生去一个叫小王庄的乡下。去干什么呢，一个女生辍学，我们两个老师，一个老师姓付一个老师姓陶，付老师和陶老师说用那种小木船带着我一起去做思想工作。我记得1985年的河流没有什么灯光，9月份河流里面全是萤火虫，我们这个小木船在萤火虫的河流当中划过去，又从萤火虫的河流再划回来，这个萤火虫的河流和《小先生》一样，既有萤火虫的光又有露珠的光。

**文化艺术报：**《小先生》获得了第八届鲁迅文学奖散文奖，获奖对您意味着什么？

**庞余亮：**《小先生》的素材积累是十五年。整理素材和写作《小先生》花了十五年。前前后后有三十年。非常感谢人民文学出版社出版了《小先生》，也非常感谢第八届鲁迅文学奖的评委，是他们发现了三十年时光凝聚的《小先生》，发现了我这个在基层写作多年的作者。《小先生》的最后一篇是《寂寞的鸡蛋熟了》，写了我做乡村教师的时候，一边刻写试卷，一边用煤油灯煮鸡蛋的故事。得知《小先生》获奖的那一刻，我回到家，也给自己煮了一只鸡蛋作为奖励。不是煤油灯，而是煤气灶了。获奖是高兴的事，也是快乐的事，从此我的头顶多了一个我做梦也没想过的荣耀。应该算是我一生中最大的荣光了。但我已经是一个中年作家了。中年人的高兴和快乐都不像年轻人了，多了快马加鞭的紧迫感。"我必须重新开始"，就有了自我加压的小野心。我决定回到童年，写作《小虫子》。

**文化艺术报：**"小先生"三部曲中的《小虫子》被誉为中国版的《昆虫记》。为何会写《小虫子》，有没有特殊的意义？

**庞余亮**：早在写《小先生》之前，我就想写《小虫子》了。就像很多虫子都有趋光性，我的写作同样具有趋光性。按照人生的阅历，《小虫子》远远在《小先生》之前。之所以一直没有写作《小虫子》，是因为我无法放下《小先生》，十八岁到三十三岁，那才是我人生最黄金的岁月，也是我生命中最明亮的岁月。处理好最明亮的部分，我的目光这才回到我生命中最幽暗的部分：童年。我是我父母的第十个孩子。我出生的时候，父母都快成为爷爷和奶奶了。多子女的贫困家庭里，我是被忽略的那个孩子，我最好的玩具，就是那些飞来飞去的小虫子。白天和黑夜里，全是那些奇怪的好玩的小虫子。瓢虫，蜜蜂，蚂蚁，米象，蜻蜓，天牛，屎壳郎，蚂蚱，蚂蟥，尺蠖，袋蛾，丽绿刺蛾。到了冬天，大自然里的小虫子蛰伏或者完成了自己的世代，和我做伴的还有身上的跳蚤和虱子。可以这么说，小虫子和我，那是我孤寂童年的全部。这本《小虫子》，我集中写了我能够写出来的四十多种小虫子，其实，和我相处的小虫子远远不止这四十多种，很多小虫子，还在我生命的更为幽暗处呢。在《小虫子》的开头，我特别写上了一行题记："献给/那些总被认为无用的孩子们/在大人看不到的地方/他们都会飞"。我就是那个被大人认为无用的孩子。很感谢我遇到过的一本本好书，是好书拯救了我。我慢慢理解了我的童年，包括我脾气不好的父亲。因为好书给我的能量，我在我的文字中，给了他的巴掌，给了小虫子，还有那个总是待在无人处的我以幽默和轻松的背景色调。《小虫子》的写作也给了我奇迹，因为我重新发现了恩情和爱，还有成长。那是我多年忽略的童年宝藏。小虫子会飞，那些被认为无用的孩子，其实也在蓬勃成长呢。我在写尺蠖和飞鸡的故事，当母亲和老害按住那只叫老芦的母鸡，把母鸡能飞的翅膀剪掉的时候，实际上已经从写尺蠖写到了广阔的童年，还有对于父亲母亲的感恩，还有对于成长和生活的理解。虫子和我，我和虫子，合二为一。

**文化艺术报**：您以写诗成名，现在还写诗吗？

**庞余亮**：在所有的体裁中，诗歌是最难的，也是我心中最神圣的。我特别怕自己写出平庸的诗句，所以写得少了，但还在写。比如《小糊涂》最后的那首长诗《报母亲大人书》。

**文化艺术报**：庞余亮这个名字很有诗意，是您父母起的还是您的笔名？

**庞余亮**：我的姓名中，"庞"和"余"这两个字是固定的。"庞"是姓，"余"是排行。这是祖上传下来的。但我从出生到小学五年级，名字并不是现在的名字，而是叫"庞余东"。家里人和村里人都叫我"余东"。在我家乡的叫法中，我这个"余东"就被小伙伴们置换成"鱼冻"。我实在不喜欢这个名字。到了初一，到新老师那里报名，老师问我叫什么名字，我看到老师手中并没有花名册，就决定改名，恰巧我最好的发小离开我们村庄，去县城上初中了，他的最后一个字叫"亮"。就这样，没有跟任何人商量，我成功地把我的名字改成了"庞余亮"。到现在，家里人和村里人还是叫我"余东"。有时候我想，如果我还是"庞余东"，那么"庞余亮"在哪里？所以，"庞余亮"更像是我的笔名。顺便说一句，这个发小现在已经是著名的土壤化学专家了，华南农业大学副校长，刚刚在新闻中看到，他和他的团队获得了国家科技进步二等奖，他的名字叫仇荣亮，真的为我这个亮闪闪的发小骄傲。

**文化艺术报**：您写过一篇文章《生活奖赏的都是有心人》，谈到好文章是因情而发的，只要心敞开，世界所有的光芒都会涌到你的心当中。可否结合您的创作经验,谈谈如何写好散文?

**庞余亮**:在《小先生》中,到处可以发现有心人的收获。写了《彩虹》,生活中有彩虹和没有彩虹是靠发现的,彩虹到处都有,相当于人到处都是有光的,我们写作就是写这个发光的部分。《我听见了月亮的笑声》,这篇文章写了我家访回来,由于近视看不清夜路掉到水塘里面,那种狼狈的情况没有人看见,但月亮看见我的狼狈,月亮开始笑了。在十五年的乡村教师生活当中,我逐渐学会了观察整个学校的方方面面,从观察天空到屋顶上的夏修,一个老师傅从屋顶上扫出一个毽子,他会踢毽子。从屋顶到地面,从鸟到人,从树到黑板,到教室外面的草垛,包括三千斤冬瓜,包括《少年打马去》中夭折的学生,包括我和老校长的故事。有很多人问老校长现在在哪里,老校长现在还活着,九十多岁,活得很滋润。我们的生活是一代一代向前进,每一代人都会遇到自己遭遇的一切,但是生活是在向前走,生活奖赏的人是谁?生活奖赏的都是有心人。写作同样如此,你做了有心人,你提供给读者的作品就是异质性特别明显的生动和神奇。

**文化艺术报**:鲁迅文学奖的授奖辞说:"庞余亮的《小先生》,接续现代以来贤善与性灵的文脉,是一座爱与美的纸上课堂和操场。""贤善与性灵"是您散文作品的气脉吗?

**庞余亮**:"贤善"和"性灵"散文的文心和传统是叶圣陶、丰子恺、夏丏尊等从校园走出来的教师作家前辈的散文之路。我笔下的"贤善"和"性灵"不是我给予孩子们的,而是孩子们无意中赐予我的。记得那时我个子矮,目光多是平视与仰视。乡村学校的黑板前没有台阶,为了能看到教室后排,我一边讲课一边在教室里来回转,孩子们就如同向日葵般转向我的方向。在现实中,很多学生对生活的理解甚至超越了我，做了十五年"小先生"，不仅是我教学生，更是我与学生们一起成长。直到现在，学生们还会打电话跟我聊天，倾诉他们遇到的问题与困惑。他们把我当作兄长，这让我非常欣慰。与孩子们相处，有种无言的默契，相当于在一片森林里，风刮到我身上，也刮到了他们身上。这样的暖风里全是无形的"贤善"和"性灵"。

**文化艺术报**：这些年，您也写了很多小说，您的小说作品似乎没有您的散文和诗歌影响大，是推介的力度不够还是别的什么原因？

**庞余亮**：我写过很多小说，《人民文学》《中国作家》《花城》《天涯》都发过，《小说选刊》《中篇小说选刊》等也多次选过。还有我的长篇小说《薄荷》，是北京十月文艺出版社出版的，长篇小说《有的人》，是作家出版社出版的。谈影响的话，我更想说一个成语叫作敝帚自珍，我自己很喜欢它们，隔了很多年，我再读它们，还是很喜欢。

**文化艺术报**：江苏作家多是通才，您又是师范学院毕业的，有没有画画、写字？

**庞余亮**：我其实很笨，不会画，也不会写字，更不会唱歌。很羡慕那些全身都是才华的人啊，常暗想，上苍怎么对他们这么好啊！

**文化艺术报**：完成了"小先生"三部曲，您是否已经开始了新的创作？

**庞余亮**：正在启动新的写作。"小先生"三部曲，掏空了我自己。我需要慢慢把自己从童年中拔出来，回到现实中来。

**文化艺术报**：除了写作，生活中您是怎样的一个人，有哪些爱好？

**庞余亮**：我的业余生活除了读书，还有打乒乓球。我属于标准的"歪把子机枪"。千万不要用乒乓球比赛规则来衡量我规范我，那样的话我就绝对属于"违反规则打法"。其实不是为了获胜，而是为了锻炼身体。

**文化艺术报**：对年轻作家，您有话要说吗？

**庞余亮**：要有文学的野心，还要脚踏实地。文学的野心是会实现的，而实现的途径，就是脚踏实地。

王春林

人生边上的批评者

文学是自由的象征

王春林

## 王春林

1966年生，山西文水人。山西大学文学院教授、博士生导师，商洛学院客座教授。中国小说学会副会长，山西省作家协会副主席，中国作协小说委员会委员，第八、九届茅盾文学奖评委，第五、六、七届鲁迅文学奖评委，中国小说排行榜评委，中国当代文学研究会常务理事。主要从事中国现当代文学研究。曾先后在《文艺研究》《文学评论》《读书》《中国现代文学研究丛刊》《当代作家评论》《小说评论》等刊物发表学术论文五百余万字。出版有个人专著及批评文集《话语、历史与意识形态》《思想在人生边上》《新世纪长篇小说研究》等三十余种。曾先后获得中国当代文学研究第九、十五届优秀成果奖，赵树理文学奖，山西省人文社科奖以及《当代作家评论》《中国当代文学研究》年度优秀评论奖等。

**文化艺术报**：您曾说自己是"人生边上的批评者"，对自己的这个定义有没有特别的意义？

**王春林**：当时讲这个话，或许是因为受到钱锺书先生那部《写在人生边上》著作的影响。读到钱先生这部著作的时间，应该是20世纪90年代末期，那是我在自己所钟爱的文学批评道路上依然蹒跚学步的时候。记忆中，先是给张炜的长篇小说《外省书》写了一篇《思想在人生边上》的批评文章。那个时候，一度特别引人注目的人文精神大讨论余波未息，而张炜，一方面是因为其小说创作的旺盛，另一方面也因为他被当时的人文精神论者树立为标杆式的存在，风头正健。肯定与时代风气的裹挟影响有关，我曾经以跟踪的方式连续撰写过数篇关于张炜长篇小说的批评文章。关于《外省书》的这一篇，是其中之一。到了2002年前后，准备结集出版我的第二部批评文集的时候，鉴于我第一部文集的标题就是借用了其中的一个篇名，所以便选择了这个篇名来作为书名。虽然直接原因如此，但现在回想起来，如此一种选择背后，一方面是钱先生那部著作的潜在影响，另一方面，也与我当时偏居山西一隅从事文学批评写作的具体处境有关。大约也正因为如此，所以，不仅李锐先生给我写下了名为《告别北京》的序言，而且"百度学术"也会认为这部批评文集"所直接呈示出的正是这些年来作者轩身于远离京沪等文化中心的山西，并在此勉力从事中国现当代小说研究与批评的基本存在状况"。其实，认真地琢磨一下，所谓"人生边上的批评者"，也并非是要远离京沪那样一种地理学意义上的中心，而是意在强调自己的文学批评怎么样才能够远离主流的思想文化时尚，怎么样才能够以一种高度个性化的方式表达自己的文学理解与审美判断。拉拉杂杂写了这么多年，虽然说也没有能够企及这样的一种文学批评理想，但正所谓虽不能至，心向往之，很多时候，一种高远文学理想或者批评理想的设立，正是激励我们继续前行的强劲动力。

文化艺术报：“一个人的年度中国小说排行榜”，您已经连续做了多年。这个您个人的小说排行榜，是您的文学理想吗？

王春林：你说的这个排行榜，我已经坚持了十年有余。刚刚开始的时候，多多少少带有一点游戏的性质。既然可以有其他很多个评委以投票的方式评选出的排行榜——比如，中国小说学会那个后来更名为年度中国好小说的排行榜，已经坚持了四分之一个世纪的时间——那为什么就不能有由某一个人独自拍板决定的"一个人的排行榜"呢？潜藏于其后的，实际上是学术研究到底应该依循集体合作还是个人独立完成的路径这样一个根本问题。在中国，你可以发现一个非常有趣的矛盾现象，那就是在写作学术文章或者著作的时候，可以说全都是采取个人独立完成的方式，一旦要编写某种事关重大的教材，比如中国当代文学史的教材，似乎就一定要采取一种集体合作的方式。后一种方式的普遍流行的背后，应该是社会主义那种崇尚集体主义的理念充分发生作用的结果。真正的问题在于，集体合作的方式果然就会比个人独立完成的方式更具真理性吗？恐怕并不见得。也因此，在充分理解尊重集体合作方式所具合理性的同时，我个人更加认同个人独立完成的方式。这一方面，由洪子诚先生独立完成并在学界大受好评的那部《中国当代文学史》就是一个突出的例证。我自己当年之所以要起意做一个人的小说排行榜，游戏的成分固然不可忽略，但现在看起来，一个重要的原因，或许也正是出于对个人独立完成一个排行榜的迫切向往。从这个角度来说，它确实也可以被理解为我的文学理想之一种。

文化艺术报：做这个您个人的年度小说排行榜，需要阅读大量的作品。说实话，我偶尔看看《小说月报》后面的报刊小说目录，很难完全看完，您有时间和精力去大量阅读这些小说吗？

王春林：必须承认，你这个问题的确击中了我这个个人小说排行榜的要害。中国有那么多的文学期刊和出版社，每年都要发表出版可谓是海量的长中短篇小说，要做一个人的小说排行榜，这么多小说作品你读得过来吗？对此，诚实的回答就是，读不完。虽然我每年都会把相当大的一部分精力投入小说作品的阅读，但总归是能力有限，再怎么努力，也只能阅读其中的一部分作品。因此我也才总是要特别声明，自己的这个排行榜的基础，是个人极其有限的阅读视野，仅供参考，不足为凭。问题在于，其他那些采取了集体合作方式的小说排行榜，那些评委个人的力量加在一起，恐怕也还是只能完成一部分作品的阅读，根本就不可能穷尽所有的作品。再想想每一年都要如期而至的诺贝尔文学奖，瑞典文学院的那些评委，他们真的可以对世界范围内的所有文学作品全都有所了解吗？答案其实也只能是否定的。当然，我在这里说这些，也并不是要为自己的阅读有限辩护，而只是试图指明某种客观真相而已。

文化艺术报：您主要的批评精力是在中国当代长篇小说上，为何会做一个您自己的排行榜，是对各种流行的排行榜不满意还是别的什么原因？

王春林：正如同我们对文学的理解会永远处于见仁见智的状态一样，包括小说在内的各种文学排行榜，所体现出的也无非不过是那些参与评选工作的评委对文学发展状况的理解与评判。既然文学的一种理想状态是百花齐放式的多元并存，那么，文学排行榜也理应多多益善。从这个角度来说，当下时代的文学排行榜不是多了，而是应该更加丰富多元。所以，我在从事以长篇小说为关注中心的文学批评写作之余，耗费心力做一个人的年度小说排行榜，也无非不过是试图增加一个新的排行榜，而不是出于对各种流行排行榜的不满。

**文化艺术报**：您有一个观点："选择即批评，或者批评即选择。"什么样的作家和作品才能进入您的批评视野？

**王春林**：是的，这的确是我明确提出过的一个观点。我的这一观点，其实是试图对那些热衷于酷评者的一种理性回应。或许与我的文学批评更多充满善意、充满建设性有关，经常会遭遇你为什么不像那些酷评的批评家一样进行否定性批评的指责和非议。针对如此一种责难，我的回应就是"选择即批评，或者批评即选择"。意即如果某一部作品思想艺术上存在明显的不足或根本的弊端，它根本就不可能进入我的批评视野，我根本就不会对它发表什么意见。我个人很难想象，以一种滔滔不绝的方式谈论一部缺少相应批评价值的作品，会是怎么样一种滑稽的情形。既然你已经否定了它的存在价值，那干脆就弃之如敝履好了。与此相反，倘若一部作品能够进入我的批评视野，那最起码意味着它在思想艺术某一个侧面的努力需要展开相对充分的讨论与分析。

**文化艺术报**：有批评家提出，文学批评要有"在场感"，批评家要对作家的生活、创作全面地了解。您认可这种说法吗？您和作家的关系如何？

**王春林**：所谓"在场感"，某种意义上或许也就是中国文学批评传统中所强调的知人论世。在从事文学批评写作的过程中，批评家如果能够对批评对象也即某位作家的生活和创作有全面的了解，应该可以帮助批评家更加合理有效地理解把握所要分析的批评对象。如此一种情形，当然值得肯定。问题在于，从事当代文学批评，在很多时候，都必须面对很多陌生的面孔、陌生的作家作品。面对他（它）们，你根本就不可能做到知人论世，不可能对作家有一个全面的了解与认识。在这个时候，所迫切需要的，就是一个批评家敏锐的思想艺术触觉与审美判断力。面对这样的一些陌生面孔，根本就谈不上"我与作家的关系如何"这一问题。

**文化艺术报**：您和贾平凹是忘年交，这些年您一直关注他的长篇小说创作，和他的亲密关系会不会影响您对他作品的评价？

**王春林**：一方面是机缘巧合，另一方面是彼此性情相投，我和贾平凹之间有种亦师亦友的忘年交关系，维系的时间已经有十多年了。由于他的长篇小说在汉语写作中有着突出的代表性，早在认识他之前，我就已经在关注并不断撰文批评研究他的长篇小说。在当下时代，要想对一个作家真正做到知人论世，就少不了和他建立相对密切的师友关系。至于和贾平凹的亲密关系会不会影响我对他作品的评价这一问题，我所一向努力坚持的原则，就是友情归友情，作品归作品，尽可能客观地做出相应的思想艺术评价。虽然说由于我们之间亲密关系的存在，我对他作家作品的一些评价肯定会遭人诟病，但我却依然要坚持做出个人的独立判断。比如针对他的长篇杰作《古炉》，我从始至终都坚持是一部"伟大的中国小说"的理解和判断。

**文化艺术报**：2022年，浙江文艺出版社出版了您的《长篇小说的高度：茅盾文学奖获奖作品精读》一书，您从四十八部获奖作品中精心选择了十八部出来，为读者了解中国当代文学经典提供了指南。从四十八部获奖作品中选择十八部出来，最大的挑战是什么？

**王春林**：最起码，从20世纪90年代开始，我的注意力就已经集中到了当代长篇小说创作这一文体领域，长期阅读研究当下时代的长篇小说创作。既然要关注长篇小说，那茅盾文学奖的获奖作品肯定也就是其中一个非常重要的方面。至于那本《长篇小说的高度：茅盾文学奖获奖作品精读》中所收入的十八篇批评文章，并不是我从四十八部获奖作品中精心选择出来的。这些作品的遴选，有着不容忽视的随机性质。其中的很多部作品，在我写作相关的批评文章时，都还没有获奖。这就意味着，我并不是因为它们获得了茅盾文学奖才会去关注，并为它们写下批评文章。之所以要把它们结集出版，是因为到了2022年的时候，由于第二年是第十一届茅盾文学奖的评奖年度，我才突发奇想，能不能把此前自己的相关批评文章结集出版。在得到了曹元勇兄积极响应的情况下，也才有了这样的一部专题学术著作。从随机性的角度来说，并不存在什么选择挑战的问题。

**文化艺术报**：在评论毕飞宇的小说创作时，您提出了一个新的概念叫作"法心灵的现实主义"，为何会有这个想法，它和传统的现实主义有何不同？

**王春林**：所谓"法心灵的现实主义"这个提法，是受到陈思和先生"法自然的现实主义"提法影响的结果。陈思和先生曾经把贾平凹《秦腔》的那种写法称为"法自然的现实主义"。在我的理解中，"法自然的现实主义"云云，其实也就是自然主义的意思。我的"法心灵的现实主义"，意在强调毕飞宇的现实主义与传统的更注重于外部社会真实书写的现实主义有所不同，他所特别重视的，乃是一种侧重于人物内在主体世界揭示的现实主义。

**文化艺术报**：文学圈的朋友说您的批评比较温和，喜欢说作家和作品的好话，这是因为您选择批评的作家和作品质地，还是您的性格？

**王春林**：虽然和命可兄此前没有什么交往，但仅仅是一两次的短暂接触，兄都应该能感受到，日常生活中的我，的确算得上是一个心性温和的人。倘若说文如其人，那么，如此一种温和性格投射的结果，自然也就是我文学批评的温和。需要注意的问题是，一个心性温和的人，写出来的批评文章就一定是温和的吗？实际情况恐怕也未必。在我个人的理解中，我的批评风格之所以会显得温和，主要还是因为我对中国当代文学更多还是采取了一种善意的建设性的态度。在我的批评理念中，简单的否定性的酷评是容易的，真正能够有所发现的沙里淘金的工作反倒是艰难的。怎么样才能够在海量的小说作品中发现那些优秀的杰出的作品，既需要批评家具备足够敏锐的审美触觉，更需要他有相应的勇气与担当。

**文化艺术报**：您早期的文学理想好像是写小说，后来怎么选择了文学批评？

**王春林**：的确如此，或许与大学期间所遭逢的80年代是一个理想主义的文学的黄金时代有关，由于我在当时的文学期刊上阅读了大量当代小说，便在无形中生成了一个想要成为一名小说家的人生梦想。就这样，在大学期间，别的同学都在认真地学习功课，我的大部分时间却用在了小说的阅读和写作上。肯定是因为天资匮乏，在当时，我虽然写了不少所谓小说，投了不少稿，但一次一次收到的，依然是各个编辑部言辞温和但态度坚决的退稿信。终于，挨到大学将要毕业的时候，我必须完成的一项学业，就是本科毕业论文的写作。受到刘再复《性格组合论》和赵园《艰难的选择》两部著作影响的缘故，我选择了王蒙的长篇小说《活动变人形》作为自己的研究对象，撰写了一篇名为《倪吾诚简论》的文学批评文章。不承想，这样的一篇习作竟然成了我个人生涯中的第一篇文学批评文章。就这样，我歪打正着、误打误撞地走上了一条文学批评的道路。

**文化艺术报**：批评家孟繁华说您是"文学批评前线的战士"，您如何理解同行对您的评价？

**王春林**：孟老师过誉，我愧不敢当。所谓"文学批评前线的战士"，在我的理解中，或许只是意味着对很多作品，尤其是新发表出版的长篇小说，我是第一个发出批评声音的人。虽然说在没有任何参照条件下的判断是一件艰难的事情，常常会有看走眼的时候，但螃蟹却终归需要有第一个人去吃。由我来扮演第一个吃螃蟹的人，很多时候会有一种乐在其中的"发现"快感。

**文化艺术报**：您说："我不仅对中国当代的小说创作拥有极大的热情，而且还认为它有着不容轻易否认的思想艺术价值。正是在这样的一个前提下，我才能够坚持不懈地长期追踪中国当代作家的重要作品。"当代中国文学在当代世界文学中处于一个什么样的地位？

**王春林**：毋庸置疑，我个人之所以会长期跟踪研究当代的小说创作，肯定是因为这些进入我批评视野中的作品具有不容忽视的思想艺术价值。但与此同时，我们也应该认识到，衡量评价一部作品的优劣，需要有一个相应的参照系。无论如何都不能不强调的一点是，当我试图对一部当代文学作品做出评价的时候，参照系更多的只是拥有一百多年历史的中国现当代文学，也即五四新文化运动以来的中国现代白话文学。至于当代中国文学在当代世界文学中的地位，一方面，我们当然不能盲目自大，必须清醒认识到我们与世界优秀文学作品之间存在的差距，另一方面，由于我长期坚持阅读《世界文学》杂志，透过这个窗口，对当代世界文学的状况也有所了解，倘若你坚持要说我们和世界文学的距离还很遥远，恐怕也是我所不能认同的一种判断。

**文化艺术报**：一些一线作家的重要作品，您几乎总是在第一时间写出评论文章，这些还没有经过时间检验的作品，会不会影响您的判断？

**王春林**：诚如君言，或许与我长期紧密跟踪当下时代的小说创作有关，很多一线作家的重要作品，我总是会在第一时间发出评价的声音。正如你所言，在没有任何参照系的前提下对一部作品发言，肯定有着极大的危险系数。但反过来说，或许也正因为是第一个发言者，所以蕴含其中的，自然也少不了会有一种发现的快乐。至于说这些作品尚且没有经过时间的检验，在我的理解中，这个因素大概率不会影响我的判断。从根本上说，我的判断主要建立在文本细读的基础上。在很多时候，写作者是谁并不会对我的判断产生影响。

**文化艺术报**：在写作家和作品批评时，您更看重的是作家还是作品？

**王春林**：这个问题前边已经有所涉及，当我特别强调写作者是谁不会对我的审美判断产生影响的时候，其实也就已经明确意味着作品比作家更重要。

**文化艺术报**：写了这么多年的评论，有没有出现看错一篇作品的情况？

**王春林**：哈哈，正所谓常在河边走，哪能不湿鞋。写了将近四十年文学批评文章，跟踪研究了那么多的作家作品，肯定少不了会有看走眼的时候。不过，人非圣贤，孰能无过，即使如同关羽这样的武圣，也会有大意失荆州、被迫走麦城的时候，更何况我这样的凡夫俗子。到底看错了哪些作品，具体的例证恕我在这里也就不再一一细数了。

**文化艺术报**：谈点轻松的话题吧。可否谈谈您的家乡，外面的人知道文水，大多都是小学课本上的刘胡兰，文水也是武则天的故乡？

**王春林**：是的，你说得很对，一个地方的知名度，很多时候会与那个地方的历史名人联系在一起。我的老家文水的为人所知，很大程度上正是古有武则天、今有刘胡兰的缘故。

虽然只是上大学前在老家生活过短短的十七年时间，但我对文水却有着很深的感情。据县志记载，文水这一县名，与境内一条名叫文峪河的河流有关。"盖因县境文峪河自管涔龙门而下，至于峪口，其水波多纹，故以文水名之。"也因此，虽然从表面上看，似乎"文水"和"文学"一样，都有一个"文"字，但其实，"文水"的命名，却和文学或者文化没有直接的关联。从具体的地理位置来说，文水是一块以平原地区为主，介于山和水之间的区域。东边隔山西的母亲河——汾河，与晋商故里之一的祁县接壤，西倚那首《人说山西好风光》里"右手一指是吕梁"的那座巍巍吕梁山。尽管行政区划属于吕梁市，但从文化习俗的角度来说，却更多地与晋中一带相一致。因为刘胡兰与文学无关，这里姑且不说，文治武功的武则天可能需要多说几句。武则天，既是中国古代一位杰出的政治家，也是一位诗人，我很以这一点为自豪。武则天，不管怎么说都是文水历史上最重要的人物。身为政治家的武则天，之所以也会一时兴起舞文弄墨，以至能在《全唐诗》中留下四十六首诗，很大程度上，缘于诗歌在唐代的普遍流行与地位崇高。

**文化艺术报**：您的文学启蒙是从何时开始的？

**王春林**：虽然小时候的很多事情都已经处于被遗忘的状态，但现在想起来，我最早的文学启蒙极有可能与《水浒全传》紧密相关。大约是在我小学三年级的时候，身为村干部的父亲忽然带回家一本《水浒全传》。由于那时候的文字性读物极少，只要能够拿到手的书，我都要试着去读一读。这样一来，也就有了对这部《水浒全传》的阅读。虽然其中有很多字不认识，但把上下文联系在一起，还是能勉强地读下去。虽然对这部中国古典名作的思想艺术内涵，在当时肯定不甚了了，属于懵懂无知的状态，但如果从文学启蒙的角度来说，我人生最早的文学种子，就是依凭着对这部《水浒全传》的阅读而播下的。

**文化艺术报**：对目前的批评生态您满意吗？

**王春林**：不知道从什么时候开始，包括我在内的很多文学同人，总是会被一种怀旧的情绪紧紧缠绕。怀什么旧呢？其中一个非常重要的时间段落，恐怕就是20世纪的80年代。由于有十一届三中全会所奠定的改革开放与思想解放路线，那个时代充满着勃勃生机，文学界习惯称之为黄金时代。在我的理解中，如果把那个时期界定为一种理想意义上的批评生态，那么，当下时代的批评生态肯定无法让我满意。

**文化艺术报**：如何才能成为一个好的批评家，都需要哪些准备？

**王春林**：虽然已经从事了近四十年的文学批评写作，却还是不知道该如何回答你的这个问题。约略说来，要想成为一个好的批评家，大概需要具备这样几方面的条件：一是发自内心的对文学事业的热爱，二是具备基本的文学理论修养，三是对文学作品有一种良好的审美直觉。

**文化艺术报**：对青年作者和青年批评者，您有话要说吗？

**王春林**：说实在话，尽管当下时代青年人的文学创作未必尽如人意，但从生理学的角度来说，青年永远都是文学的未来。也因此，虽然深知自己并没有说这种话的资格，但我还是愿意在此饶舌几句。那就是，无论是青年作家，还是青年的文学批评家，我所寄希望的就是，能够在学习继承前人文学创作成就的基础上，争取早日写出令自己满意更令社会满意的带有突出原创性色彩的文学作品或者批评作品来。